XINBIAN GUANLI KUAIJIXUE

新编管理会计学

主　编○罗绍德　池海文

西南财经大学出版社
Southwestern University of Finance & Economics Press

图书在版编目(CIP)数据

新编管理会计学/罗绍德,池海文主编. —成都:西南财经大学出版社,
2014.6

ISBN 978 - 7 - 5504 - 1467 - 9

Ⅰ.①新… Ⅱ.①罗…②池… Ⅲ.①管理会计 Ⅳ.①F234.3

中国版本图书馆 CIP 数据核字(2014)第 136218 号

新编管理会计学

主　编:罗绍德　池海文

责任编辑:李特军

助理编辑:李晓嵩

封面设计:何东琳设计工作室

责任印制:封俊川

出版发行	西南财经大学出版社(四川省成都市光华村街55号)
网　　址	http://www.bookcj.com
电子邮件	bookcj@foxmail.com
邮政编码	610074
电　　话	028 - 87353785　87352368
照　　排	四川胜翔数码印务设计有限公司
印　　刷	四川森林印务有限责任公司
成品尺寸	185mm×260mm
印　　张	17.25
字　　数	360 千字
版　　次	2014 年 6 月第 1 版
印　　次	2014 年 6 月第 1 次印刷
印　　数	1— 3000 册
书　　号	ISBN 978 - 7 - 5504 - 1467 - 9
定　　价	36.00 元

前　言

  管理会计是将现代管理与会计融为一体,并为企业经营管理者提供决策支持的信息系统。管理会计从传统的财务会计中分离出来之后,经历了两个重要阶段:一个阶段是以规划控制为主的传统管理会计阶段;另一个阶段是以预测决策为主的现代管理会计阶段。而从20世纪60年代开始,为适应社会、经济、技术重大变革而产生的作业成本法、作业成本管理等一系列新的管理方法,以及以平衡计分卡、经济附加值为代表的新的业绩评价方法使管理会计进入了一个大变革和大发展的时期。

  为了更好地将管理会计丰富的知识内容表达出来,我们在收集了大量的中西方学者的论著的基础之上,将传统的管理会计理论与现代管理会计理论作了有机结合,并将多年的教学经验融合到教材中,力求理论联系实际。

  全书分为四篇,共十五章,主要包括管理会计基本原理、决策管理系统、计划与控制系统以及绩效评价系统与激励机制四个方面的内容。

  本书由暨南大学管理学院会计系罗绍德教授、广东外语外贸大学财经学院财务管理系池海文副教授主编。第一、四、九、十、十一、十二章由罗绍德编写;第二、三章由广东金融学院会计系杨中环编写;第五、六、七、八章由广东外语外贸大学财经学院财务管理系杜鹃编写;第十三、十四、十五章由池海文编写。最后由罗绍德和池海文总纂定稿。

  鉴于作者水平有限,尽管我们在撰写过程中尽了最大的努力,但是疏漏之处在所难免,在此希望各位同行、读者批评指正,以便我们进一步完善与修改。

编者
2014 年 6 月

目　录

第一篇　管理会计基本原理

第二篇　决策管理系统

第三篇 计划与控制系统

第四篇　绩效评价系统与激励机制

第一篇
管理会计基本原理

　　管理会计是一门新兴的、将现代化管理与会计融为一体的、独立的边缘学科。管理会计从创立至今只不过短短几十年的历史，但其发展极快，在充分发挥会计的管理职能、在改善企业经营管理上所起的作用却是毋庸置疑的。本篇作为管理会计基础，共分四章：第一章阐述了管理会计的形成、发展和特点，并对其基本内容、管理会计工作的组织加以研究；第二、三、四章分别介绍了作为管理会计基础和基本出发点的成本概念、变动成本法以及本—量—利分析。

第一章

管理会计概论

　　管理会计丰富和发展了传统的会计职能,采用灵活多样的方法和手段,为企业管理部门正确地进行最优管理决策和有效经营提供了有用的资料,在现代化的企业管理工作中发挥越来越大的作用。本章介绍管理会计的发展过程及管理会计的特点。

第一节　管理会计的形成和发展

　　管理会计之所以从传统会计中分离出来,成为一门独立的学科,并得以迅速发展,完全是基于管理上的需要和可能,是会计发展的必然结果。管理会计不仅是商品经济发展的产物,同时也是多种现代管理科学的思想和方法共同作用的结果。

一、管理会计的形成

　　管理会计从传统的、单一的会计系统中分离出来,成为与财务会计并列的独立的领域,经历了一个逐步发展的过程,大致可分为两个阶段,即创建阶段和发展阶段。

　　(一)管理会计的创建阶段(20世纪20~30年代)

　　管理会计源于1911年西方管理理论中古典学派的代表人物——泰罗(F. W. Taylor)发表的著名的《科学管理原理》(*Principles of Scientific Management*)。

　　在这段时期,随着自由资本主义向垄断资本主义过渡,企业规模扩大,使用的机器越来越多,生产技术日趋复杂。竞争也由于垄断而更加激烈,传统的因袭管理方式已不能适应生产发展的需要,客观上促使企业管理向科学化、系统化和标准化发展。于是,取代旧的落后的"传统管理"的"科学管理"方式应运而生。当时,美国许多企业为了应付第一次世界大战后出现的经济大危机,正在广泛推行泰罗的科学管理(以下简称"泰罗制")。泰罗制的基本点是在科学试验的基础上,精确测算工人每一个动作、每道工艺流程所需花费的时间,以此为基础制定出标准的操作方法和实行有刺激性的计件工资制度,力争以最简单的操作、最快的速度、最小的投入,完成特定的任务。泰罗制的目标很明显,就是提高劳动生产率。在这种情况下,企业会计必须突破单一事后核算的格局,采取对经济过程实施事前规划和事中控制的技术方法,以配合泰罗制的实施。于是在美国企业会计实务中开始出现了"标准成本"(Standard Cost)、"预算控制"(Budget Control)、

"差异分析"(Variance Analysis)等与泰罗的科学管理方法直接相适应的技术方法。这些方法成为管理会计方法体系的重要组成部分。尽管这些技术方法只被看成是会计配合推行泰罗制科学管理所做的一些尝试,只是原有会计体系中的一个附带部分,并没有受到会计界的普遍重视,但从此开始,传统会计中已孕育了管理的因素。所有这些专门方法,在实际工作中,对提高企业的生产效率和工作效率等方面起了很大的作用,因而在西方会计发展史上把标准成本计算、预算控制、差异分析看成是属于管理会计的萌芽或早期形式。

1920年,美国芝加哥大学首先开设了管理会计讲座,主持人麦金西(J. O. Mckinsey)被誉为美国管理会计的创始人。1921年6月,美国国会颁布了《预算与会计法》,对当时的私营企业推动预算控制产生了极大的影响。为了全面介绍预算控制的理论,麦金西于1922年出版了美国第一部系统论述预算控制的著作《预算控制论》(Budget Control)。1924年,麦金西又出版了第一部以管理会计命名的著作《管理会计》(Managerial Accounting)。

但是,由于受社会经济环境的影响较大。在此后的一段时间内,管理会计并没有得到应有的发展,它只是被看成是在会计上配合推行泰罗的科学管理所进行的一些尝试,只是作为原有传统会计体系中的一个附带部分而存在,并没有形成一个相对独立的完整体系。

以标准成本、预算控制和差异分析为主要内容的管理会计,其基本要点是在企业经营方向基本确定的前提下,协助企业解决如何在执行过程中提高生产效率的问题。把标准成本和差异分析纳入会计体系中,通过严密的事先计算与事后分析,可促进企业用较少的材料、工时和费用生产出较多的产品。其综合表现就是降低生产成本,提高生产效果。可见,以泰罗的科学管理说为基础的管理会计,对促进企业提高生产效率和生产经营效果具有积极的作用。

(二)管理会计的发展阶段(20世纪50年代以后)

从20世纪50年代开始,西方国家进入第二次世界大战后时期。这时的西方国家经济发展出现了许多新特点,主要表现为两个方面:一方面,现代科学技术发展突飞猛进,并大规模应用于生产领域,从而使社会生产得以迅速发展;另一方面,西方国家的企业进一步集中,跨国公司大量涌现,企业规模越来越大,生产经营日趋复杂,市场情况瞬息万变,企业竞争更加激烈。这些情况和环境对企业管理提出了相应的新要求,即迫切要求企业实现管理现代化。面对这突如其来的新形势,第二次世界大战前曾风靡一时的泰罗的科学管理说受到了挑战,其重局部、轻全局的根本性缺陷暴露无遗,不能与新形势相适应。

正是由于泰罗的科学管理说的根本缺陷不能适应第二次世界大战后西方经济发展的要求,泰罗制被现代管理科学所取代也就成为了历史的必然。为克服泰罗制科学管理方法的局限性,一些现代化管理方法相继问世。为了战胜对手,增强竞争力,企业管理当局十分重视提高内部工作效率,广泛推行职能管理和行为科学管理,调整和改善人与人之间的关系,以引导、激励职工尽心尽力地工作,提高产品质量,降低产品成本,增加企业利润。

现代管理科学的形成和发展对管理会计的发展在理论上起到了奠基和指导作用,在方法上赋予现代化的管理方法和技术,使其面貌焕然一新。

现代管理科学和计算技术的发展是管理会计赖以发展的条件。管理会计从传统会计中分离出来,正式形成管理会计体系之后,由于不断吸收现代管理科学中的运筹学、行为科学等方面的研究成果,同时,又引进了许多现代数学方法和电子计算机技术,使会计有可能应用现代数学和数理统计学的原理和方法,建立许多数量化的管理方法和技术,帮助管理人员按照最优化的要求对复杂的生产经营活动进行科学的预测、决策、计划和控制。从20世纪60年代末期开始,受统计决策理论和不确定条件下的经济学研究成果的影响,西方管理会计学者开始将不确定因素和信息成本概念引入管理会计,进而将信息经济学、代理人理论等引入管理会计的研究,使管理会计的研究领域进一步拓宽,使会计和管理的结合更为密切,内容更加丰富多彩,技术方法日益先进,呈现出一片欣欣向荣的发展趋势。到20世纪70年代,管理会计便风靡世界,被誉为实现管理现代化的重要手段。管理会计的应用范围也逐步扩大,从制造业推广到所有类型的组织中,包括服务行业和非营利事业在内。管理会计成为会计发展史上的又一里程碑。西方会计学者将管理会计与15世纪复式记账法的诞生相提并论,认为两者具有同等重大的意义。1972年,美国的全国会计人员联合会建立了单独的管理会计协会(IMA),英国也成立了国际成本和管理会计人员协会(JCMA),并分别出版了专业性刊物《管理会计》月刊,在全世界范围内发行。同时,在美国由管理会计协会主持举行了第一次取得"执业管理会计师"资格的考试,出现了专门的执业管理会计师。1980年4月,各国会计人员协会在巴黎举行了第一次欧洲会议,有225名代表参加,他们来自10个欧洲国家和美国、澳大利亚。这次会议的中心议题是讨论如何推广管理会计。与会人员一致认为,管理会计具有强大的生命力,应如何推广管理会计,对实现企业的科学管理是一个战略性问题,管理会计将促进现代化管理的发展。

二、管理会计的未来展望

近十年来,由于全球性竞争日趋激烈,欧美和日本许多厂商纷纷改变经营管理方式。一方面,高新科技蓬勃发展,在电子技术革命的基础上形成生产高度的电脑化、自动化;另一方面,随着电脑数控机床和智能机器人、电脑辅助设计、电脑辅助生产以及弹性制造系统等高科技成果在生产中广泛应用,使企业的生产组织和生产管理出现许多革命性的变革,适时生产系统(JIT系统)、全面质量管理(TQC)等新观念、新理论和新方法相继形成,致使现代管理会计的传统观念和视野、理论和方法都显得有些不能完全适应新的生产组织和环境及其所产生的管理上的新观念、新理论和新方法。人们开始对原有管理会计的技术和方法进行了反思,开始研究、创建以当代高新技术与现代市场经济体系为基础,以企业新的经营目标——股东价值最大化为核心,以服务于顾客化生产为主旨,建立作业管理(ABM)体系,并以作业成本(ABC)计算贯穿始终的管理会计新体系使管理会计迈向一个新的里程。

总之,自 20 世纪 80 年代中期以后,管理会计出现种种变革,并不是管理会计本身出现了什么危机,而是管理会计顺应当代科技、社会、经济发展的大环境的变化,顺应时代潮流而作出调整、变革。不论从整个世界发展的趋势来看,还是从我国十多年来引进管理会计的实际效果来说,管理会计的未来肯定还是"前程似锦,风光无限"。

第二节　现代管理会计及其特点

一、管理会计的涵义

管理会计是现代会计学的一个分支。管理会计是从传统的、单一的会计系统中分离出来,成为与财务会计并列的一门新兴的、独立的、综合性的边缘学科,是多种学科相互交叉、相互渗透的结合体。管理会计这门学科的创立具有强烈的目的性,那就是为强化企业内部管理、实现最佳经济效益服务。管理会计充分利用财务会计和其他业务、统计所提供的资料,运用会计的、统计的和数学的技术方法进行加工处理,以便为特定目的提供所需要的管理信息,供有关管理人员对企业未来的生产经营活动进行正确的预测、决策、编制预算,并在执行过程中加以控制、考核,通过不断循环地考核过去、规划未来、控制现在,达到调动企业内部各方面的积极因素、获取最佳经济效益的目的。因此,管理会计亦可以说是会计与管理的直接结合。究竟什么是管理会计呢? 下面简要介绍西方和我国会计学界对管理会计所下的几种定义。

1966 年,美国会计学会(AAA)在其《基本会计理论的声明书》(*Statement of Basic Accounting Theory*)中,将管理会计定义为:"管理会计是利用适当的技巧和概念来处理某个主体历史的和未来的经济资料,以协助管理人员拟订合理的经营目标,并作出能达到上述目标的明智的决策。"1981 年全美会计人员协会(NAA)管理会计实务委员会,在其颁布的公告中指出:"管理会计是指一个组织内部,对管理当局用于规划、评价和控制的信息(财务的或经营的)进行确认、计量、积累、分析、解释和传递的过程,以确保适当使用其资源,并承担经营责任。而且管理会计亦包括为非管理当局,如股东、管理机构和税捐机关编制财务报告。"这一定义扩大了管理会计的活动领域,指明管理会计的活动领域不应仅限于"微观",还应扩展为"宏观"。这一观点后来被国际会计师联合会(IFAC)所继承。

1988 年 4 月,国际会计师联合会在其发表的一份《国际管理会计实务》的"征求意见稿"——《论管理会计概念》中明确提出:"管理会计可定义为:在一个组织中,管理部门用于计划、评价和控制的(财务和经营)信息的确认、计量、收集、分析、编报、解释和传输的过程,以确保其资源的合理使用并履行相应的经营责任。"20世纪80年代,西方管理会计理论引进我国后,我国会计学者在解释"管理会计"定义时,提出的主要观点如下:

(1)管理会计(学)是一门新兴的综合性边缘学科。

(2)管理会计是一个服务于企业内部经营管理的信息系统。

(3)管理会计是西方企业会计的一个分支。

(4)管理会计是为管理部门提供信息服务的工具。

综上所述,管理会计不仅是现代企业会计信息系统中区别于财务会计的另一个信息子系统,为企业各项管理职能提供必要的管理信息;管理会计本身也是一项管理活动,即利用这些信息为管理的核心,做出最优决策服务,并按预定目标进行有效的控制和考核,确保以较少的资源耗费取得最佳经济效益。

二、管理会计的主要特点

现代管理会计的特点可以从它与财务会计的区别中表现出来。一般来说,它们之间主要的区别可归纳、对比如下:

(一)主要服务对象和工作目的不同

财务会计也称为对外会计,主要向企业外部利害关系人提供有关财务信息,协助其了解企业财务状况和经营成果。财务会计通过定期提供财务报表,为企业外部的投资人、债权人及其他相关利益者提供决策有用的财务信息。

管理会计主要向企业内部管理人员提供规划、控制、考核所需要的管理信息,协助其作出正确的经营决策。

(二)核算范围和内容不同

财务会计从整个企业出发,反映其已经发生的全部生产经营活动。财务会计的信息质量要求是数字准确、内容完整、报送及时等。

管理会计主要根据管理目标的特性和客观条件加以确定,可以是某一事物的总体,也可以是某一事物的局部。例如,管理会计中的决策与计划就是面向整体,从全局着眼,认真考虑各项决策和计划之间的协调配合、综合平衡;以责任会计为核心的执行会计就是对日常工作进程和效果进行考评与控制。但是,管理会计研究的重点是不同的产品或个别的经济活动,或者某个变换方案,而不是企业的整个财务状况。管理会计的目的是促使生产中各有关因素能更好地协调起来,争取最优化的经济效果,以达到预期的目标。

(三)采用的工作方法不同

财务会计采用会计方法,遵循凭证—账簿—报表这一财务会计核算程序,进行记账、算账、报账。

管理会计同时采用会计、统计、数学等方法进行规划、控制、考核。为了消除企业管理和决策上的某些直觉性和随意性,在管理会计工作中广泛应用了许多经济数学模型,如一般代数模型、数学分析模型、数学规划模型、矩阵代数模型、概率模型等。把复杂的经济活动尽可能用简明、精确的数字模型表述出来,运用一定的数学方法对其进行加工处理,就可以揭示出有关对象在一定条件下的最优数量关系或联系、变化的客观规律,从而使企业的预测、决策、计划、分析、考核等管理工作建立在对客观对象进行科学分析和精确计算的基础上,更加科学、合理、有效。

（四）约束条件不同

财务会计必须严格遵守《企业会计准则》和相关法规的规定。财务会计信息要求客观公正,所提供的会计信息通过会计师事务所的审计后才能成为可信的信息。

管理会计主要是为企业内部改善经营管理提供有用资料,管理会计可以不拘一格,根据所涉及范围的大小,自由运用各种资料（包括各种会计、统计、业务资料）,而不必遵守《企业会计准则》和相关法规的约束。如管理会计中产品成本的构成,可以不按规定的成本项目表示,有时还可以采用不完全成本来评价某一经营决策方案等。因此,其结构比较松散,领域更加广阔,方法也更加灵活多样,其目的只在于获取所需要的资料,以满足管理的要求。

尽管管理会计具有上述许多不同于财务会计的特点,但两者又有着密切的联系。其主要表现为:

（1）管理会计和财务会计两者同出一源,原始的经营信息是两种会计的共同依据。例如,企业产品生产过程中耗用材料信息,财务会计依据其对存货进行计价,而管理会计则依据其计算该产品的获利能力。

（2）管理会计常常尽可能利用财务会计提供的会计数值和会计报表资料进行加工、改制、延伸,来对企业未来的经营活动或个别经济事项做出预测、决策,以尽可能消除两种会计平行收集资料的重复劳动。而管理会计所预期的经济效益能否达到,预测、决策正确与否,最终又必然在财务会计中得到反映。

（3）财务会计虽然称为对外会计,但从广义上讲,财务会计同样也是为了满足企业经营管理的需要,对内同样发挥着不可忽视的作用。例如,编制各种财务报表是财务会计范畴的簿记、计算,如果据此求出有关收益性、流动性的各种比率,进行分析,则这项财务分析的计算过程与职能也可以说是对内指出注意方向。

三、管理会计的基本内容

管理会计是会计与管理的直接接合。管理会计是为了搞好企业内部经营管理,合理配置和有效利用企业有限资源,力争获得最优的经济效益而建立的一种对内会计。因此,管理会计必然兼具会计和管理的职能。管理会计凭借所掌握的大量经济活动数据,利用一整套科学方法,为企业的决策、计划、组织、协调、控制等一系列科学管理提供有用信息,以帮助管理人员规划未来、控制现在（执行）、考核过去（反馈）,促进达成企业目标。当然,职能只是事物的内在功能,职能本身不能自动体现出来,而需要通过一定的专门方法来实现。管理会计的职能也需要通过一定的专门方法才能实现。对管理会计为实现其职能所应用的一系列专门方法及其基本原理的研究,就构成了管理会计的内容。由于管理会计主要是为企业内部服务的,企业管理人员为加强企业内部经营管理需要什么信息,管理会计就提供什么信息,而且可以不拘一格地采用各式各样的方法加以分析、论证,而没有任何强制性。这就使得构成管理会计具体内容的专门方法具有多样性和灵活性。但是,在不同的企业,企业管理过程的各基本环节是相通的,因此管理会计的全部内容按其所服务的企业管理过程的各个环节可归纳为:决策会计、控制与业绩评价会计、计划会计。

(一)决策会计

决策会计包括预测和决策,属于规划未来。决策会计主要是依据其所掌握的丰富资料,以运筹学的基本原理为基础,运用各种数学方法和现代科学手段,对为完成一定目标可供选择的有关方案进行定量化分析、比较等综合研究,以帮助管理人员作出正确的判断和选择。

(二)控制与业绩评价会计

控制与业绩评价会计包括各种成本、存货等的控制以及业绩的考核评价,属于控制现在(执行)和考核过去(反馈)。控制与业绩评价会计以责任会计为核心,主要是以行为科学的基本原理为基础,通过制定定额标准落实经济责任,测定实际结果,考核工作业绩,借以调动企业内部各方面的积极性,确保最优地达到预期的目标。

(三)计划会计

计划会计包括全面预算,是介于决策会计和控制与业绩评价会计之间,联系确定目标与实现目标的必不可少的桥梁。一方面,计划会计凭借所掌握的会计等信息,运用科学的方法对影响企业生产经营的各因素进行调查、研究,为制订计划(预算)提供数据和资料,使决策所确定的目标具体化,以数量表现;另一方面,计划会计层层分解至各责任层次的预算,既能充分调动各方面的积极性,协调各方面的力量,确保决策目标的实现,又是实现有效跟踪控制和分析、评价、衡量各责任层次工作业绩的依据。

思考题

1. 管理会计是怎样形成与发展的?
2. 管理会计包括哪些基本内容?
3. 管理会计与财务会计有哪些主要区别和联系?
4. 你认为在工业企业中应如何组织管理会计工作?

第二章
成本性态分析

成本是衡量一个企业经济效益的一项综合性指标。劳动生产率的高低,材料物资消耗的多寡,生产设备利用程度及合理与否,产品生产数量的多少以及经营管理水平的好坏等,都会直接或间接地从成本指标上显示出来。因此,对成本问题进行认真的分析研究,就成为企业加强内部经营管理的一项重要内容和分析有关问题的出发点。

第一节　成本分类

从财务会计角度出发,往往把成本定义成为取得某项产品或劳务而付出的代价。为了编制会计报表的需要,通常采用传统的分类方法,将成本按职能或与收入配合的时间等划分为制造成本和非制造成本、产品成本和期间成本等。在管理会计中,由于需要从事预测、决策、计划、控制、考核等方面的工作,这些工作对成本各有不同的要求,因而形成许许多多不同的成本概念。而不同的成本概念反映了不同的特定对象。为了满足管理上的不同需要,必须按不同的标准对其进行分类。在管理会计中常用的分类标准有按成本性态分类,按成本的可控性分类,以及按其与决策的相关性分类。

一、成本按其性态分类

所谓成本性态(Cost Behavior),是指成本总额与业务量(Volume,即产量、销量或作业量)之间的依存关系。成本按其性态可以分为变动成本(Variable Cost)和固定成本(Fixed Cost)两大类。

(1)变动成本是指在相关范围内,成本总额随业务量变动成正比例变动的成本。从产品的单位成本来看,变动成本不受产量变动的影响。

(2)固定成本是指在相关范围内,成本总额不受业务量变动的影响,保持不变的成本。固定成本的特点是在相关范围内,成本总额不受产量变动的影响,但从单位产品分摊的固定成本看,却是随着产量的增加而减少的,如厂房、机器设备的折旧等。

这种分类通过观察和分析业务量变动对成本变动的影响,从数量上具体掌握成本与业务量之间的规律性的联系,有助于为企业进行最优决策和改善经营管理提供有价值的信息,也是管理会计进行预测、决策、控制、考核的前提条件。

二、成本按其可控性分类

成本的可控性是指责任单位对其成本的发生是否可以在事先预计并落实责任,在事中施加影响以及在事后进行考核的性质。成本按其可控性可分为可控成本(Controllable Cost)和不可控成本(Uncontrollable Cost)。

(1)可控成本是指在一个会计期间内能合理地为负责该项成本的管理人员所控制的成本。

(2)不可控成本是指在一个会计期间内负责该项成本的管理人员所不能控制的成本。

这种分类可以分清各部门的责任,确定其相应的责任成本,考核其工作业绩,是实行责任会计的前提。

三、成本按其与决策的相关性分类

成本的决策相关性是指成本的发生与特定决策方案是否有关的性质。成本按其与决策的相关性可以分为相关成本(Relevant Cost)和无关成本(Irrelevant Cost)。

(1)相关成本是指与某一特定决策有关的成本。

(2)无关成本是指与某一特定决策不相关的成本。

这种分类有助于进行正确的预测和决策,有利于企业规划未来成本。

第二节　成本性态分析

成本性态是指成本总额与业务量之间的依存关系。需要进一步说明的是,这里的业务量是指企业在一定的生产经营期内投入或完成的经营工作量的统称,可以是生产量、销售量或作业量,具体使用何种业务量应视管理要求、现实可能以及分析的具体内容而定;这里的成本总额主要是指为取得营业收入而发生的营业成本费用,包括全部生产成本和销售费用、管理费用及财务费用等非生产成本。

成本性态分析就是将成本按其与业务量之间的依存关系分为变动成本和固定成本两大类,并建立起相应的成本函数模型的过程。

一、变动成本

变动成本是指在一定条件下成本总额随业务量的变动而成正比例变动的成本。例如,直接材料,直接人工,制造费用中随产量成正比例变动的物料用品费、燃料费、动力费,按产量法计提的折旧费等,以及按销售额支付的销售佣金、装运费、包装费等,其总额与产销量变动成正比例变动,故均属变动成本。

变动成本的特点如下：

（1）成本总额随业务量的变动成正比例变动；

（2）平均单位成本不受业务量变动的影响，保持不变；

（3）可以直接追溯到各有关产品或部门；

（4）负责部门可以控制其发生。

【例2-1】某厂生产一种产品，单位产品的变动成本为5元，产量在一定范围内变动对成本的影响如表2-1所示：

表2-1

产量（件）	总成本（元）	单位成本（元）
100	500	5
200	1 000	5
300	1 500	5
400	2 000	5
500	2 500	5

其成本性态可用代数式或坐标模型表示如下：

（1）代数式：变动成本总额 $y=bx$

　　　　　　单位变动成本 $y/x=b$

式中：y 代表变动成本总额；x 代表业务量；b 为一常数。

（2）坐标模型：见图2-1和图2-2。

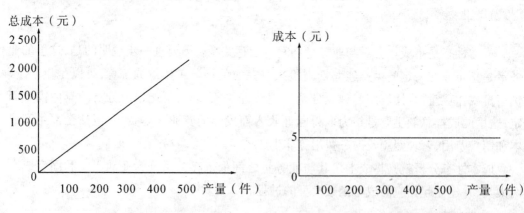

图2-1　变动成本总额与产量的关系　　　　图2-2　单位变动成本与产量的关系

二、固定成本

固定成本是指在一定时期和一定业务量范围内总额不受业务量变动的影响，保持不变的成本。例如，按直线法提取的固定资产折旧、管理人员的工资、租赁费、广告费、培训费等均属于此类。

固定成本的主要特点如下：

(1)在相关范围内其总额保持不变；

(2)每单位的固定成本随产销量的增加而减少；

(3)不能直接确定其归属,通常按管理决策或分配方法分配至各有关产品或部门；

(4)大多为高层管理人员所控制,基层部门不能控制其发生。

【例2-2】某厂生产过程中所用的某种机器是向外租用的,每月租金为6 000元,该机器设备每月最大的生产能力为1 000件。这样,当该厂每月产量在1 000件以内时,其租金总成本一般不随产量的变动而变动。现假设该厂每月的产量分别为20件、200件、1 000件,每单位产品分摊的固定成本(租金)如表2-2所示：

表2-2

产量(件)	固定总成本(元)	单位产品的固定成本(元)
20	6 000	300
200	6 000	30
1 000	6 000	6

其成本性态可用代数式或坐标模型表示如下：

(1)代数式:固定成本总额: $y=a$

单位固定成本: $y/x=a/x$

式中: y 代表固定成本总额; x 代表业务量; a 为一常数。

(2)坐标模型:见图2-3和图2-4。

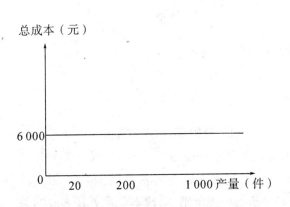

图2-3　固定成本总额与产量的关系

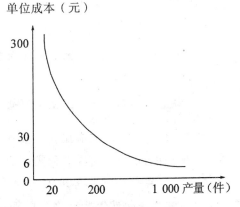

图2-4　单位固定成本与产量的关系

固定成本按其相对于决策的关系可进一步分为约束性固定成本和酌量性固定成本。

约束性固定成本是指与企业生产经营能力的形成与维护相联系,企业管理当局的短期决策行为不能改变其数额的成本,如厂房设备的折旧、保险费等。约束性固定成本是为维持整个企业的生产能力而发生的,一个企业为了生存所必须负担的最低成本。一般生产能力在现有水平上没有变动的话,约束性固定成本不可能有实质性的降低。由于企业的经营能力一经形成,在短期内很难作出重大改变,因而与此相联系的成本也将在较长时期内继续存在。即使经营中断,该项固定成本仍保持不变。

酌量性固定成本是指可以根据企业管理当局的短期决策行为改变其数额的成本,如广告费、技术开发费、职工培训费等。酌量性固定成本是根据企业的经营方针,由主管人员确定一定期间(通常一年)的预算额而形成的固定成本。因而,酌量性固定成本不像约束性固定成本那样,一经形成便将较长期的存在,在短期内难以随意改变。企业主管人员可以适应情况的变化,及时调整不同预算期的用款限度。

无论约束性固定成本还是酌量性固定成本,从较短的期间看,其发生额同企业的实际经营水平并无直接联系。因而,它们共同组成固定成本。

按成本性态可将成本总额区分为变动成本和固定成本两大类。很显然,变动成本总额加上固定成本总额就构成产品总成本,其性态模型可用代数式或坐标模型表示如下:

(1)代数式:$y=a+bx$

式中:y 代表总成本;x 代表业务量;a 代表固定成本总额;b 代表单位变动成本。

(2)坐标模型:见图 2-5。

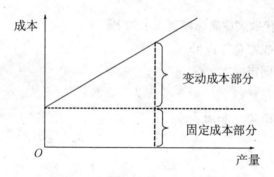

图 2-5　产品总成本与产量的关系

三、变动成本和固定成本的相关范围

必须指出,上述变动成本和固定成本的成本性态,只限于一定时期和一定业务量范围内。也就是说,单位变动成本和固定成本总额不随业务量变化而变化,保持不变只是指短时间而言,并受一定业务量的制约。"一定时期和一定业务量范围"称为"相关范围",它是成本性态仍然保持有效的幅度。如果超出相关范围,则成本与业务量之间的关系将发生变化,那么变动成本总额与业务量之间就不再保持线性关系,固定成本总额也不再"固定"。例如,有些企业在正常情况下,经营水平为最大生产能力的 80%～90%。在这种情况下,如果经营水平降到 80% 以下,管理部门就要考虑关闭部分生产线,处理固定资产和裁减职工以减少固定成本开支。同时,耗用材料的单价(单位变动成本)也会因

用量减少,得不到数量折旧而增加;相反,如果经营水平超过90%,就会发生扩展,那么就有必要扩建厂房、追加生产设备等,从而使固定成本总额增加。同时,耗用材料的单价(单位变动成本)又会因用量大量增加,采购困难而提高。如图2-6所示:

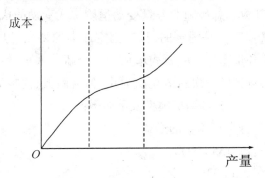

图2-6 变动成本的相关范围

从图2-6可见,在整个经营范围,无论变动成本总额或固定成本总额,它们与业务量之间的关系往往十分复杂而呈非线性联系(见图中曲线)。但是,只要将范围缩至相关范围内,成本与业务量之间则表现为线性关系(见两条虚线之间近乎直线的曲线)。由此可见,成本性态分析以及以成本性态分析为基础的其他分析均离不开相关范围。一定的性态模型只在一定范围内适用。

第三节 混合成本及其分解

一、混合成本

在实际工作中往往会碰到这种情况,有些成本并不可以简单而又明确地划入变动成本或固定成本。因为这些成本既包含变动成本部分,又包含固定成本部分,而使得其总额虽随业务量的变动而变动,但变动的幅度并不与业务量变动的幅度保持严格的正比例关系。我们把这些成本称为"混合成本"。混合成本是由变动成本和固定成本混合而成,因此它与业务量之间的关系较为复杂,根据其随业务量变化的性质及具体情况不同,通常可归纳为以下四类:

（一）半变动成本

半变动成本是指在一定初始基数的基础上成本总额随业务量变动而成正比例变动的成本。半变动成本的特点是:它通常有一个初始量（基数）,这一初始量一般不变,类似固定成本,但在这个基础上,随业务量变化成本也会呈正比例变化,这部分成本类似变动成本,如水电费、电话费等公用事业费及机器设备的维护保养费等。其成本性态可用数学模型和坐标模型表示如下:

（1）数学模型：y＝a+bx

（2）坐标模型：见图2-5。

（二）半固定成本（阶梯式变动成本）

半固定成本是指其成本总额随业务量变动呈阶梯式变动的成本。半固定成本的特点是：它在一定业务量范围内是固定的，具有固定成本的特征，但当业务量超过一定范围，则成本总额会随业务量增加呈跳跃式增加到一个新的水平，然后在业务量增长的一定限度内又保持不变，直到另一次新的跳跃为止，如检验员、优验员的工资，整车运输费等。其成本性态可用数学模型和坐标模型表示如下：

（1）数学模型：可写成分段函数的形式。

$$\begin{cases} y=f(x)=a & (0 \leqslant x \leqslant 135\,000) \\ a=200 & 0 \leqslant x < 45\,000 \\ a=400 & 45\,000 \leqslant x < 90\,000 \\ a=600 & 90\,000 \leqslant x < 135\,000 \end{cases}$$

（2）坐标模型：见图2-7。

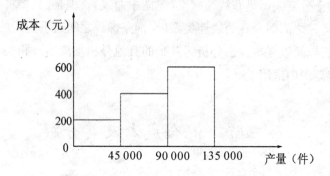

图2-7　某企业管理员工资呈阶梯式增长

（三）延期变动成本

延期变动成本是指成本总额在一定业务量范围内固定不变，一旦超过这一特定的业务量范围，其成本总额便会随业务量变动成正比例变化。延期变动成本的特点是：在某一业务量下表现为固定成本，超过这一业务量即成为变动成本，如管道煤气收费，又如企业支付给职工的工资在正常产量情况下是不变的，属于固定成本，但当产量超过正常水平后，则需要根据超产数量支付加班费或超产奖金。其成本性态可用数学模型和坐标模型表示如下：

（1）数学模型：可写成分段函数的形式。

$$\begin{cases} y=f(x) \\ y=3\,000 & 0 \leqslant x < 3\,000 \\ y=3\,000+x & x \geqslant 3\,000 \end{cases}$$

（2）坐标模型：见图2-8。

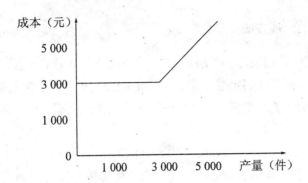

图2-8　某企业搬运工程呈延期变动成本模式

（四）曲线式混合成本

曲线式混合成本是指在一定初始基数的基础上,曲线混合成本总额随业务量变动而变动,但不存在线性关系而呈抛物线状。按照曲线斜率的变动趋势不同,可进一步分为递增曲线成本和递减曲线成本两类。

（1）递增曲线成本是指在一定初始基数的基础上,其成本随业务量的增加而呈更大幅度递增的成本。例如,各种违约罚金、累进计件工资等,其成本随业务量增加而增加,且变动率是递增的。

（2）递减曲线成本是指在一定初始基数的基础上,其成本随业务量增加而增加,但增长幅度递减的成本。例如,热处理用电炉设备,每班均需预热,其预热成本(初始量)属于固定成本性质,但预热后进行热处理的耗电成本,虽然也随处理量的增加而上升,但上升幅度越来越慢,其变动率是递减的。

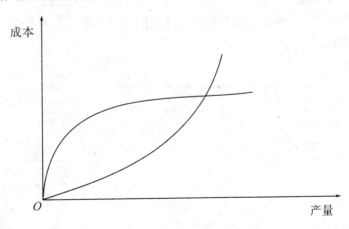

图2-9　曲线式混合成本

对于各种曲线式混合成本,可以在相关范围内近似地把它看作半变动成本,用直线方程 $y = a + bx$ 来描述它,从而大大简化计算过程。

二、混合成本的分解方法

为了便于管理会计的应用,对于混合成本,必须将其所包含的变动和固定部分进行分解,分别归入变动成本和固定成本中去,从而将全部成本划分为变动成本和固定成本两大类。常见的分解方法主要有账户分析法、工程法、高低点法、散布图法和回归分析法。

（一）账户分析法（Account Analysis Method）

账户分析法是会计人员利用某一期间账户上所提供的实际成本资料,根据其经验逐项进行分析、判断,划分为变动和固定两部分,并据以推导出成本方程式 $y = a + bx$,以此为基础,进行混合成本的分解。

（二）工程法（Industrial Engineering Approach）

工程法是以各项消耗定额为基础,研究成本与业务量的关系,据以计算出混合成本中的变动成本数额,从而将混合成本分解为变动成本和固定成本两部分。

（三）高低点法（High-Low Method）

高低点法也叫两点法,它是根据历史成本资料中某一定期间内的最高和最低业务量,以及与此相联系的最高和最低业务量的混合成本,来推算混合成本中固定成本部分和变动成本部分各占多少数额。其具体做法如下:

（1）确定混合成本中的单位变动成本（以 b 表示）。

b＝与高低点业务量相联系的混合成本之差/高低点业务量之差＝$\Delta y / \Delta x$

（2）确定混合成本中的固定成本部分（以 a 表示）。

a＝最高（或最低）点的混合成本总额－b×最高（或最低）点的业务量

【例 2-3】某厂 2×14 年维修成本在相关范围内的变动情况如表 2-3 所示,现用高低点法对维修成本进行分解。

表 2-3

直接人工小时（小时）	维修成本（元）
5 500	745
7 000	850
5 000	700
6 500	820
7 500	960
8 000	1 000
6 000	825

（1）根据历史资料找出业务量最高与最低点如下：

	直接人工小时（小时）	维修成本（元）
高点	8 000	1 000
低点	5 000	700
差额	3 000	300

（2）确定 a,b 的值：

$$b = \frac{1\ 000 - 700}{8\ 000 - 5\ 000} = 0.1$$

$$a = 1\ 000 - (0.1 \times 8\ 000) = 200$$

$$y = 200 + 0.1x$$

该厂维修成本（半变动成本）进行分解后，其固定成本总额是 200 元，其余部分属于变动成本。

必须指出的是，采用高低点法时，所选用的成本数据应能代表业务活动的正常情况，不能含有任何不正常状态下的成本；此外，通过采用高低点法对混合成本进行分解而求得的成本公式，只适用于相关范围内的情况，超过相关范围即不适用。如上例，所求得的成本公式，只适用于人工小时在 5 000~8 000 小时的范围，超出这一范围必须重新研究。

高低点法简便易行，便于理解，但由于它只利用诸多历史资料中的两组数据作为计算依据来确定成本性态，误差会较大，很可能会使得建立起来的成本模型不具代表性，因此这种方法只适用于各期成本变动趋势较稳定的企业。

（四）散布图法（Scatter-Diagram Method）

散布图法是在坐标系中以横轴代表业务量，以纵轴代表成本金额，然后将过去已发生的混合成本数据逐一在坐标系中标明，历史成本数据就形成若干成本点，散布在坐标系中。再通过目测，在各成本点之间画一条反映成本变动趋势的直线，该直线上下方所散布的成本点数目应保持相等。根据这一直线来确定混合成本中固定部分和变动部分各占多少。

现仍以【例2-3】的资料为例，采用散布图法对混合成本（维修费用）分解如图 2-10 所示：

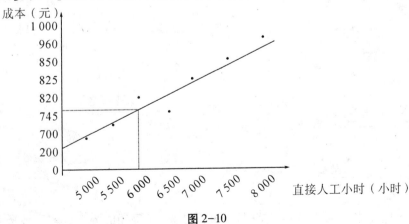

图 2-10

在图 2-10 中,用目测画出的成本趋势直线与 y 轴的交点为 200,表示固定成本 a = 200 元,成本趋势直线的斜率即单位变动成本 b,可按下列方法求得:

在直线上任取一点 P(6 000,800),则有:

b = (800-200)/6 000 = 0.1

据此可得:y = 200+0.1x

散布图法在计算确定反映成本变动趋势的直线时,能够考虑所提供的全部历史资料,因而较高低点法更为科学,计算结果也较高低点法更为精确,而且用图形反映比较形象直观,易于理解,但由于反映成本变动趋势的直线是用目测方法画出,带有一定的主观随意性,不同的人会得出不同的结论,从而影响计算的客观性。

(五) 一元线性回归分析法

上述散布图法中,确定混合成本的变动和固定部分数额的趋势线,是用目测方法画出来的。实际上,通过目测,在平面上各成本点之间可以划出无数条反映 x 与 y 关系的直线。究竟哪一条直线最合理? 一般来说,应该是使散布图中各成本点尽可能在这条直线上或距离直线的距离最近。从数学的观点来说,就是全部观测数据的误差平方和最小的直线,最为合理。这就产生了"回归分析法"。

回归分析法又称最小二乘法或最小平方法。回归分析法是根据过去若干期的业务量与成本的历史资料,按照 y = a+bx 的成本方程式,运用数学上的最小二乘方来确定一条确能反映 x,y 之间关系的误差最小的最合理直线(回归直线)的方法。换言之,即要使所观测数据的误差平方和达到最小。具体计算程序如下:

$$y = a+bx \qquad\qquad ①$$

对①两边求和:

$$\sum y = na+b\sum x \qquad\qquad ②$$

对①两边同乘 x 再求和:

$$\sum xy = a\sum x+b\sum x^2 \qquad\qquad ③$$

建立方程组:

$$\sum y = na+b\sum x$$

$$\sum xy = a\sum x+b\sum x^2$$

解得:

$$a = \frac{\sum y - b\sum x}{n} \qquad\qquad ④$$

$$b = \frac{n\sum xy - \sum x\sum y}{n\sum x^2 - (\sum x)^2} \qquad\qquad ⑤$$

运用上述公式,只要搜集以往若干期的历史资料(每期的混合成本和业务量),就可很快将混合成本分解,计算出固定成本 a 和单位变动成本 b 的数额。

【例 2-4】某公司 10 年来的成本数据如表 2-4 所示:

表 2-4 成本数据表

	产量 x_i(件)	成本 y_i(万元)	$x_i y_i$	x_i^2
1	100	503	50 300	10 000
2	120	592	71 040	14 400
3	110	576	63 360	12 100
4	230	980	225 400	52 900
5	200	800	160 000	40 000
6	150	602	90 300	22 500
7	142	568	80 656	20 164
8	186	752	139 872	34 596
9	160	700	112 000	25 600
10	190	770	146 300	36 100
合计	1 588	6 843	1 139 228	268 360

将上表资料代入公式④⑤,得:

$$b = \frac{10 \times 1\,139\,228 - 1\,588 \times 6\,843}{10 \times 268\,360 - 1\,588^2} = 3.25(万元)$$

$$a = \frac{6\,843 - 3.25 \times 1\,588}{10} = 168.2(万元)$$

这样就可以得到估计的回归模型为:

y = 168.2 + 3.25x

如果公司预测下一年的产量为 230 件时,根据回归模型,将产量 230 代入 x,即可求出下一年的成本额为 915.7 万元。

y = 168.2 + 3.25 × 230 = 915.7(万元)

回归分析法利用了微分极值原理,因此计算结果较高低点法和散布图法更为准确,但工作量较大,计算较烦,不过随着电子计算机在我国日益普及,这种方法将会得到广泛应用。

但是,对回归分析法的使用也必须合理选择,否则将可能会掩盖有关成本实际的变动程度,得出错误的成本性态模型。要合理使用回归分析法需要对公司运作和成本有足够的了解。例如,维修成本,企业一般将机修安排在生产任务较低的时期,以使维修对生产的影响降到最低限度。这样,产量与维修成本的回归分析将呈现出产量越高、维修成本越少的趋势,然而,从工程技术的角度看,生产与维修之间很明显地存在着生产任务越重、维修成本越高的因果关系。为了更好地估计维修成本与生产量之间的关系,分析人员就应该认识到维修成本可能在时间上滞后于高涨的生产周期,合理选择分析资料。同样,把维修成本归集到间接成本中,也会低估间接成本随生产变动而变动的程序。因为在高产出水平上,低维修成本抵销了其他高间接成本;在低产出水平上,高维修成本又拉平了低间接成本,使间接费用总额不能表现出与产量水平相适应的实际变动程度。事实上,它们之间的关系很清楚:产出水平越高,间接费用总额越高。总之,管理人员在进行成本性态分析时,对于业务量(自变量)的选择必须符合下列要求:

(1)合理性。合理性是指经济上的合理性,即成本(因变量)与业务量(自变量)之间的基本关系应具有经济意义,并与管理人员和会计人员的直觉相吻合。

(2)相关性。相关性说明成本估计值与实际值之间的吻合程度。对相关性大小的判断可以利用决定系数(r),它说明自变量对因变量的解释程度。r 的范围为 $1 \geqslant r \geqslant 0$。若 r=1,说明自变量可以完全解释因变量;若 r=0,说明自变量完全不能解释因变量。通常 r 为 0.3 或更高就可以通过相关性检验。当然,在选择确定自变量时,不能完全依赖相关性标准,若单纯依赖相关性标准,可能会导致将那些能增加 r 值却不具备经济合理性的因素作为自变量。因此,在考虑相关性的同时还必须考虑其经济上的合理性。

(3)显著性。显著性是指自变量的变动对总成本是否会产生显著影响。利用回归分析可以进行显著性检验,即 t 检验。如果 t 值很低,管理人员就可推断自变量不是引起成本变动的原因。然后,再检验其他经济上可能的自变量,看是否能满足 t 检验。

上述三个要求中,合理性、相关性尤为重要。

思考题

1. 什么叫成本性态?成本按其性态可以分为几类?
2. 什么是变动成本?变动成本的主要特点是什么?
3. 什么是固定成本?固定成本的主要特点是什么?
4. 为什么要对混合成本进行分解?怎样分解?

练习题

1. 某企业生产的甲产品 7~12 月份的产量及成本资料如下表所示:

时间	7 月	8 月	9 月	10 月	11 月	12 月
产量(件)	40	42	45	43	46	50
总成本(元)	8 800	9 100	9 600	9 300	9 800	10 500

要求:
(1)采用高低点法进行成本性态分析;
(2)采用回归直线法进行成本性态分析。

2. 某企业生产的甲产品 1~8 月份的产量及总成本资料如下表所示：

时间	1月	2月	3月	4月	5月	6月	7月	8月
产量(件)	18	20	19	16	22	25	28	21
总成本(元)	6 000	6 600	6 500	5 200	7 000	7 900	8 200	6 800

要求：

（1）采用高低点法进行成本性态分析；

（2）采用回归直线法进行成本性态分析。

第三章

变动成本法

变动成本法在20世纪30年代起源于美国。据美国权威的《柯勒会计辞典》记载,第一篇专门论述直接成本法(变动成本法)的论文是由美籍英国会计学家乔纳森·N. 哈里斯撰写,刊于1936年1月15日的《全国会计师联合公报》。在文中,哈里斯根据杜威——阿尔末化学公司的实际资料,对比变动成本法与传统的完全成本法对营业利润的影响,揭示了直接成本法的优点,使变动成本法的观念得以迅速传播。

第一节　变动成本法概述

一、变动成本法的含义

第二次世界大战以后,随着经济及科学技术的迅猛发展,市场竞争日趋激化,决策的重要性日益突出,企业管理当局要求会计提供与之相适应的更广泛、更有用的信息,以便加强对经济活动的事前规划与日常控制,于是变动成本法广泛应用于美国、日本、加拿大、澳大利亚及西欧各国企业的内部管理,成为管理会计的一项重要内容。所谓变动成本法,是指在组织常规的产品成本计算时,以成本性态分析为前提,只将变动生产成本作为产品成本的构成内容,而将固定生产成本作为期间成本,按变动成本法损益确定程序计算损益的一种成本和损益计算模式。在变动成本法下,生产过程中所发生的固定制造费用则不分配到产品中去,直接作为"期间"而不是"产品"成本的一个组成部分,全额从当期的收益中扣减。因此,变动成本法下产品成本只包括产品生产过程中所消耗的直接材料、直接人工和变动制造费用。

变动成本法产生以后,人们就把财务会计中传统的成本计算方法称为"完全成本法"、"全部成本计算"、"全部成本法",或称"吸收成本法"(Absorption Costing)、"吸收成本计算"。在完全成本法下,生产过程中所发生的固定制造费用应分配到产品中去,成为产品成本的一个组成部分,随产品而流动。当产品销售之后,其随产品计入销货成本,从销售收入中得到补偿;若产品尚未出售,则随产品计入存货,作为流动资产的一部分,结转到下期。因此,完全成本法下产品成本不仅包括产品生产过程中所消耗的直接材料、直接人工、变动制造费用,还包括分摊的固定制造费用。

二、变动成本法的理论依据

变动成本法之所以在计算产品成本时只列入生产过程中耗用的直接材料、直接人工和变动制造费用,而将固定制造费用作为期间成本全额列入当期损益表,直接从当期销售收入中扣减,是基于以下理由:

(1)产品成本是指产品在生产过程中发生的各种耗费,因此它应该随产量而变动。产量增加,产品成本总额增加;产量减少,产品成本总额亦减少;产量为零(不生产),则无所谓产品成本。根据这一原则,只有直接材料、直接人工、变动制造费用这三项变动成本在生产过程中发生,并随产量变动而成正比例变动。因此,产品成本只应包括直接材料、直接人工、变动制造费用三项。

(2)固定制造费用主要是为提供和维持设计生产能力所发生的,它与生产能力的利用程度无关,同产品的实际生产没有直接联系。企业生产能力一经形成,不管其利用程度如何,固定制造费用照样发生,在相关范围内,其总额不受实际产量变动的影响,因此不应计入产品成本。同时,由于固定制造费用总是按期发生,是一种与企业生产经营活动一定期间相联系而发生的费用,随着时间推移,随该期间的消逝而消逝,因此当期发生的固定制造费用应全额列入当期的期间成本,直接从当期的收益中扣减,而不应随存货递延到下一个会计期间。

第二节　变动成本法与完全成本法的比较

一、应用的前提条件不同

应用变动成本法首先要求进行成本性态分析,把全部成本划分为变动成本和固定成本两大部分,尤其要把属于混合成本性质的制造费用按生产量分解为变动性制造费用和固定性制造费用两部分。如果销售费用、管理费用或财务费用需要分解,则必须按销售量分解。

应用完全成本法,首先要求把全部成本按其发生的领域或经济用途分为生产成本和非生产成本。凡在生产领域中为生产产品发生的成本都应归属于生产成本,发生在流通领域和服务领域由于组织日常销售或进行日常行政管理而发生的成本则归属于非生产成本。

二、产品成本及期间成本的构成内容不同

在变动成本法下,产品成本全部由变动生产成本所构成,包括:直接材料、直接人工和变动性制造费用。期间成本由固定性制造费用、固定性销售费用、固定性管理费用、固定性财务费用、变动性销售费用、变动性管理费用和变动性财务费用所构成。变动成本

法期间成本的内容还可以用另外两种简单方式表达,即固定生产成本与全部非生产成本之和,或全部固定成本与全部变动性非生产成本之和。

在完全成本法下,产品成本包括全部生产成本(即直接材料、直接人工和制造费用),期间费用则仅包含全部非生产成本。

两种成本法产品成本和期间成本的计算举例如下:

【例3-1】甲企业只生产经营一种产品,2×13年开始投产,当年生产量为500件,销售量为300件,期末存货量为200件,销售单价为100元/件。当期发生的有关成本资料如表3-1所示:

表3-1   单位:元

成本项目	直接材料	直接人工	制造费用	销售费用	管理费用	财务费用
变动性	6 000	4 000	1 000	600	300	—
固定性	—	—	5 000	1 000	2 500	500
总额	6 000	4 000	6 000	1 600	2 800	500

要求:分别按变动成本法和完全成本法计算当期发生的产品成本和期间成本。

在变动成本法下:

本期产品成本合计=直接材料+直接人工+变动性制造费用

$$=6\ 000+4\ 000+1\ 000=11\ 000(元)$$

单位产品成本=11 000÷500=22(元/件)

$$期间成本=\frac{固定性}{制造费用}+\frac{销售}{费用总额}+\frac{管理}{费用总额}+\frac{财务}{费用总额}$$

$$=5\ 000+1\ 600+2\ 800+500=9\ 900(元)$$

在完全成本法下:

本期产品成本合计=直接材料+直接人工+制造费用

$$=6\ 000+4\ 000+6\ 000=16\ 000(元)$$

单位产品成本=16 000÷500=32(元/件)

期间成本=销售费用总额+管理费用总额+财务费用总额

$$=1\ 600+2\ 800+500=4\ 900(元)$$

本例的计算结果表明,按变动成本法确定的产品成本总额和单位产品成本比完全成本法的相应数值要低,而其期间成本却高于完全成本法。这种差异源于两种成本方法对固定性制造费用的处理不同。

三、销货成本及存货成本水平不同

广义的产品以销货和存货两种实物形态存在。当期末存货量和本期销货量都不为零时,本期发生的产品成本最终要表现为销货成本和存货成本。在变动成本法下,固定性制造费用作为期间成本直接计入当期利润表,因而没有转化为销货成本或存货成本的可能。在完全成本法下,因为固定性制造费用计入产品成本,所以当期末存货存在时,本期发生的固定性制造费用需要在本期销货和期末存货之间分配,从而导致被销货吸收的那部分固定性制造费用作为销货成本计入本期利润表,被期末存货吸收的另一部分固定性制造费用则随着期末存货成本递延到下期。这必然导致两种成本方法所确定的销货成本及存货成本水平不同。

【例3-2】 两种成本法存货成本和销货成本的计算举例。

按【例3-1】所提供的资料。

要求:分别按变动成本法和完全成本法计算产品的期末存货成本和本期销货成本。

在变动成本法下:

期末存货成本 = 单位期末存货成本×期末存货量

$\qquad\qquad$ = 22×200 = 4 400(元)

本期销货成本 = 单位销货成本×本期销货量

$\qquad\qquad$ = 22×300 = 6 600(元)

在完全成本法下:

期末存货成本 = 单位期末存货成本×期存货量

$\qquad\qquad$ = 32×200 = 6 400(元)

本期销货成本 = 单位销货成本×本期销货量

$\qquad\qquad$ = 32×300 = 9 600(元)

在本例中,因为完全成本法确定的期末存货成本除了包括变动生产成本外,还包括2 000元(5 000÷500×200)固定性制造费用,而变动成本法确定的期末存货成本只包括变动生产成本4 400元,这就造成了两者相差2 000元。同样道理,造成完全成本法计算的销货成本比变动成本法的计算结果多3 000元的原因,也是因为完全成本法下的本期销货成本中包括了3 000元(5 000÷500×300)固定性制造费用。

四、常用的销货成本计算公式不同

从理论上看,无论是变动成本法还是完全成本法,都可以按以下公式计算销货成本,即:

$$\begin{matrix}\text{本期} \\ \text{销货成本}\end{matrix} = \begin{matrix}\text{期初} \\ \text{存货成本}\end{matrix} + \begin{matrix}\text{本期发生的} \\ \text{产品生产成本}\end{matrix} - \begin{matrix}\text{期末} \\ \text{存货成本}\end{matrix} \qquad (3.2.1)$$

采用3.2.1式,就意味着先计算出期末存货成本后才能计算本期销货成本。

但是由于变动成本法的销货成本全部是由变动生产成本构成的,所以在以下两种情况下可以在不计算期末存货成本的情况下,直接按下式计算出销货成本:

$$\text{本期销货成本} = \text{单位变动生产成本}×\text{本期销售量} \qquad (3.2.2)$$

第一种情况,要求期初存货量为零(如【例3-2】)。在这种情况下,单位期末存货成本、本期单位产品成本和本期单位销货成本这三个指标相等,可以用单位变动生产成本指标来表示,因此可以利用简化公式。

第二种情况,要求前后期成本水平不变,亦即各期固定成本总额和单位变动生产成本均不变。因为在这种情况下单位期初存货成本、单位期末存货成本、本期单位产品成本和本期单位销货成本这四个指标可以用统一的单位变动生产成本指标来表示。

在完全成本法下,如果期初存货量等于零(如【例3-2】),则单位期末存货成本、本期单位产品成本和本期单位销货成本这三个指标等于单位生产成本指标,因此可以直接利用下式计算销货成本:

$$本期销货成本=单位生产成本×本期销售量 \tag{3.2.3}$$

但是在前后期成本水平不变的情况下,除非产量也不变,否则不能直接套用3.2.3式。这是因为产品成本中包括了固定性制造费用。不同期间单位产品所负担的固定性制造费用可能因为各期产量不同而发生变化。

总之,在完全成本法下,如果期初存货量不为零,往往不容易直接确定出单位产品成本,必须应用3.2.1式计算其销货成本。

五、损益确定程序不同

两种成本计算法的区别不仅限于成本方面,它们还会影响到营业利润的计量程序。例如,在变动成本法模式下,只能按变动成本法损益确定程序计量营业损益;而在完全成本法模式下,则必须按完全成本法损益确定程序计量营业损益。

变动成本法损益确定程序是指在损益计量过程中,首先用营业收入补偿本期实现销售产品的变动成本,从而确定贡献边际,然后再用贡献边际补偿固定成本以确定当期营业利润的过程。完全成本法损益确定程序则是指在损益计量过程中,首先用营业收入补偿本期实现销售产品的营业成本,从而确定营业毛利,然后再用营业毛利补偿营业费用以确定当期营业利润的过程。

由于两种成本计算法的损益确定程序不同,又派生出如下三点区别:

(一)营业利润的计算方法不同

在变动成本法损益确定程序下,营业利润须按下列步骤和公式计算:

$$营业收入-变动成本=贡献边际 \tag{3.2.4}$$

$$贡献边际-固定成本=营业利润 \tag{3.2.5}$$

3.2.4和3.2.5式中:

$$变动成本 = \binom{本期销货成本}{(销货中的变动性生产成本)} + \binom{变动非}{生产成本}$$

$$= \binom{单位变动}{生产成本} × \binom{本期}{销售量} + \binom{单位变动}{非生产成本} × \binom{本期}{销售量} \tag{3.2.6}$$

$$固定成本=固定生产成本+固定非生产成本$$

$$= \frac{\text{固定性}}{\text{制造费用}} + \frac{\text{固定性}}{\text{销售费用}} + \frac{\text{固定性}}{\text{管理费用}} + \frac{\text{固定性}}{\text{财务费用}} \qquad (3.2.7)$$

在完全成本法损益确定程序下,营业利润须按下列步骤和公式计算:

营业收入−营业成本＝营业毛利　　　　　　　　　　　　　(3.2.8)

营业毛利−营业费用＝营业利润　　　　　　　　　　　　　(3.2.9)

3.2.8 和 3.2.9 式中:

营业成本＝本期销货成本(完全生产成本)

$$= \frac{\text{期初}}{\text{存货成本}} + \frac{\text{本期发生}}{\text{的生产成本}} - \frac{\text{期末}}{\text{存货成本}} \qquad (3.2.10)$$

营业费用＝非生产成本＝销售费用+管理费用+财务费用　　(3.2.11)

【例3-3】　两种成本法营业利润的计算举例。

仍按【例3-1】所提供的资料。

要求:分别按变动成本法损益确定程序和完全成本法损益确定程序计算当期营业利润。

在变动成本法下:

营业收入＝100×300＝30 000(元)

销货中的变动生产成本＝22×300＝6 600(元)

变动成本＝6 600+600+300＝7 500(元)

边际贡献＝30 000−7 500＝22 500(元)

固定成本＝5 000+1 000+2 500+500＝9 000(元)

营业利润＝22 500−9 000＝13 500(元)

在完全成本法下:

营业收入＝100×300＝30 000(元)

营业成本＝0+16 000−6 400＝9 600(元)

营业毛利＝30 000−9 600＝20 400(元)

营业费用＝1 600+2 800+500＝4 900(元)

营业利润＝20 400−4 900＝15 500(元)

(二)编制的利润表格式不同

两种成本法的损益确定程序不同使得它们所使用的利润表格式存在一定的区别。变动成本法使用变动成本法利润表,完全成本法使用完全成本法利润表。

【例3-4】　两种成本法利润表的编制举例。

用【例3-2】和【例3-3】的计算结果。

要求:分别编制变动成本法利润表和完全成本法利润表。

编制出来的两种利润表如表3-2所示。

表 3-2   甲企业 2×13 年度利润表   单位:元

变动成本方法		完全成本法	
营业收入	30 000	营业收入	30 000
变动成本		营业成本	
销货中的变动生产成本	6 600	期初存货成本	0
变动性销售费用	600	本期生产成本	16 000
变动性管理费用	300	可供销售的商品	16 000
变动性财务费用	0	生产成本	
变动成本合计	7 500	期末存货成本	6 400
边际贡献	22 500	营业成本	9 600
固定成本		营业毛利	20 400
固定性制造费用	5 000	营业费用	
固定性销售费用	1 000	销售费用	1 600
固定性管理费用	2 500	管理费用	2 800
固定性财务费用	500	财务费用	500
固定成本合计	9 000	营业费用合计	4 900
营业利润	13 500	营业利润	15 500

从表 3-2 中可见,除了格式不同外,不同的利润表还可以提供不同的中间指标。例如,变动成本法利润表能够提供"边际贡献"指标,完全成本法利润表可以提供"营业毛利"指标。这些指标的意义和作用是完全不同的。

(三)计算出来的营业利润有可能不同

表 3-2 的计算结果表明,2×13 年甲企业按完全成本法确定的营业利润比按变动成本法确定的营业利润多 2 000 元。这是因为本期发生的 5 000 元固定性制造费用中,只有 3 000 元通过营业成本计入完全成本法的利润表,其余 2 000 元被期末存货吸收并结转下期。而在变动成本法下,这 5 000 元固定性制造费用全部作为期间成本计入利润表。由于完全成本法当期利润表中的成本比变动成本法少计了 2 000 元,所以其当期营业利润比变动成本法相应多了 2 000 元。

那么是否可以认为按完全成本法确定的营业利润总是大于或者不等于变动成本法的营业利润呢?回答是否定的。如果我们从动态的角度观察一个较长时期内分别按两种成本法确定的营业利润水平,就会发现这两种成本计算法出现不为零的营业利润差异只有可能性,而没有必然性。

【例3-5】两种成本法多期营业利润比较举例。

【例3-1】中的甲企业从2×11年至2×13连续三年各年的存货量和产销量资料如表3-3所示,有关产品销售单价和成本水平等数据如表3-4所示。该企业存货计价采用先进先出法。

表3-3　　　　　　　　　　　存货量和产销量资料　　　　　　　　　单位:件

项目　　　年份	期初存货量	本期产量 (x_1)	本期销量 (x_2)	期末存货量
2×11年	0	500	300	200
2×12年	200	400	500	100
2×13年	100	400	400	100

表3-4　　　　　　　　　　　单价、成本和费用资料　　　　　　　　　单位:元

年份　　　项目	2×11	2×12	2×13
单价(p)	100	100	100
营业收入(px_2)	30 000	50 000	40 000
单位变动生产成本(b_1)	22	22	22
固定性制造费用(a_1)	5 000	5 000	5 000
当期生产成本($a_1+b_1x_2$)	16 000	13 800	13 800
单位变动性销售费用(b_2)	2	2	2
固定性销售费用(a_2)	1 000	1 000	1 000
当期销售费用($a_2+b_2x_2$)	1 600	2 000	1 800
单位变动性管理费用(b_3)	1	1	1
固定性管理费用(a_3)	2 500	2 500	2 500
当期管理费用($a_3+b_3x_2$)	2 800	3 000	2 900

要求:分别编制各年变动成本法利润表和完全成本法利润表。

编制出来的两种利润表如表3-5所示:

表3-5　　　　　　　　　　　甲企业利润表　　　　　　　　　单位:元

	变动成本法				完全成本法		
项目　　年份	2×11	2×12	2×13	项目　　年份	2×11	2×12	2×13
营业收入	30 000	50 000	40 000	营业收入	30 000	50 000	40 000
变动成本				营业成本			

表3-5(续)

变动成本法				完全成本法			
项目＼年份	2×11	2×12	2×13	项目＼年份	2×11	2×12	2×13
变动生产成本	6 600	11 000	8 800	期初存货成本	0	6 400	3 450
变动性销售费用	600	1 000	800	本期生产成本	16 000	13 800	13 800
变动性管理费用	300	500	400	可供销售的商品成本	16 000	20 200	17 250
变动成本合计	7 500	12 500	10 000	期末存货成本	6 400	3 450	3 450
边际贡献	22 500	37 500	30 000	营业成本	9 600	16 750	13 800
固定成本				营业毛利	20 400	33 250	26 200
固定性制造费用	5 000	5 000	5 000	营业费用			
固定性销售费用	1 000	1 000	1 000	销售费用	1 600	2 000	1 800
固定性管理费用	2 500	2 500	2 500	管理费用	2 800	3 000	2 900
固定成本合计	8 500	8 500	8 500	营业费用合计	4 400	5 000	4 700
营业利润	14 000	29 000	21 500	营业利润	16 000	28 250	21 500

从表3-5可以看出,2×11年变动成本法利润表中营业利润比完全成本法利润表中营业利润少2 000元,2×12年则相反,变动成本法利润表中营业利润又比完全成本法利润表中营业利润多了750元,而到2×13年两者又恰好相等。因此可以得出结论:即使是在前后期成本水平和存货计价方法等都不变的情况下,两种成本法出现不为零的营业利润差异也只有可能性,而没有必然性。

六、所提供信息的用途不同

所提供信息的用途不同是变动成本法与完全成本法之间最本质的区别。典型的完全成本法形成于19世纪,是适应企业内部事后将间接成本分配给各种产品,反映生产产品发生的全部资金耗费,确定产品实际成本和损益,满足对外提供报表的需要而产生的。由于完全成本法提供的成本信息可以揭示外界公认的成本与产品在质的方面的归属关系,有助于促进企业扩大生产,能刺激增产的积极性,因而能广泛地被外界所接受。

第二次世界大战后,西方企业迅速增加固定资产投资规模,固定生产成本在产品成本中的比重大大提高。产量越高,单位产品负担的固定成本就越低。这种局面就决定了在西方会计领域中完全成本法仍是应用十分广泛的模式。以美国为例,美国注册会计师协会、美国证券交易委员会和美国国内税务总局都主张继续采用完全成本法。

变动成本法是为满足面向未来决策、强化企业内部管理的要求而产生的。由于变动成本法能够提供科学地反映成本与业务量之间、利润与销售量之间有关量的变化规律的信息,因而有助于加强成本管理,强化预测、决策、计划、控制和业绩考核等职能,促进以销定产,减少或避免因盲目生产而带来的损失。因为在不考虑其他因素的情况下,企业的营业利润从理论上说是单价、成本和销售量这三个要素的函数,所以当单价和成本水平不变时,营业利润应该直接与销售量的多少挂钩,营业利润的变动趋势应该直接与销售量的变动趋势相联系,而这一规律只有在变动成本法下才能得到充分体现。

如果连续考察一段较长时期内的销售量与按变动成本法确定的营业利润的相关资料,就会发现两者之间存在以下规律:

(1)当某期销售量比上期增加时,该期按变动成本法确定的营业利润会比上期增加;

(2)当某期销售量比上期减少时,该期按变动成本法确定的营业利润会比上期减少;

(3)当某期销售量最高时,该期按变动成本法确定的营业利润最高;

(4)当某期销售量最低时,该期按变动成本法确定的营业利润也最低;

(5)当任意两期销售量相同时,这两期按变动成本法确定的营业利润相同。

可见,变动成本法销量与营业利润有一定规律性联系,在变动成本法下,营业利润真正成了反映企业销售量多少的"晴雨表",有助于促使企业重视市场销售。

第三节　对变动成本法的评价

一、变动成本法的优点

变动成本法将固定制造费用置于产品成本之外,突破了传统的、狭隘的成本观点,为强化企业内部经营管理、提高经济效益开创了一条新路。变动成本法的优点主要表现在以下方面:

(一)更符合"费用与收益相配合"的原则

变动成本法只将直接与产品制造相联系的变动成本(直接材料、直接人工、变动性制造费用)归入产品成本,并按销售量的比例,将其已销售产品的成本转作销售成本(即当期费用)与本期销售收入相配合,将未销售产品的成本转作存货,与未来的销售当期所获得的销售收入相配合。与产品制造没有直接联系,为保持一定生产经营能力而发生的固定成本,由于这类成本与生产能力的利用程度无关,而与期间相关,按期发生,随着时间推移,随该期间的消逝而消逝,因此将其全额列作期间成本,与本期的收益相配合。这样,就更能体现权责发生制的要求,真实地反映企业生产经营的财务成果。

(二)能为企业预测、决策提供有用的管理信息,帮助企业管理人员做出正确的决策

企业管理人员要规划和严格控制企业未来的生产经营活动,要做出正确的经营决策,必须掌握各种信息。变动成本法是将成本按性态分类,以此为基础可以计算出产品的边际贡献及其有关信息(如变动成本率、边际贡献率、经营杠杆率等)。这些信息是企业进行成本预测、本量利分析、规划目标利润和目标成本、编制弹性预算等不可缺少的。这些信息对于帮助管理人员作出正确的经营决策,如接受追加订货、亏损产品应否停产、产品最优售价、最优生产批量等的决策分析等,具有十分重要的意义。

（三）便于分清各部门经济责任，有利于进行成本控制和业绩评价

变动成本法能提供按变动和固定成本分类的成本信息，这是分清经济责任、进行成本控制和业绩评价的重要依据。因为一般来说，变动生产成本是生产部门的可控成本，其成本高低反映出生产和供应部门的工作业绩。有关直接材料、直接人工和变动制造费用的超支或节约，都会从产品的变动生产成本中反映出来，从而确定生产部门的责任，以便采取措施，加以控制。固定生产成本是各职能部门的可控成本，其发生额的多少通常应由管理部门负责，通过制定费用预算进行控制。变动成本法提供的信息能把由于产量变动所引起的成本变动与由于成本控制工作的好坏而造成的成本变动清楚地区分开来，不仅有利于进行科学的成本分析，采取有效措施控制成本，还能对各单位的工作业绩做出恰当的、实事求是的评价，以进一步完善经济责任制。

（四）有利于贯彻"以销定产"的方针，防止盲目生产

变动成本法在计算损益表时，将固定制造费用全部作为本期费用（期间成本），从当期销售收入中扣减。这就排除了产量高低对单位产品成本的影响，使企业的盈利随销售量而不是随产量增减而增减，有助于防止盲目生产，促使管理人员注意经营管理，生产适销对路的产品。

（五）可以简化成本计算工作

变动成本法把固定制造费用作为期间成本而不计入产品成本，这不仅减少了许多分摊手续，大大简化了产品成本的计算工作，而且避免了费用分摊过程中可能存在的主观随意性，有利于正确计算产品成本。同时，也有利于会计人员从繁重的核算工作中解放出来，集中精力加强日常成本管理。

由于变动成本法具有上述种种优点，在加强企业内部经营管理上，确实起了非常重要的作用，因此变动成本法越来越受到企业管理人员和会计人员的重视。

二、变动成本法的局限性

变动成本法虽然能为企业加强内部管理提供重要信息，但变动成本法本身也存在着一定的局限性，主要表现在以下方面：

（一）计算的产品成本不符合传统的成本概念

传统的成本概念认为，产品成本"是为了获得某些产品或劳务、作业而做出的一切牺牲"，"是一切可以计入存货的制造成本"。而变动成本法所计算的产品成本只包括直接材料、直接人工和变动制造费用，不包括固定制造费用，不能反映产品生产的全部消耗，显然不符合传统的成本概念，而且在制定产品价格时也难以作为参考。

（二）提供的资料不能满足长期决策的需要

变动成本法的基本前提是将成本按其性态划分为变动成本和固定成本。可是，成本的"变动"或"固定"是以相关范围的假定为前提条件的。如果超出这个相关范围，得出的结果便不相同。就企业的短期经营而言，一般不会超出相关范围，但从长期看，由于技

术进步、通货膨胀以及企业经营规模的变化等因素的影响,销售单价、单位变动成本和固定成本总额很难不变,因此变动成本法提供的资料一般不能适应长期决策的需要。此外,在长期经济决策中,一般需要利用全部成本资料(包括变动和固定成本)来确定各备选方案是否能以它的全部收入弥补它的全部支出。而变动成本法不能提供这方面的信息,因此无法满足长期经济决策的需要。

(三)成本数据的局限性

按变动成本法编制财务报表,由于在资产负债表上对存货低估,容易引起股东、债权人的误解。同时,其所确定的成本数据亦不符合通用的对外会计报表编制的要求。

(四)不能直接提供报税依据

由于变动成本法具有上述优点,同时也存在一些不容忽视的缺点,所以美国会计学会(AAA)、美国会计人员联合会(NAA)的许多会员以及一些大企业的经理和管理会计学家们都主张使用变动成本法。美国会计界的权威机构,包括美国执业会计师协会(AICPA)、美国证券交易委员会(SEC)和美国国内税务局(IRS),都主张采用完全成本法。因此,两者不可能互相取代,而必须结合使用,互相取长补短。

思考题

1. 变动成本法的优缺点是什么?
2. 简述变动成本法与完全成本法的区别。

练习题

1. 某企业本期有关成本资料如下:单位直接材料成本为 10 元,单位直接人工成本为 5 元,单位变动性制造费用为 7 元,固定性制造费用总额为 4 000 元,单位变动性销售管理费用为 4 元,固定性销售管理费用为 1 000 元。期初存货量为零,本期产量为 1 000 件,销量为 600 件,单位售价为 40 元。

要求:分别按两种成本法的有关公式计算下列指标:

(1)单位产品成本;(2)期间成本;(3)销货成本;(4)营业利润。

2. 某厂生产甲产品,产品单价为 10 元/件,单位产品变动生产成本为 4 元,固定性制造费用总额为 24 000 元,销售及管理费用为 6 000 元,全部系固定性的,存货按先进先出法计价,最近三年的产销量资料如下表所示:

单位:件

	第一年	第二年	第三年
期初存货量	0	0	2 000
本期生产量	6 000	8 000	4 000
本期销售量	6 000	6 000	6 000
期末存货量	0	2 000	0

要求：

（1）分别按两种方法计算单位产品成本；

（2）分别按两种方法计算期末存货成本；

（3）分别按两种方法计算期初存货成本；

（4）分别按两种方法计算各年营业利润（编制利润表）。

第四章

成本—业务量—利润分析

　　成本—业务量—利润依存关系的分析是指对成本、业务量(产量或销售量)、利润相互间的内在联系所进行的分析。它是以成本性态分析为基础,确定企业的盈亏临界点,进而分析有关因素变动对企业盈亏的影响。它可以为企业改善经营管理和正确进行经营决策提供有用的资料。

第一节　边际贡献与盈亏临界点

一、"本量利分析"的假设前提

　　成本—业务量—利润分析,简称"本量利分析"或"CVP 分析",是研究产品销售价格、销售数量、销售成本和利润之间的关系,以帮助进行预测、决策的一种专门方法,是"成本性态"研究的合乎逻辑的发展。企业的产品销售数量和销售价格、销售成本是分不开的。在通常情况下,产品销售价格降低,销售数量就会增加;产品销售数量增加,由于固定性制造费用总额(在相关范围内)不变,即使耗费水平不变,产品的单位成本也会下降。产品销售单价降低,会使企业利润减少,而销售数量增加和产品单位成本降低,又会使企业利润增加。成本、业务量、利润之间存在着错综复杂的关系。企业管理人员在经营管理过程中往往需要知道:企业至少要销售多少产品才能保本;销售某一数量的产品能够获得多少利润;要获得一定数量的利润必须销售多少产品。企业管理人员有时需要在降低产品销售价格和增加销售数量之间进行决策,以使企业的利润最优化。诸如此类涉及价格、数量、成本和利润的问题,都只有通过"CVP 分析"来回答。"CVP 分析"不但能为计划过程提供一个综合的梗概,是制订计划、规划利润、预测企业经营活动经济效益的一种手段,还能为领导者做出正确决策提供科学的依据,为降低产品成本、正确确定产品销售量提供具体的计算方法。

　　一般来说,引起总收入和总成本变化的因素是非常多的,如产销数量、价格、产品质量、生产步骤数、技术变化指令次数等。但"本量利分析"一语被广泛地用于特例情况下,即把产销量的变化看成是引起成本和收入变化的唯一原因。

　　为了便于理解和简化分析过程,"本量利分析"需要一些基本假定作为前提条件,主要有:

（1）假定产品的单位销售价格不变,企业的销售收入同产品的销售量成正比例变动。

（2）总成本是由固定成本和变动成本两部分组成,并能够合理划分。

（3）在相关范围内,总收入与总成本的性态是与产出水平相关的直线,即分别保持线性关系。换言之,即在相关范围内产品销售单价保持不变、固定成本总额保持不变、单位变动成本不变,而变动成本总额则随业务量变化成正比例变动。

（4）产品品种结构不变。

（5）产销量趋于平衡,不考虑产成品存货水平变动对利润的影响。

以上这些基本假定在进行计划、决策时是相当必要的。当然,这些假定条件看起来是很极端的,与实际情况并不吻合,但在一定时期、一定业务量范围内,实际与假定之间的差距相应缩小,分析结果便有效。

二、边际贡献

成本、业务量、利润三者之间的关系,一般可用下列方程式来描述:

$$P = SP \cdot (X) - VC \cdot (X) - FC$$

式中:P 代表利润;SP 代表单位销售单价;X 代表销售数量;FC 代表固定成本总额;VC 代表单位变动成本。

这是本量利分析的基本公式。上式移项后可写成:

$$SP \cdot (X) - VC \cdot (X) = FC + P$$

销售额−变动成本总额＝固定成本总额+利润

上式中有 5 个因素,只要已知任意 4 个,便可求得第 5 个。运用这一公式进行分析,可以预测企业的盈亏分界点及有关指标,预测实现目标利润的目标销售量（额）,估量各有关因素变动对利润的影响以及做出有关生产经营决策等。

边际贡献（Contribution Margin）又称贡献毛利或创利额,是本量利分析中的一个重要的概念。边际贡献是指产品销售收入超过其变动成本的金额,即上述方程式中的 SP·（X）−VC·（X）。边际贡献首先应该用于补偿固定成本,补偿固定成本之后还有余额,才能为企业提供利润。如果边际贡献不足以收回固定成本,则企业将发生亏损。边际贡献是衡量企业各种产品盈利能力的一项重要指标,反映了各种产品为企业获取最终净利所作贡献的大小。利用这个指标,可以分析在相关范围内销售量变动对最终净利的影响,同时也可以此作为企业短期决策分析评价的依据。边际贡献通常有两种表现形式,即单位边际贡献、边际贡献总额。

（1）单位边际贡献（CM）是每种产品的销售单价减去该产品的单位变动成本的差额,用公式表示如下:

$$CM = SP - VC$$

（2）边际贡献总额（TCM）是各种产品的销售收入总额减去各种产品的变动成本总额的差额,用公式表示如下:

$$TCM = SP \cdot (X) - VC \cdot (X)$$

在许多情况下会用到边际贡献率(CMR)。边际贡献率是指边际贡献总额占销售收入总额的百分比,或单位边际贡献占单价的百分比。边际贡献率表示每百元销售收入所能提供的边际贡献额,用公式表示如下:

$$CMR = TCM / SP \cdot (X) \times 100\%$$
$$= CM / SP \times 100\%$$

与边际贡献率密切相关的另一个指标是变动成本率(VCR)。所谓变动成本率,是指变动成本总额占销售收入的百分比,或单位变动成本占单价的百分比,用公式表示如下:

$$VCR = VC \cdot (X) / SP \cdot (X) \times 100\%$$
$$= VC / SP \times 100\%$$

边际贡献率与变动成本率之间的关系为互补性质,用公式表示如下:

$$CMR + VCR = 1$$

因此,企业变动成本率越高,则边际贡献率越低,创利能力越小;反之,企业变动成本率越低,则边际贡献率越高,创利能力越大。

有关边际贡献额和边际贡献率的计算现举例说明如下:

【例4-1】假设A公司只生产和销售甲产品,该产品销售单价200元,单位变动成本150元,本期共产销5 000件。计算单位边际贡献、边际贡献总额、边际贡献率、变动成本率指标。

$$CM = SP - VC = 200 - 150 = 50(元)$$
$$TCM = SP \cdot (X) - VC \cdot (X) = CM \cdot (X) = 50 \times 5\ 000 = 250\ 000(元)$$
$$CMR = CM / SP \times 100\% = 50 / 200 \times 100\% = 25\%$$
$$= 250\ 000 / 1\ 000\ 000 = 25\%$$
$$VCR = 150 / 200 \times 100\% = 75\%$$
$$= 750\ 000 / 1\ 000\ 000 \times 100\% = 75\%$$
$$CMR + VCR = 25\% + 75\% = 1$$

以上计算表明,该公司每多出售1件甲产品,就可以为公司多获得边际贡献50元,可用于补偿固定成本。该公司的边际贡献率为25%,表明如果公司的固定成本不变,销售收入每增加1元,边际贡献将增加0.25元。

三、盈亏临界点(Break-Even Point)

盈亏临界点又称保本点或损益两平点,是指企业的销售收入恰好补偿全部成本(固定成本和变动成本)的时点(销售量),或者说企业的边际贡献总额恰好补偿固定成本总额的时点,即不盈也不亏的时点。

盈亏临界点对于企业合理规划和有效控制经营过程极为有用。当销售量(额)超过这一时点,企业可以获利;低于这一时点,企业将发生亏损。企业管理人员首先要知道盈亏临界点的销售量(额),然后才能进一步预测目标利润,据以编制利润计划。同时,盈亏临界点还可以用于估计销售量、销售单价、成本等的变动对利润的影响,从而为企业的经营决策提供有用的信息。

利润=销售额-变动成本总额-固定成本总额

$P = SP \cdot (X) - VC \cdot (X) - FC$

而盈亏临界点是企业利润等于零时的销售量或销售额,即:

$P = SP \cdot (X) - VC \cdot (X) - FC = 0$

盈亏临界点可以按实物量计算,也可按金额计算。

(一)盈亏临界点销售量(BE 量)

依据上述盈亏临界点的基本概念,在本量利分析的基本式中,令 $P = 0$,便可得:

$SP \cdot (BE) - VC \cdot (BE) - FC = 0$

$BE(量) = FC / (SP - VC)$

盈亏临界点销售量=固定成本总额/(单位产品价格-单位产品变动成本)

　　　　　　　　　　=固定成本总额/单位产品边际贡献

【例4-2】假设 A 公司只生产和销售一种产品,该产品销售单价 200 元,单位变动成本 150 元,本期发生固定成本总额 200 000 元。计算盈亏临界点销售量(件)。

$BE(量) = FC / (SP - VC)$

　　　　$= 200\ 000 / (200 - 150)$

　　　　$= 4\ 000(件)$

计算结果表明,每销售 1 件甲产品,可获边际贡献 50 元,销售 4 000 件甲产品的创利总额 200 000 元 (4 000×50)正好抵补全部固定成本 200 000 元,达到不盈不亏状态。此后,每增加产销 1 件甲产品,就可获利润 50 元(因不需要再抵补固定成本);反之,每减少产销 1 件甲产品,就会亏损 50 元。

(二)盈亏临界点销售额(BE 额)

由于销售额是销售量与单位产品价格之积,所以盈亏临界点销售额为:

$BE(额) = BE(量) \cdot SP$

　　　　$= FC \cdot SP / (SP - VC)$

　　　　$= FC / CMR$

盈亏临界点销售额=固定成本× $\dfrac{单位产品价格}{单位产品价格-单位产品变动成本}$

　　　　　　　　　　=固定成本总额/边际贡献率

$BE(额) = 200\ 000 \times 200 / (200 - 150)$

　　　　$= 200\ 000 / 25\%$

　　　　$= 800\ 000(元)$

或者:

$$BE(额) = BE(量) \cdot SP$$
$$= 4\,000 \times 200$$
$$= 800\,000(元)$$

计算结果表明:实现销售收入 100 元,可获得边际贡献 25 元;实现销售收入 800 000 元,可获边际贡献 200 000 元(800 000×25%),正好如数补偿固定成本 200 000 元,达到不盈不亏状态。此后,每增加销售收入 100 元,就可获利润 25 元;反之,每减少销售收入 100 元,就会亏损 25 元。

(三)盈亏临界点分析图

盈亏临界点分析图是将影响企业利润的有关因素及相互关系集中在一张图上比较形象而具体地表现出来。利用该图可以清楚地看出有关因素的变动对利润产生怎样的影响,因而对于在经营管理工作中提高预见性和主动性有较大的帮助。

1. 盈亏临界点的绘制程序

在盈亏临界图上,以横轴表示销售量,以纵轴表示成本和销售收入的金额。以【例 4-2】资料为例绘制盈亏临界图如图 4-1 所示:

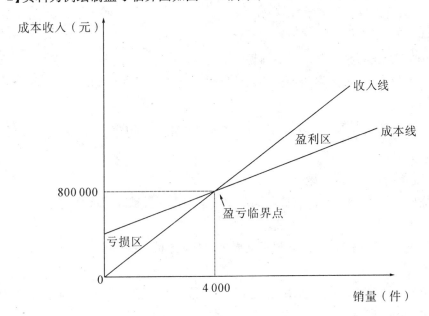

图 4-1　盈亏临界点分析图

(1)划出销售收入线。当销售量为 0 时,销售收入为 0,确定原点为第一个点;当销售量为 2 000 件时,销售收入为 400 000 元,即横轴 2 000 与纵轴40 000的交点为第二个点。将第一个点(原点)与第二个点连接成一条直线,就是销售收入线。

(2)按固定成本总额 200 000 元在纵轴上取点,划平行横轴的直线,则为固定成本线。

(3)在销售量横轴上选择一个整数如 2 000 件,计算出总成本额 = 200 000+2 000× 150 = 500 000 元,标出横轴销售量 2 000 与纵轴总成本500 000的交点,然后连接该点与固定成本在纵轴上的切点,这条线为总成本线。

(4)总收入与总成本线相交的点就是盈亏临界点。这一点的横轴上的数字为盈亏临界销售量,纵轴上的数字为盈亏临界销售额。

2.从盈亏临界分析图上得出结论

(1)盈亏临界点上方为盈利区,下方为亏损区。

(2)盈亏临界点不变,销售量越大,能实现的利润越多;销售量越少,实现的利润越少,甚至亏损越多。

(3)销售量不变,盈亏临界点越低,能实现的利润越多,亏损越少;盈亏临界点越高,能实现的利润越少,亏损越多。

(4)在销售收入既定的情况下,盈亏临界点的高低取决于固定成本和单位变动成本的多少。固定成本越多,或单位变动成本越多,盈亏临界点越高;反之,盈亏临界点越低。

(四)同时生产多种产品时,盈亏临界点的计算

前面是企业生产单一产品时的盈亏临界点分析。现实中企业可能生产多种产品。当企业生产多种产品时,由于各种产品的边际贡献不同,企业的盈亏临界点就不能用实物量来反映了,而只能以盈亏临界销售额来反映。

其计算步骤如下:

(1)计算各种产品销售额占全部产品销售额的比重。

(2)以各种产品的边际贡献率和各种产品销售额占全部产品销售额的比重计算出综合加权平均边际贡献率。

综合加权边际贡献率=$\sum$(各种产品边际贡献×各种产品销售收入占全部产品销售收入的比重)

(3)计算企业综合盈亏临界销售额。

综合盈亏临界销售额=固定成本总额/综合加权平均边际贡献率

(4)计算各种产品的盈亏临界销售额。

各种产品的盈亏临界销售额=综合盈亏临界销售额×各种产品销售收入占全部产品销售收入的比重

【例4-3】A公司同时生产和销售甲、乙、丙三种产品,全年发生固定成本总额490 000元。其他资料如表4-1所示:

表 4-1　　　　　　　　　　　　　A 公司甲、乙、丙产品资料

项目	甲产品	乙产品	丙产品	合计
产(销)量(件)	6 000	4 800	1 800	
销售单价(元)	200	100	400	
单位变动成本(元)	150	70	320	
单位边际贡献(元)	50	30	80	
边际贡献率(%)	25	30	20	
销售收入(元)	1 200 000	480 000	720 000	2 400 000
各产品销售收入之比重(%)	50	20	30	100

根据以上资料计算如下:

(1)计算各种产品销售额占全部产品销售额的比重:

甲产品销售额的比重 = 1 200 000/2 400 000×100% = 50%

乙产品销售额的比重 = 480 000/2 400 000×100% = 20%

丙产品销售额的比重 = 720 000/2 400 000×100% = 30%

(2)以各种产品的边际贡献率和各种产品销售额占全部产品销售额的比重计算出综合加权平均边际贡献率。

综合加权边际贡献率 = 25%×50%+30%×20%+20%×30%

　　　　　　　　　 = 24.5%

(3)计算企业综合盈亏临界销售额。

综合盈亏临界销售额 = 490 000/24.5% = 2 000 000(元)

(4)计算各种产品的盈亏临界销售额。

甲产品的盈亏临界销售额 = 2 000 000×50% = 1 000 000(元)

乙产品的盈亏临界销售额 = 2 000 000×20% = 400 000(元)

甲产品的盈亏临界销售额 = 2 000 000×30% = 600 000(元)

上述计算表明,该公司总收入要达到 2 000 000 元,才能保本,不盈不亏。其中甲产品应实现 1 000 000 元的收入,乙产品应实现 400 000 元的收入,丙产品应实现 600 000 元的收入。

四、同盈亏临界点有关的指标

同盈亏临界点有关的指标有达到盈亏临界点的作业率、安全边际、安全边际率和销售利润率等。

(一)达到盈亏分界点的作业率(DR)

达到盈亏分界点的作业率又称保本作业率,是指保本点业务量占现有或预计销售业务量的百分比。达到盈亏分界点的作业率反映企业要完成多少作业方能达到盈亏分界点。达到盈亏分界点的作业率的计算公式为:

DR ＝盈亏临界点的销售量/正常开工的销售量

　　＝盈亏临界点的销售额/正常开工的销售额

【例4-4】假设 A 公司生产和销售甲产品,根据企业现有生产能力,可达到产销量5 000件,单位变动成本150 元,每件售价200 元,固定成本200 000 元。

依题意:

BE(量)＝ 200 000/(200-150)＝4 000(件)

DR ＝BE(量)/5 000＝4 000/5 000×100%＝80%

　　＝800 000/5 000×200＝80%

计算结果表明:该企业的作业率必须达到80%才能保本不亏损。否则,就会发生亏损。如要获利,必须把作业率提高到80%以上。

(二)安全边际(Margin of Safety)

安全边际是指盈亏临界点的销售量,即现有(或预计)销售量(额)超过盈亏分界点销售量(额)的差额,也就是可以获利的销售额。该指标表明从现有销售量或预计可达到的销售量到盈亏临界点还有多大的差距。该差额越大,说明企业发生亏损的可能性就越小,企业的经营就比较安全。

安全边际率是指安全边际与现有(或预计)销售量(额)的比率。该指标反映企业生产经营活动的安全程度。比率越高,安全程度越高,亏损的风险越小,企业的经营状况就越好。

安全边际和安全边际率的计算公式如下:

安全边际量(MS 量)＝ 现有(或预计可达到)的销售量-盈亏临界点销售量

安全边际额(MS 额)＝ 现有(或预计可达到)的销售额-盈亏临界点销售额

安全边际率(MSR)＝ 安全边际量(或额)/ 现有(或预计可达到)的销售量(额)×100%

根据【例4-4】的资料计算安全边际指标。

安全边际量(MS 量)＝ 5 000-4 000＝1 000(件)

安全边际额(MS 额)＝ 1 000 000-800 000＝200 000(元)

安全边际率(MSR)＝ 1 000/5 000×100%＝20%

　　　　　　　　　＝200 000/1 000 000×100%＝20%

本例计算的安全边际率为20%,说明该企业的经营安全状况是安全的。安全边际不仅能反映企业经营的安全程度,而且其与保本作业率、销售利润有着密切的关系。

(二)销售利润率

销售利润率是产品销售利润与销售收入的比率。其计算公式为:

销售利润率＝(销售收入-变动成本总额-固定成本总额)/销售收入

根据【例4-4】的资料计算销售利润率。

销售利润率＝(1 000 000-5 000×150-200 000)/1 000 000＝5%

（四）安全边际率与保本作业率的关系

前已述及,安全边际率反映企业经营程度,该指标属于正指标,即越大越好,安全边际率越大,说明企业经营越安全。而保本作业率又称"危险率",除反映企业需完成多少作业方能保本不亏损外,也反映企业经营的危险程度,该指标属于反指标,越小越好。保本作业率越小,说明企业经营危险性越小,亦即经营越安全。两者之间存在互补关系,用公式表示如下:

安全边际率+保本作业率=1

20%+80%=1

（五）安全边际与销售利润的关系

由前所述可知,只有超过盈亏分界点的销售量（额）即安全边际部分才能提供利润。其所提供的利润额的大小正好等于安全边际部分所提供的边际贡献。因为此时已不需再弥补固定成本,所以销售利润又可按以下公式计算:

$$销售利润(P) = 安全边际量 \times 单位边际贡献$$
$$= 1\,000 \times (200 - 150)$$
$$= 50\,000(元)$$

$$销售利润率 = 安全边际率 \times 边际贡献率$$
$$= 20\% \times 25\%$$
$$= 5\%$$

按这种方法计算销售利润率,更加强调只有盈亏分界点以上的销售量（额）才能提供利润。安全边际率越高,获得能力越强,企业经营状况越好。

五、保利点（目标利润销售点）

保利点是指在单价和成本水平既定的情况下,企业为确保事先确定的目标利润能够实现,而应达到的销售量或销售额。保利点模型是保本点基本模型的扩展。因为盈亏临界点只能揭示企业保本不亏损的最低销售量（额）,既然企业经营的目的在于盈利而非保本,为了分析和规划目标利润,就必须了解、研究保利点模型。

同盈亏临界点一样,保利点可以按实物量计算（称保利量）,也可按金额计算（称保利额）。

（一）保利量（目标利润销售量）

依据上述保利点的基本概念,将本量利分析的基本式中,令 P = TP（TP 为目标利润）便可得:

$$P = SP \cdot (X) - VC \cdot (X) - FC$$
$$X = (FC + P) / (SP - VC)$$

$$目标利润销售量 = \frac{固定成本 + 目标利润}{产品单位价格 - 产品单位变动成本}$$
$$= (固定成本 + 目标利润) / 单位边际利润$$

【例4-5】假设 A 公司本年生产和销售甲产品4 500件,产品单价为400元,单位变动成本300元,全年固定成本总额300 000元。

本年度利润=4 500×(400-300)-300 000=150 000(元)

假设该公司预计明年要实现目标利润200 000元,企业明年应该实现销售量多少?

预计实现目标利润的销售量=(300 000+200 000)/(400-300)

$$=5\ 000(件)$$

企业通过目标利润分析确定目标销售量,便于企业编制材料采购、人工费用及其他费用的预算。

(二)保利额

保利额=保利量×单位产品价格

$$=5\ 000×400$$

$$=2\ 000\ 000(元)$$

需要注意的是,上述保利量和保利额计算公式中的 TP 指的是税前利润。由于只有税后利润才是企业可以实际支配的利润,企业管理当局必然要求管理会计根据事先确定的税后目标利润(TTP)进行相关分析,在这种情况下,保利量和保利额的计算公式也必须进行如下相应的调整:

税后净利=[销售量×产品单价-销售量×单位变动成本-固定成本总额](1-所得税率)

保利量=[税后净利/(1-所得税率)+固定成本总额]/(单位边际贡献)

第二节　利润预测中的敏感性

企业目标确定之后,还要根据本企业的生产能力及市场预测情况,进行利润的敏感性分析。在成本—业务量—利润分析中,主要涉及4个变数,即售价、固定成本、变动成本和业务量。从上述一个单一的保本图或利润—业务量图所描绘的一系列状况可以很容易地想象出销售量发生变动所产生的影响。然而,其他因素发生变化,会产生各种不同的影响。通常需要做出新的分析,使管理人员能充分认识和评价企业潜在的获利能力。

一、价格变动所产生的影响

在其他因素不变的情况下,单位产品价格提高将使产品边际贡献增加,从而使盈亏临界点下降,目标销售量减少,目标利润容易实现;反之,单位产品价格下降将使边际贡献减少,盈亏临界点提高,目标销售量增加,实现目标利润较困难一些。

【例4-6】假设 A 公司生产和销售甲产品,产品单价500元,单位变动成本300元,固定成本总额 500 000 元,实现目标利润为 200 000 元。如果将销售价格提高 10% 或下降 10%,计算有关影响(见表 4-2、表 4-3)。

表 4-2

项目	原来	变动后
单位产品价格(元)	500	550
单位产品变动成本(元)	300	300
单位产品边际贡献(元)	200	250
盈亏临界点销售量(件)	500 000/200 = 2 500	500 000/250 = 2 000
实现目标利润的销售量(件)	(500 000+200 000) = 3 500	(500 000+200 000)/250 = 2 800

表 4-2 计算表明,在其他条件不变的情况下,当单位产品价格提高 10% 时,单位产品边际贡献提高 25%;盈亏临界点销售量下降 500 件,下降 20%;实现目标利润的销售量下降 700 件,下降 20%。

表 4-3

项目	原来	变动后
单位产品价格(元)	500	450
单位产品变动成本(元)	300	300
单位产品边际贡献(元)	200	150
盈亏临界点销售量(件)	500 000/200 = 2 500	500 000/150 = 3 333
实现目标利润的销售量(件)	(500 000+200 000) = 3 500	(500 000+200 000)/150 = 4 666

二、固定成本变动所产生的影响

固定成本,特别是决策性固定成本,如广告费等,由于某些原因而发生增减变化时,其结果往往是使保本点也以相应的比例发生变化,但边际贡献率不会改变。由于企业取得的边际贡献必须首先补偿固定成本,因此固定成本总额增加会使利润减少,亏损额增加。固定成本减少,会使利润增加,亏损额减少,而且利润变化幅度与固定成本增减幅度一致。

【例 4-7】假设 A 公司生产和销售甲产品,产品单价 500 元,单位变动成本 300 元,固定成本总额 500 000 元,实现目标利润为 200 000 元。如果将固定成本削减 10%,计算有关影响(见表 4-4)。

表4-4

项目	原来	变动后
单位产品价格(元)	500	500
单位产品变动成本(元)	300	300
单位产品边际贡献(元)	200	200
盈亏临界点销售量(件)	500 000/200＝2 500	450 000/250＝1 800
实现目标利润的销售量(件)	(500 000+200 000)＝3 500	(450 000+200 000)/250＝2 600

表4-4计算表明,在其他条件不变的情况下,当固定成本下降10%,盈亏临界点销售量下降700件,下降20%;实现目标利润的销售量下降900件,下降25.71%。

三、变动成本变动所产生的影响

任何时候,如果单位变动成本发生变化,其他变数不变,则边际贡献、保本销售量及保利销售量将随之变化。

【例4-8】假设A公司生产和销售甲产品,产品单价500元,单位变动成本300元,固定成本总额500 000元,实现目标利润为200 000元。如果将单位变动成本降低10%,计算有关影响(见表4-5)。

表4-5

项目	原来	变动后
单位产品价格(元)	500	500
单位产品变动成本(元)	300	270
单位产品边际贡献(元)	200	230
盈亏临界点销售量(件)	500 000/200＝2 500	500 000/230＝2 174
实现目标利润的销售量(件)	(500 000+200 000)＝3 500	(500 000+200 000)/230＝3 043

表4-5计算表明,在其他条件不变的情况下,当单位变动成本下降10%,单位边际贡献增加30元,增加15%;盈亏临界点销售量下降674件,下降13.04%;实现目标利润的销售量下降457件,下降13.06%。

四、多种因素同时发生变动所产生的影响

在现实经济生活中,以上各因素往往不是孤立存在而是互相影响的,如增加固定成本,可以为增加产量创造条件。而产量增加到一定程度,要使它们顺利地销售出去,有时又要进一步降低售价。为了如实反映实际情况,就要求对业务量、售价、变动成本及固定成本的相互作用,及其对净收益的影响同时予以考虑。一般可以将这些改变同时列入一个公式加以计算。

【例4-9】假设A公司生产并销售甲产品,将单位产品售价由500元降到480元,此外,由于采用了新机器,变动成本由原来的300元降到270元。但固定成本将由每年

500 000元增加到520 000元。售价、单位变动成本和固定成本总额同时发生变化对企业保本销售额产生的影响多少?

$$多因素变动后的保本销售量 = \frac{固定成本 + 增加的固定成本}{单位边际贡献}$$

$$= 520\ 000/(480-270)$$

$$= 2\ 476(件)$$

$$多因素变动后的保利销售量 = \frac{固定成本 + 增加的固定成本 + 目标利润}{单位边际贡献}$$

$$= (520\ 000 + 200\ 000)/(480-270)$$

$$= 3\ 429(件)$$

思考题

1. 什么叫盈亏临界点? 盈亏临界点有哪两种表现形式?
2. 写出确定保本销售量和保本销售额的公式。
3. 什么是盈亏临界图? 试举例说明它们的绘制方法。
4. 什么叫边际贡献? 它与利润有什么区别?
5. 什么叫安全边际? 什么叫安全边际率? 这两项指标有何作用?
6. 如何计算多品种的盈亏临界点? 举例说明其计算方法。
7. 盈亏临界点以上的边际贡献就是企业的净利,你认为对不对? 为什么?
8. 在销售量既定的情况下,保本点的高低是什么因素决定的?

练习题

1. 某企业只生产和销售甲产品,单位售价50元,单位变动成本30元,全年固定成本640 000元,全年预计销售量40 000件。

要求:

(1)绘制盈亏临界图。

(2)计算盈亏临界点的销售量和销售额。

(3)计算安全边际量。

(4)计算预计销售量的预计利润。

2. 某企业只生产和销售甲产品,单位售价50元,单位变动成本30元,全年固定成本640 000元,全年预计销售量40 000件。该企业通过市场调查认为单位产品售价如果提高10%,全年预计销售量为32 000件。

要求:

(1)计算此情况下的盈亏临界点的销售量、销售额、安全边际量、预计可实现利润。

(2)绘制新的盈亏临界图。

(3)计算要增加利润10%的销售量。

3. 某企业只生产和销售甲产品,单位售价 50 元,单位变动成本 30 元,全年固定成本640 000 元,全年预计销售量 40 000 件。该企业通过市场调查认为单位产品售价如果下降 10%,固定成本增加 20 000 元,全年预计销售量为45 000件。

要求:

(1)计算此情况下的盈亏临界点的销售量、销售额、安全边际、预计可实现利润。

(2)绘制新的盈亏临界图。

(3)计算要增加利润 10%的销售量。

4. 某公司同时生产和销售甲、乙、丙三种产品,全年发生固定成本总额490 000元。其他资料如下表所示:

某公司甲、乙、丙产品资料

项目	甲产品	乙产品	丙产品	合计
产(销)量(件)	5 000	4 000	3 000	
销售单价(元)	100	80	50	
单位变动成本(元)	70	60	40	
单位边际贡献(元)				
边际贡献率(%)				
销售收入(元)				
各产品销售收入之比重(%)				

要求:

(1)根据资料计算并填列表格的相关指标。

(2)计算综合盈亏临界点销售额。

(3)计算到达综合临界点各产品的销售量。

第二篇
决策管理系统

本篇主要阐明决策管理系统的相关内容，包括预测分析、经营决策、存货决策和投资决策。管理的核心是决策，而决策的前提是预测，没有科学的预测就不可能做出正确的决策，因此预测分析是本篇内容的基础。决策按所涉及时间的长短可分为短期经营决策和长期投资决策，这两类决策的特征和影响因素均不同，本篇分两章来介绍经营决策和投资决策的相关内容。此外，存货涉及企业生产经营的各个环节，影响较大，因此本篇另作一章单独阐述。

第五章

预测分析

预测是决策的基础,亦是决策科学化的前提。为了对企业生产经营和投资中的重大问题做出决策,以及对未来的日常经济活动进行全面规划,有关管理者必须以过去和现在充分的信息作为依据,运用科学的方法,做出科学的预测。

本章介绍了预测分析的基本方法,针对企业在生产经营过程中的销售预测、成本预测、利润预测、资金预测介绍了具体应用方法。

第一节 预测分析概述

一、预测的意义

预测是以过去和现在充分的信息作为依据,用科学的方法来推测客观事物发展的可能性和必然性,即对客观事物未来的发展趋势进行预计或推测。换言之,预测是根据过去和现在预计未来,根据已知推测未知的一种技术方法。

经营预测是企业根据过去的经济信息对未来一定时期内经济活动可能产生的经济效益及其发展趋势进行科学的预计或推测。管理会计中的预测分析是指运用各种科学的专门方法进行经营预测的过程。

预测是进行决策的主要依据。经营成败的关键是决策,而决策的基础是科学预测。预测直接为决策服务,是决策的先导和前提。没有准确的预测,要做出符合客观发展规律的科学决策是不可能的。

二、预测分析的原则

进行预测分析,应遵循以下原则:

(一)延续性原则

延续性原则是指过去和现在的某种发展规律会一直延续到未来。依据这条原则,我们对未知变量的发展趋势进行推测时,就可将未来视为历史的延伸。时间序列分析法就是基于延续性原则。

(二)相关性原则

相关性原则是指在企业的生产经营过程中,一些经济变量之间存在着相互依存、相互制约的关系。依据这条原则,我们可以通过一个(或一些)变量的变动推测另一个(或另一些)变量的变动情况。因果预测分析法就是基于相关性原则。

(三)相似性原则

相似性原则是指企业的生产经营活动中的不同经济变量的发展规律有时会出现十分相似的情况。依据这条原则,我们可以利用已知变量的发展规律类推未知变量的发展趋势。判断分析法就是基于相似性原则。

(四)客观性原则

客观性原则是指预测分析必须以客观准确的历史资料和合乎实际的经验为依据,充分考虑真实条件,不能主观臆断,凭空捏造。

(五)统计规律性原则

统计规律性原则是指尽管对某个变量的一次观测结果可能是随机的,但对于多次观测结果而言,则会出现具有某种统计规律性的现象。依据这条原则,我们可以利用数理统计的方法推算未知变量的发展趋势。回归分析法就是基于统计规律性原则。

(六)灵活性原则

预测分析可灵活采用多种方法,不可能有一种能适应任何情况、绝对成功的预测方法。选择预测方法,必须结合企业具体情况,尽量选择简便易行、成本低、效率高的方法。

三、预测分析的内容

(一)销售预测

销售预测是指根据企业产品过去的经营状况及其他有关资料,对未来一定时期内销售数量(或金额)、销售状态及其变化发展趋势进行的预计和推测。做好销售预测,可减少盲目生产,使企业的供应、生产、销售之间合理衔接,从而提高企业的经济效益。

(二)成本预测

成本预测是指在认真分析企业的技术经济条件和技术组织措施的基础上,收集有关数据,对未来时期生产的产品或提供的劳务的成本水平和成本目标进行测算。通过成本预测,可了解成本的升降趋势,为编制成本计划提供依据。

(三)利润预测

利润预测是指通过对影响利润高低的各项因素(如成本、业务量、价格等)进行分析,对企业未来一定时期的利润水平及其升降趋势进行的预计和测算。利润预测可为企业确定最优的利润目标提供依据。

(四)资金预测

资金预测是对企业未来一定时期内资金需要量及其来源进行的估计和判断。资金预测可为企业编制资金计划提供依据。

四、预测分析的一般程序

预测分析的一般程序,大体上可分下列七个步骤,如图5-1所示:

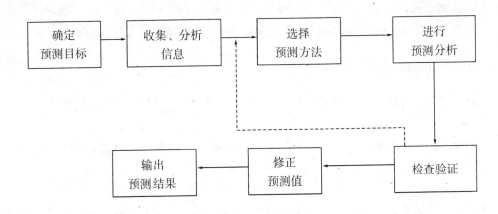

图 5-1 预测分析的一般程序

（一）确定预测目标

首先要弄清预测什么，是预测销售量还是预测成本或其他。只有目标明确，才能做到有的放矢，然后再根据预测的具体对象和内容确定预测的范围，并规定预测的期限。

（二）收集、分析信息

在确定预测目标的基础上，围绕预测目标收集从过去到现在的必要的信息资料，系统的、准确的会计资料及其他有关资料是开展预测分析的前提条件。同时必须对收集的大量经济信息进行鉴别、加工、整理、归纳、分析，找出各因素之间的相互依存、相互制约的关系，并从中找出事物发展的规律，作为预测的依据。

（三）选择预测方法

根据分析整理后的有关预测信息资料及预测目标，选择适当的预测方法进行预测。对于定量分析，要建立正确的预测数学模型；对于定性预测，则要建立设想的逻辑思维模型，并拟订预测的调查提纲。

（四）进行预测分析

利用预测方法对影响预测目标的各个方面进行具体计算、分析、比较，得出定量分析或定性分析的预测结果。

（五）检查验证

经过一定期间后，对过去所作出的预测结论进行验证，即将实际发生的情况与预测结果进行比较，检查过去的预测结论是否准确，分析产生差异的原因，以便在本期预测过程中及时加以改进。

（六）修正预测值

由于数据不充分或不确定因素引起的定量预测误差，可以用定性分析方法考虑这些因素，并修正定量预测结果；对于定性预测结果，应用定量方法加以验证、修改和补充，使预测更接近实际。

（七）输出预测结果

根据上一阶段的修正和补充,形成文字报告,把最后预测结果传递给有关管理当局。

五、预测的基本方法

预测的基本方法多种多样,但可归纳为定性预测法与定量预测法两大类。

（一）定性预测法

在掌握的历史数据不多、不够准确或主要因素无法用数字描述进行定量分析时,定性预测就是一种行之有效的预测方法。常用的定性预测方法有如下 3 种:

1. 市场调查法

市场调查法是指预测者在深入进行市场调查研究,取得必要的经济信息的基础上,根据自己的历史经验和专业水平,对市场发展变化前景作出的一种分析判断。

2. 专家判断法

专家判断法是向一组专家征询意见,将专家们对过去历史资料的解释和对未来的分析判断汇总整理,以取得统一意见,对未来经济现象发展变化前景进行预测的方法。

3. 主观概率法

主观概率法是指利用主观概率对各种预测意见进行集中整理,从而得出综合性预测结果的预测方法,它是对市场调查预测法、专家评估法的不同定量估计进行集中整理的常用方法。

（二）定量预测法

1. 时间序列分析法

时间序列分析法是将预测目标的历史数据按照时间顺序排列成时间序列,然后分析它随着时间的变化趋势,外推预测目标的未来值。时间序列分析法可分为确定性时间序列预测法和随机时间序列预测法。确定性时间预测法常用的方法有移动平均法、指数平滑法、自适应过滤法、时间序列回归分析法和季节性指数平滑法。随机时间序列预测法通过时间序列模型来预测。建立随机时间序列模型需要较深的数学知识和较多的历史数据,方法复杂,计算量大,但它在短期预测方面精度高,因此得到了越来越广泛的应用。

2. 因果预测分析法

因果预测分析法是指根据预测变量和与它相关联的变量之间的因果关系,建立因果预测的数学模型,按预测因素(即非时间自变量)的未来变动趋势来推测预测对象(即因变量)未来水平的一种相关预测方法。因果预测分析法的基本原理是,预测对象受许多因素的影响,它们之间存在着一定的关系,通过对这些变量内在规律性的研究,可建立相应的数学模型,在已知自变量的条件下,利用数学模型来推测预测对象的水平。经营预测的因果预测分析方法有本量利分析法、回归分析法、经验曲线预测法、经济计量法等。

（三）定性预测法和定量预测法的局限性

定量预测法和定性预测法都带有一定的局限性。定量预测法虽然预测值较准确,可靠程度大,但涉及一些数学方法,故不易掌握,而且许多非定量的因素无法直接考虑进去。定性预测法则带有一定的主观随意性,提供的预测值较粗糙,但能考虑到各种无法定量的因素。

因此,在实际工作中,往往把两种方法结合起来加以应用,取长补短,力争取得最可靠的预测值。

第二节　销售预测

一、销售预测的意义

销售预测是指根据企业所处的市场环境和一定的营销目标,对某种产品在计划期内(即未来时期)的需求量所作的预计或测算。

销售预测是经营预测的首要环节,是企业整个经营管理过程的重要组成部分,也是企业贯彻"以销定产"方针的前提。做好销售预测工作,可以避免或减少市场风险,使企业能充分利用现有资源获取最大经济效益。销售预测是进行成本、资金和利润预测的先导,因此研究经营预测,首先就要研究销售预测,才能贯彻"以销定产"方针,实现提高经济效益的目的。

二、销售预测的定性分析方法

常用的销售预测定性分析方法有市场调查法、专家判断法等。

(一)市场调查法

市场调查法是运用科学的方法,系统地搜集、记录、整理和分析有关市场信息,并结合其他预测方法来进行销售预测的一种方法。

市场调查是一项复杂细致的工作,涉及面广,只有按照一定的调查程序,循序渐进并认真落实,才能保证调查质量。各种类型的市场调查大致都可以分为三个阶段:

(1)调查准备阶段。调查准备阶段要明确调查的目的和任务,同时还要对市场情况作初步分析,评价调查的可行性,为下一步的正式调查做好充分的准备工作。

(2)调查实施阶段。调查实施阶段主要包括:确定调查项目,确定调查对象,确定调查的方式、方法、时间和地点,确定调查期限和进度,确定调查预算,确定组织机构和调查人员,具体实施。

(3)汇总分析阶段。市场调查取得的资料大多是零散的,需要对资料进行分类汇总、编校、分析等加工处理,才能使之成为有用的市场信息。

常用的调查方法有以下几种:

(1)全面调查法。全面调查法是对涉及同种产品的所有销售对象逐个进行调查,经综合整理后,由此推测该产品在未来一定期间内销售量变动趋势的一种方法。全面调查法取得的资料比较完整,但涉及范围广,工作量大,主要适用于使用范围和用户有限的专用产品的预测。

(2)重点调查法。重点调查法是通过对有关产品在某些重点销售单位历史销售情况的调查,经过综合分析后,基本上掌握未来一定期间内产品销售变动的总体情况。这些重点单位虽为少数,但却在销售总量中占较大比重。

(3)典型调查法。典型调查法是指在销售对象中有意识地选择一部分有代表性的典型单位进行调查,经过综合分析后,由此推测未来一定期间内产品销售变动的总体情况。

(4)抽样调查法。抽样调查法是指从产品所有销售单位中抽取部分单位作为样本进行调查,经分析推断后,由此推测未来一定期间内产品销售变动的总体情况。抽样调查法可分为随机抽样和非随机抽样。

(二)专家判断法

专家判断法是运用专家的知识经验,并结合有关的背景统计资料进行预测的一类定性预测方法。在这种方法中,对销售预测的调查研究是由专家来完成的,而非预测者本身。预测者只是起到一个组织作用,其任务是将专家的意见综合整理归纳,最后作出预测。专家判断法的最大的优点是在缺乏历史数据和没有先例可借鉴时,也能有效地推测销售的未来状态。

此法预测的准确度主要取决于专家的知识广度、深度和经验。因此,如何选择参加预测的专家就显得尤为重要。专家人选的产生通常采用如下途径:从组织者熟悉的专家中挑选,专家之间互相推荐,通过有关组织推荐等。经验表明,专家人数一般为10~50人为宜,具体人数视预测问题规模而定。

专家判断法中的典型方法是德尔菲法。德尔菲法是以匿名方式通过多轮函询专家对预测事件的意见,有组织地进行集中汇总,最终得出较为一致的专家预测意见的一种经验判断法。此法是美国兰德公司于20世纪40年代末期创立的。

运用德尔菲法进行预测时,一般按以下程序进行:

(1)预测准备阶段。提出预测主题和选定专家。

(2)预测实施阶段。进行多轮函询,通常包括3~5轮。

第一轮,组织者向专家提出所需预测的主题和具体项目,并提供必要的背景资料。专家可以向组织者索取更详细的材料,也可以任何形式回答问题。

第二轮,组织者对专家的各种回答进行综合整理,把相同的结论统一起来,剔除次要的、分散的结论,制成第二轮函询表,连同补充材料和具体要求等再寄给专家,请专家对他人的意见加以评论,对自己的意见进行修改和补充说明。

第三轮,将前轮征询意见汇总、整理后再制成征询表,附上补充材料和具体要求等再寄给专家,要求专家根据新材料,进一步评价他人意见和修改、补充自己意见。

最后一轮,经过上述多轮(第四轮、第五轮的具体操作与第三轮类似)反复修正、汇总后,当预测结果较为一致时,组织者再进行整理以及意见归纳,形成最终预测结论。

(3)结果处理阶段。运用合理数理统计方法,处理和统计专家们的分散意见,最后结论必须忠实于专家意见,从专家意见中提炼出真正的预测值。

(4)提出预测报告。制作预测报告,介绍预测的组织情况、资料整理情况、预测结论等。

德尔菲法的优点是有利于专家独立思考,充分发表自己的意见,同时通过反馈,专家可相互交流和相互启发,有利于发挥专家集体智慧,避免主观性和片面性。德尔菲法也存在如下一些不足:

(1)易忽视少数人的创意。经过多轮函询,要剔除次要的、分散的结论,使专家意见趋于一致;

(2)缺少思想交锋和讨论。因为是匿名性的,使各位专家没有机会相互启发和交流;

(3)组织者主观意向明显。德尔菲法的多轮反馈,都是组织者通过归纳整理前轮专家意见进行的,其意见的取舍、新资料的提供等都可能会直接影响专家的思考,因而汇总结果往往会带有明显的组织者主观意向。

三、销售预测的定量分析方法

用于销售预测的定量分析方法很多,主要分为时间序列分析法和因果预测分析法,下面介绍几种常用的分析方法。

(一)时间序列分析法

时间序列分析法是指根据企业历史的、按发生时间的先后顺序排列的一系列销售数据,应用一定的数学方法进行加工处理,按时间数列找出销售随时间发展变化的趋势,由此推断其未来发展趋势的分析方法。这种方法假设事物的发展将遵循"延续性原则",事物的发展是可以预测的。常用的时间序列分析法有平均法、回归分析法等。

1. 平均法

(1)移动平均法。移动平均法是指根据过去 n 期的实际资料,按照事先确定的期数 m($m \leqslant n/2$)逐期分段计算 m 期的算术平均数,并以最后一个 m 期的算术平均数作未来 n+1 期的预计销售量的方法。"移动"是指预测值随着时间的推移而逐期向后推移。移动平均法假定预测值主要受最近的 m 期销售量的影响,用公式表示如下:

$$\hat{X}_{n+1} = M_n^{(1)} = \frac{X_{n-m+1} + X_{n-m+2} + \cdots + X_{n-1} + X_n}{m}$$

式中:$M_n^{(1)}$——第 n 期的一次移动平均值;

　　X_{n+1}——第 n+1 期的预测值。

【例 5-1】某企业 2×14 年 1~12 月的销售量如表 5-1 所示。

月份	1月	2月	3月	4月	5月	6月	7月	8月	9月	10月	11月	12月
销售量	2 200	2 300	2 100	1 900	1 900	2 200	2 500	2 200	1 800	2 300	2 200	2 100

表 5-1　　　　　　　　　　2×14 年 1~12 月的销售量资料　　　　　　　　单位:千克

假定 m=5,试预测 2×15 年 1 月份的销售量。

2×15 年 1 月份的销售量预测值

$$= \frac{2\,200+1\,800+2\,300+2\,200+2\,100}{5} = 2\,120(千克)$$

移动平均法简单明了,但是将各期销售差异平均化,没有考虑远期和近期销售的变动对预测其销售的不同影响,可能造成预测结果产生较大误差。该法适用于销售量比较稳定的产品。

(2)加权移动平均法。加权移动平均法是指根据过去 n 期的实际资料,按其距离预测期的远近,采用近大远小的原则确定权数,并据以计算出加权平均值,作为预测销售预测值的方法,其计算公式如下:

$$\hat{X}_{n+1} = \frac{w_m X_{n-m+1}+w_{m-1}X_{n-m+2}+\cdots+w_2 X_{n-1}+w_1 X_n}{w_1+w_2+\cdots+w_{m-1}+w_m}$$

式中:w_i——观察值 X_{n-i+1} 的权数。

w_i 体现了相应的 X 在加权平均值中的重要程度,实际中常选 $w_1 \geq w_2 \geq \cdots \geq w_m$。

【例 5-2】按【例 5-1】的资料,采用加权移动平均法预测 2×15 年 1 月份的销售量。取 $w_1=5, w_2=4, w_3=3, w_4=2, w_5=1$,试预测 2×15 年 1 月份的销售量。

2×15 年 1 月份的销售量预测值

$$= \frac{2\,200+2\times1\,800+3\times2\,300+4\times2\,200+5\times2\,100}{1+2+3+4+5} = 2\,133.33(千克)$$

(3)二次移动平均法。二次移动平均法就是将一次移动平均序列再进行一次移动平均。其计算公式如下:

$$M_n^{(2)} = \frac{M_{n-m+1}^{(1)}+M_{n-m+2}^{(2)}+\cdots+M_{n-1}^{(1)}+M_n^{(1)}}{m}$$

式中:$M_n^{(2)}$——第 n 期的二次移动平均值。

当时间序列具有线性增加或线性减少的发展趋势时,用一次移动平均法和加权移动平均法进行预测就会出现滞后偏差,表现为对于线性增加的时间序列,预测值偏低,而对于线性减少的时间序列,则预测值偏高。这种偏低、偏高的误差统称为滞后偏差。为了消除滞后偏差对预测的影响,可在一次、二次移动平均值的基础上,利用滞后偏差的规律来建立线性趋势模型,利用线性趋势模型进行预测。

预测步骤为:

①对时间序列 X_n 计算 $M_n^{(1)}$ 和 $M_n^{(2)}$。

②利用 $M_n^{(1)}$ 和 $M_n^{(2)}$ 估计线性趋势模型的截距 a_n 和斜率 b_n 如下:

$$a_n = 2M_n^{(1)} - M_n^{(2)}$$

$$b_n = \frac{2}{m-1}(M_n^{(1)} - M_n^{(2)})$$

③建立现行趋势预测模型如下:

$$X_{n+\tau} = X_n + b_n\tau$$

式中:n——当前期;

　　τ——预测超前期;

　　$X_{n+\tau}$——第 n+τ 期的预测值。

④进行预测。

【例5-3】某商场 2×01—2×12 年服装的销售额如表5-2所示,试用二次移动平均法预测 2×13 年和 2×14 年的销售额。

表5-2　　　　　　　　　服装销售额及二次移动平均法计算表　　　　　　单位:千元

年份	n	销售额 X_n	$M_n^{(1)}$	$M_n^{(2)}$	$\hat{X}_n$
2×01	1	1 646.1			
2×02	2	1 860.2			
2×03	3	2 134.7			
2×04	4	2 939.6	2 145.2		
2×05	5	4 134.1	2 767.2		
2×06	6	5 019.8	3 557.1		
2×07	7	5 729.5	4 455.8	3 231.3	
2×08	8	6 531.8	5 353.8	4 033.5	6 496.6
2×09	9	6 970.8	6 063.0	4 857.4	7 554.3
2×10	10	7 498.5	6 682.7	5 638.8	8 072.3
2×11	11	8 493.5	7 373.7	6 368.3	8 422.5
2×12	12	8 922.7	7 971.4	7 022.7	9 049.4
2×13	13	预测值			9 552.6
2×14	14				10 185.0

预测步骤如下:

①取 m=4,分别计算 $M_n^{(1)}$ 和 $M_n^{(2)}$,结果列于表5-2。

②计算线性趋势模型的截距和斜率如下:

$$\hat{a}_{12} = 2M_{12}^{(1)} - M_{12}^{(2)} = 2×7\ 971.4 - 7\ 022.7 = 8\ 920.1$$

$$\hat{b}_{12} = \frac{2}{m-1}(M_{12}^{(1)} - M_{12}^{(2)}) = \frac{2}{4-1}×(7\ 971.4 - 7\ 022.7) = 632.47$$

于是,得到 n=12 时线性趋势预测模型如下:

$$\hat{X}_{12+\tau} = 8\ 920.1 + 632.47\tau$$

③预测 2×13 年和 2×14 年的销售额。分别将 τ=1 和 τ=2 代入预测模型中,即得预测值:

$$\hat{X}_{2\times13} = 8\ 920.\ 1+632.\ 47\times1 = 9\ 552.\ 6(千元)$$

$$\hat{X}_{2\times14} = 8\ 920.\ 1+632.\ 47\times2 = 10\ 185.\ 0(千元)$$

(4)指数平滑法。上面介绍的移动平均法存在以下不足：

①当计算移动平均值时,只使用近期的 m 个数据,没有充分利用时间序列的全部数据信息；

②加权移动平均法人为选取 m 个权数,带进了更多的主观因素。

指数平滑法实际上也是一种加权平均法,是对时间序列由近及远采取逐步衰减性质的加权处理。指数平滑法是利用平滑系数对上期实际销售量(额)和上期销售预测值进行加权计算,以确定计划期的销售预测值。其计算公式如下：

$$\hat{X}_{n+1} = \alpha X_n + (1-\alpha)\hat{X}_n$$

式中：$\hat{X}_{n+1}$——代表 n+1 期销售预测值；

$\hat{X}_n$——代表 n 期销售预测值；

X_n——代表 n 期实际销售量(额)；

α——平滑系数$(0\leqslant\alpha\leqslant1)$。

上式也可改写为：

$$\hat{X}_{n+1} = \hat{X}_n + \alpha(X_n - \hat{X}_n)$$

该式说明,新的预测值是在原预测值的基础上,利用原预测误差进行修正得到的。α 的大小体现了修正的幅度,α 越大,修正的幅度越大。由此可见,α 既代表了预测模型对时间序列变化的反应程度,又决定了预测模型修正误差的能力。因此,α 的选取很重要,直接影响着预测结果。

通常,α 的选取可遵循以下原则：

①当时间序列波动不大,较为平稳时,可选择较小的 α 值(0.1~0.3),以减少修正幅度,使预测模型包含较长时间序列的信息。

②当时间序列具有明显的变动趋势时,可取较大的 α 值(0.6~0.8),以便迅速跟上数据的变化,提高预测模型的灵敏度。

③实际应用中,可多取几个 α 值进行试算,选取使预测误差最小的 α 值作为平滑系数。

用指数平滑法进行预测,还涉及初始预测值 $\hat{X}_1$ 的选取问题。$\hat{X}_1$ 随着 n 的增大,对预测值的影响越小,因此确定初始预测值的方法如下：

①当时间序列的样本容量 n>20 时,可选取第一期实际销售量(额)作为初始预测值。

②当时间序列的样本容量 n≤20 时,应选取最初几期实际销售量(额)的均值作为初始预测值。

【例5-4】某公司生产一种产品,其 2×12 年的月销售资料如表 5-3 所示：

表5-3				2×12年销售量资料							单位:万件
月份	1月	2月	3月	4月	5月	6月	7月	8月	9月	10月	11月	12月
销售量	10	12	13	16	19	23	26	30	28	18	16	14

假定 $\alpha=0.7$,试利用指数平滑法预测2×13年1月份的销售量。

计算过程如表5-4所示:

表5-4			指数平滑法计算表			单位:万件
年月	n	实际销售量	$\alpha\times$上期实际值	上期预测值	$(1-\alpha)\times$上期预测值	本期平滑预测
2×12.1	1	10				11.00[①]
2×12.2	2	12	7.0	11.00	3.3	10.30
2×12.3	3	13	8.4	10.30	3.09	11.49
2×12.4	4	16	9.1	11.49	3.45	12.55
2×12.5	5	19	11.2	12.55	3.77	14.97
2×12.6	6	23	13.3	14.97	4.49	17.79
2×12.7	7	26	16.1	17.79	5.34	21.44
2×12.8	8	30	18.2	21.44	6.43	24.63
2×12.9	9	28	21.0	24.63	7.39	28.39
2×12.10	10	18	19.6	28.39	8.52	28.12
2×12.11	11	16	12.6	28.12	8.44	21.04
2×12.12	12	14	11.2	21.04	6.31	17.51
2×13.1	13		9.8	17.51	5.25	15.05

注:① $=\dfrac{10+12}{2}=11$

2. 时间序列回归分析法

时间序列回归分析法是指通过分析一段时期内销售量 y 与时间 t 的函数关系,来建立回归模型并据此进行预测的方法。时间序列回归分析法按建立的趋势模型可分为直线回归法和曲线回归法。这里主要介绍直线回归法。

直线回归法又称一元线性回归法,它是根据过去一定时期的历史资料,确定可以反映销售量增减变动趋势的一条直线,并以此直线加以延伸,进而求出销售量预测值的一种预测方法。

直线回归法原理已在第二章成本性态分析中介绍过,用于销售预测时,预测模型如下:

$$y=a+bt$$

式中,a 和 b 为回归系数,y 为销售量(额),t 为时间自变量。

相关系数 r 的计算公式如下:

$$r=\frac{n\sum yt-\sum t\sum y}{\sqrt{\left[n\sum t^2-\left(\sum t\right)^2\right]\left[n\sum y^2-\left(\sum y\right)^2\right]}}$$

回归系数 a 和 b 的计算公式如下：

$$a = \frac{\sum y - b \sum t}{n}$$

$$b = \frac{n \sum yt - \sum t \sum y}{n \sum t^2 - (\sum t)^2}$$

【例 5-5】某公司经营甲产品，2×07—2×13 年的实际销售量如表 5-5 所示：

表 5-5　　　　　　　　　　2×07—2×13 年销售量　　　　　　　　单位：万件

年度	2×07	2×08	2×09	2×10	2×11	2×12	2×13
销售量	14	17	18	21	25	26	28

试用直线回归法预测 2×14 年的销售量。

有关数据计算如表 5-6 所示：

表 5-6　　　　　　　　　　直线回归法的计算

年度	时间序列 t	销售量 y（万件）	yt	t^2	y^2
2×07	1	14	14	1	196
2×08	2	17	34	4	289
2×09	3	18	54	9	324
2×10	4	21	84	16	441
2×11	5	25	125	25	625
2×12	6	26	156	36	676
2×13	7	28	196	49	784
n=7	$\sum t = 28$	$\sum y = 149$	$\sum yt = 663$	$\sum t^2 = 140$	$\sum y^2 = 3\ 335$

相关系数 $r = \dfrac{7 \times 663 - 28 \times 149}{\sqrt{(7 \times 140 - 28^2) \times (7 \times 3\ 335 - 149^2)}} = 0.99$

说明 y 和 t 之间高度正相关，存在线性关系。

$$b = \frac{7 \times 663 - 28 \times 149}{7 \times 140 - 28^2} = 2.4$$

$$a = \frac{149 - 2.4 \times 28}{7} = 11.7$$

因此：y = 11.7 + 2.4t

预测 2×14 年的销售量为 t = 8 时的 y 值，即 y = 11.7 + 2.4 × 8 = 30.9（万件）

实际工作中，为简化计算，可按照时间序列的特点对 t 值进行修正，即令 $\sum t = 0$，将 t = 0 置于资料期中间，取资料期间隔为 1（若资料期为偶数，则可将 t = -1，t = +1 置于资料期中间，取间隔为 2）。这时，该法可称之为修正的时间序列回归分析法。

(二)因果预测分析法

影响产品销售的因素是多方面的,既有企业外部因素,也有企业内部因素,既有客观因素,又有主观因素。但是,在这些因素中,有些对产品销售起着决定性的作用或与产品销售存在着某种函数关系,只要找到与产品销售(因变量)相关的因素(自变量)以及它们之间的函数关系,就可以利用这种函数关系进行产品的销售预测。这种预测方法就是因果预测分析法。

在销售预测中,最常用的因果预测分析方法有回归分析法和指标建立法等。

1. 回归分析法

回归分析法根据回归模型是否为线性,可分为线性回归分析和非线性回归分析;根据自变量个数的多少,可分为一元回归分析和多元回归分析。前面的时间序列回归分析是以时间变量为自变量的一元回归分析,是特殊的一元回归分析。下面仅以线性回归分析为例。

【例5-6】某公司主要生产空调压缩机,近5年该地区空调机和该公司压缩机的销售统计资料如表5-7所示。预计该地区2×14年空调机的销售量为180万台,利用线性回归分析法预测2×14年该公司压缩机的销售量。

表5-7　　　　　　　　　　空调和压缩机的销售资料

年份	2×09	2×10	2×11	2×12	2×13
压缩机销售量(万只)	20	25	30	36	40
空调机销售量(万台)	100	120	140	150	165

根据历史资料对压缩机的销售量和空调机的销售量进行相关性分析。假设 Y 为压缩机销售量,X 为空调机销售量,回归分析计算表如表5-8所示:

表5-8　　　　　　　　　　回归分析计算表

年度	X(万台)	Y(万只)	XY	X^2	Y^2
2×09	100	20	2 000	10 000	400
2×10	120	25	3 000	14 400	625
2×11	140	30	4 200	19 600	900
2×12	150	36	5 400	22 500	1 296
2×13	165	40	6 600	27 225	1 600
n=5	$\sum X=675$	$\sum Y=151$	$\sum XY=21\,200$	$\sum X^2=93\,725$	$\sum Y^2=4\,821$

相关系数检验如下:

$$r = \frac{n\sum XY - \sum X \sum Y}{\sqrt{\left[n\sum X^2 - \left(\sum X\right)^2\right]\left[n\sum Y^2 - \left(\sum Y\right)^2\right]}}$$

$$= \frac{5 \times 21\,200 - 675 \times 151}{\sqrt{(5 \times 93\,725 - 675^2)(5 \times 4\,821 - 151^2)}} = 0.99$$

r=0.99 说明两者之间存在高度线性相关,可以进行回归分析寻求其具体方程式。

建立线性回归方程 Y=a+bX,常数项 a,b 的值计算如下:

$$b = \frac{n\sum XY - \sum X \sum Y}{n\sum X^2 - (\sum X)^2} = \frac{5 \times 21\,200 - 675 \times 151}{5 \times 93\,725 - 675^2} = 0.313$$

$$a = \frac{\sum Y - b\sum X}{n} = \frac{151 - 0.313 \times 675}{5} = -12.06$$

因此,Y=-12.06+0.313X

当 2×14 年空调机的销售量 X=180 万台时,压缩机的销售量为:

Y=-12.06+0.313×180=44(万只)

2. 指标建立法

指标建立法是指直接利用现有的经验模型进行预测。该预测模型既可以是企业以前建立的,也可以是其他企业或行业所建立的。预测者只要掌握模型中的各项相关指标数据,代入公式就可以计算出预测值。

【例 5-7】某企业生产一种汽车轮胎,根据历史资料分析,其年销售量 y 受到以下因素影响:①该地区汽车产量 x_1,已知轮胎需求量是汽车产量的 6 倍;②该地区装备该种轮胎且正在使用中的汽车应予更新的轮胎数 x_2;③x_2 取决于这类汽车上年实际行驶里程及载重量的吨千米指标 x_3 和该种轮胎磨损更新经验指数 b_1;④企业在该地区的市场占有率 b_2。经过分析,建立的因果预测模型如下:

$$y = (6x_1 + x_2)b_2 = (6x_1 + b_1 x_3)b_2$$

已知相关指标的数据为:预计 2×14 年该地区汽车产量 $x_1 = 100\,000$(辆),$x_3 = 2.25 \times 10^9$(吨千米),$b_1 = 0.2 \times 10^{-4}$(只/吨千米),$b_2 = 60\%$。

则预测企业 2×14 年轮胎销售量为:

$$y_{2\times14} = (6 \times 100\,000 + 0.2 \times 10^{-4} \times 2.25 \times 10^9) \times 60\% = 387\,000\text{(只)}$$

第三节　利润预测

利润是企业在一定会计期间进行经营活动成果的反映。企业在一定时期内的所有生产经营活动的好坏、管理水平的高低,最后都要在利润这一指标上反映出来。利润预测是按照企业经营目标的要求,通过对影响利润变化的成本、销售、价格等因素的综合分析,对企业未来一定时期内可能达到的利润水平和变化趋势所做出的科学预计。

进行科学的利润预测,可使企业根据国内外市场的变化和本企业的生产经营状况及其他有关信息,规划出企业最优的目标利润,采取积极有效的措施,改变企业的生产经营管理,实现最大经济效益。因此,测算利润不是利润预测的重点和终点,而应以目标利润的预测为中心,全面筹划和组织企业未来的生产经营活动。利润预测要为预测目标利润服务。

利润预测的内容一般包括两部分:目标利润预测和利润敏感性分析。

一、目标利润预测

目标利润是指企业在未来一段时间内,经过努力应该达到的最优化利润控制目标。传统的利润预测就是根据事先预计的销售量、成本、价格水平测算可望实现的利润额,其计算公式与事后的实际利润计算并没有本质区别。其实质反映的是"以产定销"或"产品经济"的指导思想和经营方针,不能体现目标利润对生产经营的指导性。进行目标利润预测时,要把定性分析和定量分析相结合,综合考虑多方面因素来进行预测。常用的目标利润预测方法为比例分析预测法。

比例分析预测法是根据各种不同利润率指标来预测目标利润的一种方法。根据不同的利润率指标,比例分析法又分为:

(一)销售利润率法

销售利润率法是根据行业销售利润率或预定的销售利润率,结合销售预测来确定目标利润的一种方法。计算公式为:

目标利润=预计销售收入总额×销售利润率

(二)产值利润率法

产值利润率法是根据企业的历史资料和现实条件,参考同行业产值利润率水平确定的产值利润率,结合企业的工业总产值计划或目标来确定目标利润的一种方法。计算公式为:

目标利润=预计工业总产值×产值利润率

(三)资金利润率法

资金利润率法是根据企业预定的资金利润率水平,结合基期实际资金占用状况与未来计划投资额来确定目标利润的一种方法。计算公式为:

目标利润=(基期占用资金+计划投资额)×预定资金利润率

(四)利润增长百分率法

利润增长百分率法是根据企业基期已达到的利润水平,结合过去连续若干年(通常为近三年)利润增长率的变动趋势,以及影响利润的有关因素在未来可能发生的变动情况,确定一个相应的利润增长率,然后确定未来目标利润的一种方法。计算公式为:

目标利润=基期利润×(1+预计利润增长率)

二、利润敏感性分析

利润敏感性分析主要探讨制约利润的有关因素发生变化,对利润的影响及敏感程度,以及当某些因素发生变动时,如何调整其他因素,以确保原定目标利润的实现,它是利润预测中必不可少的优化后分析。

（一）敏感系数及其计算

影响利润的因素很多,其中主要有销售量(x)、单价(p)、单位变动成本(b)和固定成本(a)。这些因素的变化都会引起利润发生变化,但它们的利润敏感程度各不相同:有的因素发生较小的变化,会引起利润大幅度变化,其敏感性较强;有的因素变动幅度较大,却只对利润产生微小的影响,其敏感性较弱。具体掌握各有关因素对利润变动的敏感程度,有助于我们在企业的经营中增强预见性,以便采取相应的措施增加收入,降低成本,获得最佳经济效益。各有关因素的利润敏感程度,可用敏感系数表示。所谓敏感系数,是指利润变动率相对于该因素变动率的倍数,用公式表示为:

某因素的 $S = R /$ 该因素的 K

式中:S——敏感系数;

$\quad$ K——变动率;

$\quad$ R——利润变动率。

$\quad$ 即:

$$S_x = R/K_x$$

$$S_P = R/K_p$$

$$S_b = R/K_b$$

$$S_a = R/K_a$$

式中:x——产销量;

$\quad$ p——单位价格;

$\quad$ b——单位变动成本;

$\quad$ a——固定成本总额。

然而,若直接采用上述公式计算各因素的敏感系数,必须先测算利润及各因素的变动率,使计算过程非常繁琐。因此,可以将上述计算公式展开,简化后再予以应用。现以 S_p 的计算为例,说明如下:

单价由 p 变化为 p_1,L 代表基期利润,则

$$K_p = (p_1-p)/p$$

$$R = (L_1-L)/L = (p_1 \cdot x - p \cdot x \cdot)/L$$

$$= (p_1-p)x/L$$

$$= K_p \cdot p \cdot x/L$$

$$S_P = R/K_p = p \cdot x/L$$

依此类推,可得:

$$S_x = R/K_x = (p-b)x/L = S_P - |S_b|$$

$$S_b = R/K_b = -bx/L$$

$S_a = R/K_a = -a/L = -[(p-b)x-L]/L = -(S_x-1)$

【例5-8】某企业只生产一种产品,2×13年(基期)产销量为10 000件,单价100元/件,单位变动成本60元/件,固定成本总额300 000元,要求据此计算各因素的敏感系数。

解:因为 $L = (100-60) \times 10\ 000 - 300\ 000 = 100\ 000$(元)

所以 $S_x = (100-60) \times 10\ 000/100\ 000 = 4$(倍)

$S_p = 100 \times 10\ 000/100\ 000 = 10$(倍)

$S_b = -60 \times 10\ 000/100\ 000 = -6$(倍)

$S_a = -300\ 000/100\ 000 = -3$(倍)

计算结果表明,该企业在各因素单独变动的情况下,利润变动率分别是销售量、单价、单位变动成本和固定成本变动率的4倍、10倍、6倍和3倍,但利润变动与成本变动的方向相反。在企业正常盈利条件下,各因素的敏感系数存在如下规律性联系:

(1)单价敏感系数总是最高,即单价对利润是最敏感的因素,企业利润受单价的影响最大。

(2)单价的敏感系数与单位变动成本的敏感系数的绝对值之差等于销售量的敏感系数。

(3)销售量的敏感系数与固定成本的敏感系数的绝对值之差等于1。

(4)销售量的敏感系数不可能最低。

(二)敏感系数的应用

运用敏感系数,不仅可以很方便地预测各因素变动对利润的影响程度,而且可用于测算当某些因素发生变动时,应如何调整其他因素,以确保原定目标利润的实现。

1. 当各因素单独变动时

(1)预测各因素变动对利润的影响。当影响利润的某一因素单独变动时,可以利用事先测算的该因素的敏感系数,测算其变动对利润的影响程度。测算的通用模型为:

$R = K \cdot S$

例如,要测算由于单位变动成本变动使未来利润变动的百分比,则计算公式为:

$R = K_b \cdot S_b$

其余依此类推。

以此为基础,亦可预测未来利润,其计算公式为:

$L_1 = L \times (1 + K \cdot S)$

【例5-9】按【例5-8】有关资料,若预测期企业拟提价2%,即由原来100元/件上升为102元/件,计算由于单价变动使利润变动的百分比及预测期利润。

$R = K_p \cdot S_p = 2\% \times 10 = 20\%$

$L_1 = L \times (1 + K_p \cdot S_p) = 100\ 000 \times (1 + 2\% \times 10) = 120\ 000$(元)

计算结果表明,预测期单价上升2%使利润上升20%,利润则由原来的100 000元上升为120 000元。

（2）预测为实现目标利润应采取的单项措施。若已知预测期目标利润或目标利润变动率，同样，利用各因素的敏感系数，可以测算为实现目标利润或目标利润变动率应采取的单项措施。测算的通用模型为：

$K = R/S$ 或 $K = (L_1-L)/L \cdot S$

例如，要测算为实现目标利润销量方面应采取的措施，则计算公式为：

$K_x = R/S_x$ 或 $K_x = (L_1-L)/L \cdot S_x$

仍用【例5-8】有关资料。若企业预测期拟使目标利润比基期增长60%，则应采取的单项措施如下：

$K_x = R/S_x = 60\%/4 = 15\%$

$K_p = R/S_p = 60\%/10 = 6\%$

$K_b = R/S_b = 60\%/(-6) = -10\%$

$K_a = R/S_a = 60\%/(-3) = -20\%$

计算结果表明，企业为实现预测利润增长60%的目标，若采取单项措施，应使销量增加15%，或单价上升6%，或单位变动成本降低10%，或固定成本降低20%。若将目标利润变动 $R = -100\%$ 代入上述计算式，则可以测算出各有关变量变动的临界值，即为确保企业不亏损，各有关因素变动率的极限。

2. 当多因素同时变动时

（1）预测多因素同时变动对利润的影响。当影响利润的各因素在预测期同时变动时，可以利用事先测算的各因素的敏感系数，测算多因素同时变动对利润的影响。

（2）预测当某些因素发生变动，影响原定目标利润实现时，为确保目标实现，企业应采取相应的措施。目标利润确定后，在实施过程中，常常会碰到一些始料不及的原因，使有关因素发生变动，从而影响原定目标的实现，在这种情况下利用上述计算式能很方便地预测为确保实现目标企业应采取的相应措施。

第四节　成本预测

一、成本预测概述

成本预测是根据企业目前经营状况和发展目标，在调查研究的基础上，利用专门方法对企业未来成本水平和变动趋势所进行的预计和推测。

成本预测是成本管理工作的关键，企业的产品成本能否降低，取得较好的经济效益，在很大程度上取决于成本预测是否正确。实践证明，如果成本预测失误，在编制成本计划过程中造成损失，即使以后日常成本的管理工作搞好了，也难以弥补。因此，企业的成本管理不能只是反映实际生产耗费和分析成本升降的原因，更重要的是着眼于未来，要求事先进行成本预测，确定目标成本，并选择达到目标成本的最佳途径。

一般来说,成本预测的步骤包括:

(1)根据企业的经营总目标,提出初选的目标成本。

(2)预测在当前生产经营条件下成本的发展趋势,并找出与初选目标成本的差距。

(3)提出各种降低成本方案,对比、分析各种成本方案的经济效果。

(4)选择成本最优方案,并确定正式目标成本。

成本预测的主要内容包括目标成本预测和成本变动趋势预测。

二、目标成本预测

所谓目标成本,是指企业在一定时期内需要努力达到的成本水平。

目标成本通常用下列方式提出:

(1)根据目标利润制定目标成本。

目标成本=预计销售收入-目标利润

(2)根据资金利润率制定目标成本。

目标成本=预计销售收入-预计资金利润率×平均资金占用额

(3)根据销售利润率制定目标成本。

目标成本=预计销售收入×(1-销售利润率)

(4)根据产品某一先进的成本水平来确定目标成本。例如,可以根据本企业的历史先进成本水平来确定目标成本,或者以本企业上年度的实际平均成本扣减要求达到的成本降低率来确定,也可以采用国内外同类产品的先进成本水平作为本企业的目标成本。

三、成本变动趋势预测

成本变动趋势预测是指根据历史数据,并按照成本性态,运用数理统计方法建立有关成本模型来预测成本发展的趋势。其预测方法主要是定量分析法中的因果分析法,如回归分析法等。

这里的回归分析法与第二节销售预测中的回归分析法完全相同,只是变量的内容发生了变化。这里仅介绍多元线性回归法。

在实际工作中,影响成本的因素往往不止一个,如有的成本随产量变动而变动,有的成本随直接人工小时、机器小时等其他因素变动。为了较准确地进行成本预测,成本预测模型就应该采用相关范围内的多元线性回归模型用公式表示,即:

$$y=a+b_1x_1+b_2x_2+\cdots+b_nx_n$$

式中,y表示预测期总成本,$x_1,x_2,\cdots,x_n$为影响成本变动的各个因素,$a,b_1,b_2,\cdots,b_n$为回归系数。

依据成本的历史资料,运用回归分析就可以找到成本总额与各因素之间的规律性的联系,以此为基础,只要预计预测期各因素的量,就可以预计预测期的成本总额。现举例说明如下:

【例5-10】设某企业制造费用的高低受直接人工小时和机器小时两个因素的影响，2×13年1~6月有关制造费用总额及直接人工小时、机器小时的实际资料如表5-9所示：

表5-9

月份	机械小时 x_1（千小时）	直接人工小时 x_2（千小时）	制造费用 y（千元）
1月	10	19	14
2月	14	30	21
3月	12	25	18
4月	15	32	29
5月	28	56	30
6月	24	46	32

预计7月份将发生直接人工小时52千小时，机器小时30千小时，要求预测2×13年7月份的制造费用总额。

依题意，该成本预测模型为：

$$y = a + b_1 x_1 + b_2 x_2$$

利用最小平方法，可得标准方程组：

$$\begin{cases} \sum y = na + b_1 \sum x_1 + b_2 \sum x_2 \\ \sum x_1 y = a \sum x_1 + b_1 \sum x_1^2 + b_2 \sum x_1 x_2 \\ \sum x_2 y = a \sum x_2 + b_1 \sum x^1 x_2 + b_2 \sum x_2^2 \end{cases}$$

列表将有关资料整理如下，见表5-10。

表5-10　多元线性回归计算表

月份	x_1	x_2	y	x_1^2	x_2^2	$x_1 x_2$	$x_1 y$	$x_2 y$
1月	10	19	14	100	361	190	140	266
2月	14	30	21	196	900	420	294	630
3月	12	25	18	144	625	300	216	450
4月	15	32	29	225	1 024	480	435	928
5月	28	56	30	784	3 136	1 568	840	1 680
6月	24	46	32	576	2 116	1 104	768	1 472
n=6	$\sum x_1 = 103$	$\sum x_2 = 208$	$\sum y = 144$	$\sum x_1^2 = 2\,025$	$\sum x_2^2 = 8\,162$	$\sum x_1 x_2 = 4\,062$	$\sum x_1 y = 2\,689$	$\sum x_2 y = 5\,426$

将表中有关数据代入上述方程组得：

$$\begin{cases} 144 = 6a + 103b_1 + 208b_2 \\ 2\,693 = 103a + 2\,025b_1 + 4\,062b_2 \\ 5\,426 = 208a + 4\,062b_1 + 8\,162b_2 \end{cases}$$

解上述方程组可得：

$$\begin{cases} a = 9.03 \\ b_1 = 0.866 \\ b_2 = -0.003 \end{cases}$$

故上述成本预测模型为：

$$y = 9.03 + 0.866x_1 - 0.003x_2$$

2×13 年 7 月份制造费用预测值为：

$$y = 9.03 + 0.866 \times 30 - 0.003 \times 52 = 34.836(千元)$$

第五节　资金预测

资金预测是会计预测的一项重要内容,对于保证资金供应、合理组织资金运用、提高资金利用效果有重要意义,既是企业正常经营的前提,又是企业的奋斗目标之一。

资金预测的主要内容是资金需要量预测。所谓资金需要量预测,是以预测期企业生产经营规模的发展和资金利用效果的提高为依据,在分析有关历史资料、技术经济条件和发展规划的基础上,对预测期资金需要量进行科学的预计和测算。

企业所拥有的资金按其使用期限的长短不同,可分为短期资金和长期资金。长期资金需要量的预测一般是通过投资决策、编制资本预算完成的,详细内容将在有关章节加以说明,本节只介绍短期资金需要量的预测。常用的定量分析方法有回归分析法和销售百分比法。

一、回归分析法

回归分析法是假定在销售预测的基础上,对过去若干期的销售量(额)和资金需要量进行分析和研究,确定反映销售量(额)与资金需要量之间依存关系的回归直(曲)线,从而预测未来期间的资金需要量。

二、销售百分比法

销售百分比法是通过分析销售收入与资金各个项目之间的依存关系,根据预期销售收入的增长情况来预测资金需要量一种方法。销售百分比法是在销售预测的基础上,假定销售收入与资产负债表中某些资产、负债项目存在稳定的百分比关系,根据预计销售额和相应的百分比预计资产、负债和所有者权益,然后利用会计等式确定资金需要量。

运用销售百分比法预测资金需要量的基本步骤如下：

(1)分析资产负债表中的各个项目与销售收入之间的依存关系。

从资产项目看,有些项目会随着销售额的增减而相应地增减。如销售额增加了,若其他条件不变,则现金、应收账款和存货等流动资产会相应增加。而另一些项目,如长期投资(包括有价证券)、无形资产则与销售额增减无关。至于固定资产会不会随销售额增减变动,则要看其生产能力是否得到充分利用:若生产能力已达到饱和状态,要增加销售额,则必须相应追加固定资产;若扩大销售额是利用剩余生产能力,则无需追加固定资产。

从负债、股东权益项目看,有些项目会随销售额增减而相应地增减。如为了适应销售额的增加,需要多购材料,若其他条件不变,应付账款、应付票据、其他应付款等结算资金会相应增加。而另一些项目,如长期负债、股东权益等项目则不随销售额增减变动。

(2)计算基期的销售百分比。

根据基期资产负债表,将与销售额有依存关系的项目按基期销售收入计算其金额占销售的百分比。

(3)计算预测期资金需要量。计算公式为:

$$F_1 = F_0 + (\frac{A}{S_0} - \frac{L}{S_0})(S_1 - S_0) - S_1 R(1-d) - D + m_1$$

式中:F_1——预测期资金需要总量;

F_0——基期实际资金需要量;

A——基期随销售额增加而增加的资产总额;

L——基期随销售额增加而增加的负债总额;

S_0——基期销售额;

S_1——预测期销售额;

R——基期税后销售利润率(净利润÷销售收入);

d——预测期股利发放率(股利总额÷净利润);

D——预测期提取的固定资产折旧额与同期用于更新改造的资金差额;

m_1——预测期新增零星资金需要量。

【例5-11】红星公司2×13年的资金总额为44万元,实现销售收入68万元,获得税后净利润4万元,发放股利1.8万元。该年度的厂房、设备利用率已达饱和状态。该公司2×13年12月31日简略资产负债表如表5-10所示:

表5-10　　　　　　　　　　　　红星公司简略资产负债表

2×13年12月31日　　　　　　　　　　　　单位:万元

资产		负债及所有者权益	
库存现金	2	应付账款	2.8
应收账款	4.2	应交税费	0.6
存货	15.8	长期借款	18
固定资产(净值)	42.6	实收资本	45
无形资产	9.4	留存收益	7.6
资产总计	74	负债及所有者权益总计	74

该公司预测2×14年度销售额将达到80万元,并仍按2×13年的股利发放率支付股利,固定资产折旧总数为7.5万元,其中40%用于当年更新改造支出,预测期新增零星资

金需要量为 2 万元。试预测 2×14 年资金需要总量。

首先,分析资产负债表中的各个项目与销售收入之间的依存关系。由于固定资产已达饱和状态,故增加销售收入就要增加固定资产,从而可确定与销售收入有关的资产项目为库存现金、应收账款、存货、固定资产;与销售收入有关的负债项目为应付账款、应交税费。

其次,计算资产销售百分比和负债销售百分比。

$$\frac{A}{S_0} = \frac{2+4.2+15.8+42.6}{68} = 95\%$$

$$\frac{L}{S_0} = \frac{2.8+0.6}{68} = 5\%$$

最后,预测 2×14 年资金需要量。

$$F = 44 + (95\% - 5\%) \times (80-68) - 80 \times \frac{4}{68} \times (1 - \frac{1.8}{4}) + 2 - 7.5 \times (1-40\%) = 49.71(万元)$$

销售百分比法的优点是简单可行,缺点是假定销售收入与资产负债表中每个项目或者成正比例变动或者毫无关系,实际上这是不可能的。比如固定资产只能随着销售收入的增长而呈跳跃式变动,而不可能成正比例变动,应付票据、短期借款等也不可能与销售收入毫无关系。

思考题

1. 什么叫预测?预测与决策的关系如何?
2. 什么叫定性预测?什么叫定量预测?
3. 进行预测有哪些步骤?
4. 为什么说销售预测是财务预测的重要环节?
5. 销售预测的定性预测法和定量预测法常用的方法有哪几种?
6. 什么叫成本预测?成本预测的步骤?
7. 什么叫资金预测?资金预测的方法有哪几种?
8. 什么叫利润预测?利润预测常用的方法有哪几种?

练习题

1. 某公司全年只产销一种产品,2×13 年 1~4 月份该产品的实际销售量和总成本的资料如下表所示:

月份	总成本(元)	产销量(件)
1 月	900 000	5 500
2 月	1 000 000	6 500
3 月	1 400 000	8 500
4 月	1 300 000	10 500

要求:

(1)用移动平均法预测 5 月份的销售量(假定 m=3)。

(2)用高低点法进行成本的分解。

(3)用指数平滑法预测 5 月份的销售量(平滑系数为 0.3,4 月份销售预测数为 9 500 件)。

(4)利用成本模型预测 5 月份的总成本(根据指数平滑法预测的销售量计算)。

2. 某家具厂通过调查发现,双人床的销售量与结婚人数有很大关系,已知 A 市 4 年的资料如下:

年份	结婚人数(万对)	双人床销售量(千件)
2×10	8	50
2×11	7	45
2×12	10	60
2×13	9	54

该家具厂在 A 市的市场占有率为 20%,每年销往外地的双人床是 800 件。

要求:假定 2×14 年预计结婚人数是 11 万对,用回归分析法预测 2×14 年该家具厂的双人床销售量。

3. 某企业只生产一种产品,单价 200 元,单位变动成本 160 元,固定成本400 000元,2×13年销售量为 10 000 件。企业按同行业先进的资金利润率预测 2×14 年企业目标利润基数。资金利润率为 20%,预计企业资金占用额为 600 000 元。

要求:

(1)测算企业的目标利润基数;

(2)测算企业为实现目标利润应该采取哪些单项措施。

4. 某公司 2×13 年度的生产能力只利用了 70%,实际销售收入 850 000 元。获得利润 42 500 元,并以 17 000 元发放股利。该公司 2×13 年年末的简略资产负债表如下:

某公司简略资产负债表

2×13 年 12 月 31 日   单位:元

资产		负债及所有者权益	
库存现金	20 000	应付账款	100 000
应收账款	150 000	应付票据	80 000
存货	200 000	长期负债	200 000
厂房设备(净额)	300 000	普通股股本	350 000
长期投资	40 000	留存收益	40 000
无形资产	60 000		
合计	770 000	合计	770 000

该公司预计 2×14 年销售收入将增至 1 000 000 元,并仍按 2×13 年度股利发放率支付股利。提取折旧 60 000 元,其中 80%用于更新改造原有设备。2×14 年零星资金需要量为 20 000 元。

要求:按销售百分比法预测 2×14 年需要追加的资金量。

第六章

经营决策

本章介绍了经营决策的相关概念,重点介绍了经营决策常用的分析评价方法,如相关分析法、差别分析法、成本平衡点分析法、最优分析法等,以及各种方法在生产决策和定价决策中的具体应用。

第一节　决策概述

一、决策的意义

决策是对所要采取的某一行为做出的决定,也就是为了圆满解决某一问题,达到预期的目标,在几个可供选择的方案中,选择一个最优的或最有效的行动方案。

企业决策的正确与否,直接关系到企业的兴衰成败。现代管理科学之所以对企业提出"管理的重心在经营,经营的重心在决策"的指导方针,就在于决策在企业经营管理中起着至关重要的作用,是企业进行一切经济活动的重要前提。

所谓决策分析就是在充分利用会计资料和其他信息的基础上,利用专门的方法,对各备选方案的经济效益进行科学的计算和分析,权衡轻重,并说明利害得失,以便管理人员选择经济效益最大或损失最小的方案的过程。决策分析是会计参与企业管理决策的主要形式,是管理会计人员的一项重要工作,也是管理会计这门学科要着重研究的一个重要方面。

二、决策的分类

决策所要解决的问题是多种多样的,其涉及的内容也较多,决定了决策多样化。因此,决策可以按不同的标志来进行分类。

（一）按决策规划所涉及的时期长短分类

按决策规划所涉及的时期长短分类,决策可分为短期决策和长期决策。

1. 短期决策

短期决策也称经营决策,主要是对如何在企业现有技术装备和经营条件的基础上,有效地开展经营活动所做的决策。短期决策一般不需要购置较多的设备或新增较多的生产能力,决策方案所产生的经济效益体现在一年内或一个营业周期内。

2. 长期决策

长期决策也称投资决策,主要是为企业的发展方向、新产品的开发、生产规模的扩大等所进行的具有长远性、全面性的决策。其决策方案所产生的经济效益体现在一年以上或未来若干年内。管理会计中的长期决策只对涉及固定资产投资的问题进行讨论。

(二)按决策的重要程度分类

按决策的重要程度分类,决策可分为战略决策和战术决策。

1. 战略决策

战略决策是指那些关系企业发展的全局性、长远性和根本性问题的有关决策,如经营目标的制定、新产品的开发等。战略决策的正确与否,对企业的成败具有决定性意义。

2. 战术决策

战术决策是指为了实现战略性决策目标而进行有针对性、短期性的具体决策,如零部件的自制与外购、生产结构的安排等。

(三)按决策条件的肯定程度分类

按决策条件的肯定程度分类,决策可分为确定型决策、风险型决策和不确定型决策。

1. 确定型决策

确定型决策,即决策人对未来的有关情况可事先掌握和控制,各方案的条件都是肯定的,而且各个备选方案均可用具体的数字表示出来,只要比较各个方案的数据,就可以做出判断,选取一个最优方案。

确定型决策比较容易选择,管理会计中的决策多属确定型决策。

2. 风险型决策

风险型决策是指在各种决策因素中,有决策人所不能控制的客观因素,一个方案有可能出现几种不同的结果。以概率为依据来选择方案,无论选取哪一个方案,均带有一定的风险,因此称为风险型决策。

风险型决策与确定型决策的不同之处在于:前者的执行后果不仅受可控制的决策变量的制约,而且还受客观因素的制约。例如,工厂利润高低不仅受决策人可控制的本厂生产情况和成本等因素的制约,还受决策人不能控制的市场价格和需求量的制约,而确定型决策所依据的因素都是可控制的。

3. 不确定型决策

不确定型的决策是指决策人对未来的情况和因素不能事先掌握和控制,又不能估计其在各种客观状态下出现的概率。例如,生产某种新产品,决策人对将来产品的销路、售价无法控制,也无法估计各种情况出现的概率,在这种情况下对该种新产品类型和产量进行决策就叫不确定型决策。

不确定型决策与风险型决策的区别在于,后者对各种可能的结果有一个概率作为依据,而前者则没有概率依据,一般很难用定量分析来比较、判断,完全凭借决策人的经验或"运气"。

三、决策分析的原则

为了做出正确的、有效的决策,在进行决策分析时,必须遵循以下原则:

(一)政策性原则

政策性原则是指企业在经营决策分析过程中,不能仅仅考虑微观效益,还应自觉遵守国家有关法律法规和制度政策。当企业的微观利益与社会宏观利益发生矛盾时,必须无条件地按国家政策规定办事,绝不允许损人利己,以邻为壑,坑害国家。

(二)民主性原则

民主性原则是指企业在决策分析过程中,必须杜绝主观、武断,而应集思广益,依靠智囊团和专家决策群,由个人决策向集体决策过渡,以调动各方面的积极性,实行民主决策。现代社会生产和商品经济所具有的精微性、宏大性、高速性和瞬变性,使得任何个人都不可能单独地收集、分析、整理、归纳浩繁的动态信息,进行科学的抉择。

(三)科学性原则

科学性原则是指企业的决策分析必须以真实、可靠的信息为基础,以客观规律为依据,以科学的决策方法为保证,决策分析的结果必须经得起客观实践的检验。

(四)效益性原则

效益性原则是指企业的决策分析必须面向经营,要以提高企业经营效益为前提,合理利用资源。同时,决策分析本身也要讲求效益,注意提高决策分析工作的效率,节约时间,降低开支,以较小的代价取得最好的效果。

四、决策分析的一般程序

决策是一个完整的过程,它不是简单地从几个备选方案中选定一个最优方案的孤立行动,而是由一系列行动组成的,其中包括决策分析、选择方案、执行方案三大部分,具体可分为六个基本步骤。

(一)确定决策的目标

确定决策的目标是科学决策的首要步骤。目标定错了,一切都会是错的。为此,要明确决策究竟要解决什么问题。一般来说,企业的经营决策主要是解决如何使现有生产能力得到充分利用,并合理安排、使用有限资源,争取最佳经济效益的问题。没有明确的具体目标,决策就无从下手。

(二)收集有关资料

针对决策目标,广泛收集尽可能多的、对决策目标有影响的各种可计量因素与不可计量因素的资料,包括历史和现在的实际数据,也包括对将来的预测数据,并对这些有关数据进行分类、加工、登记、综合,以便形成决策分析所使用的数据资料。数据资料是科学决策的重要前提条件。有了完整的数据资料,才能做到"知己知彼",进行有效的分析评价,否则决策就会成为无本之木、无源之水。不过应该注意,这项资料收集工作往往要反复进行,穿插在各步骤之间。

（三）提出备选方案

针对决策目标,拟定若干可行的备选方案。所谓"可行",必须是技术上适当,经济上合理。每个备选方案都要注意实事求是,量力而行,扬长避短,力戒浮夸。务必使企业现有的人力、物力和财力资源都能得到最合理、最充分的使用。总之,提出可行方案是决策分析的重要环节,是做出科学决策的基础和保证。

（四）通过定量分析对备选方案做出初步评价

把各个备选方案的可计量资料分别归类、系统排列,选择适当的专门方法,建立数学模型。通过计算各备选方案的预期收入和预期成本,确定其预期经济效益的大小,对备选方案作出初步的判断和评价,这是整个决策分析过程的关键阶段。当然,评价备选方案优劣的标准既有技术指标,也有经济指标,但归根结底经济效益指标才是最终评价企业经营决策方案优劣的标准。

（五）考虑非计量因素的影响,分析决策方案可能产生的后果,确定最优方案

根据上一步骤定量分析的初步评价,进一步考虑计划期间各种非计量因素的影响。例如,国际、国内政治经济形势的变动,国家有关经济法规、税法及政策、法令等对决策方案所产生的影响,以及人们心理、习惯、风俗等因素的特点,进行定性分析,然后把定量分析和定性分析结合起来,通盘研究,权衡利害得失,进行综合判断,最终筛选出最优方案。

（六）执行方案,并对决策执行情况进行评估和信息反馈

决策的执行是决策的目的,也是检验决策是否正确的客观依据。应先根据最后选定的方案,编制计划或预算,然后落实具体执行的方法。在具体执行方法实施后,隔一定期间还应对决策的执行情况进行评估,借以发现过去决策过程中存在的问题,通过信息反馈,纠正偏差,以保证决策目标的实现。

第二节　经营决策的相关概念

一、经营决策的特点及目标

经营决策的决策结果只涉及企业一年或一个营业周期内的经营活动,因此它的主要特点有:

（1）投资额较小,涉及时间较短。

（2）一般不考虑货币的时间价值和投资的风险价值。

（3）侧重点在于资源的使用效益即有效地组织企业现有的生产经营活动,合理利用经济资源。

经营决策的特点决定了其目标是经济效益的最大化。在其他条件不变的情况下,判定某决策方案优劣的主要标志就是看该方案能否使企业在一年内获得更多的利润。

二、经营决策的内容

经营决策的具体内容较多,概括地说主要包括生产决策和定价决策两大类。

生产决策是指短期(如一年)内,在生产领域,围绕是否生产、生产什么、怎样生产以及生产多少等方面问题而展开的决策。例如,新产品开发的品种决策、亏损产品的决策、多品种产品生产数量决策、生产工艺技术方案的决策、不确定条件下的生产决策等。

定价决策是指短期(如一年)内,在流通领域,围绕如何确定销售产品价格水平的问题而展开的决策。这种决策经常采用的方法有以成本为导向的定价方法、以需求为导向的定价方法、以特殊要求为导向的定价方法等。

三、经营决策必须考虑的重要因素

如上所述,经营决策既不需考虑货币的时间价值,也不需考虑投资的风险价值,影响经营决策的重要因素是相关收入和相关成本。"相关"是管理会计里的一个重要概念。所谓相关,是指由于接受某个备选方案而引起的,使得方案决策指标数额增加。

(一)相关收入

相关收入是指与特定决策方案相联系的、能对决策产生重大影响的、在经营决策中必须予以充分考虑的收入。如果某项收入只属于某个经营决策方案,即若有这个方案存在,就会发生这项收入,若该方案不存在,就不会发生这项收入,那么这项收入就是相关收入。

(二)相关成本

相关成本是指与特定决策方案相联系的、能对决策方案产生重大影响的、在经营决策中必须予以充分考虑的成本。这类成本都是目前尚未发生或支付的各种形式的未来成本,它们通常因决策产生而产生,随决策改变而改变,其内容完全取决于所要解决问题的特定内容。相关成本包括:差别成本、边际成本、机会成本、付现成本、重置成本、专属成本、可避免成本、可延缓成本等。

1. 差别成本

差别成本或称为差量成本,有广义和狭义之分。广义的差别成本是指两个备选方案的预期成本之间的差额。例如,某厂甲零件可自制,亦可外购。自制方案的预期成本为5 000元,外购方案的预期成本为4 000元,则自制与外购方案的差别成本为1 000元。

狭义的差别成本又称增量成本,是指单一决策方案由于生产能力利用程度不同而引起的不同产量水平下成本的差额。在一定条件下,某一决策方案的增量成本就是相关变动成本,增量成本是最基本的相关成本。

2. 边际成本

所谓边际成本,是指产量无限小的变化所引起的成本的变化数。由于现实生活中产量无限小的变化最小只能小到一个单位,小于一个单位就没有实际意义了,因此边际成本实际上是业务量变化一个单位相应的成本的变化数。

在相关范围内,增加或减少一个单位产品产量的差别成本、单位变动成本、边际成本三者取得一致。但是,如果超越了相关范围,由于差别成本和边际成本的变动可能包括固定成本和半变动成本的变动,它不等于变动成本,因此狭义的差别成本、变动成本与边际成本就不一致。

【例6-1】某企业有关成本资料如表6-1所示:

表6-1

项目	正常的生产能力		
生产能力利用率(%)	70	85	125
产品产量(件)	7 000	8 500	12 500
单位变动成本(元/件)	29	29	29
变动成本(元)	203 000	246 500	362 000
固定成本(元)	85 000	85 000	100 000
成本总额(元)	288 000	331 500	462 500

产量在7 000~8 500件范围内,狭义的差别成本是43 500元(331 500-288 000),就是变动成本相差43 500元(246 500-203 000),而产量每增减一件,其边际成本就是单位变动成本29元。但当产量突破8 500件,增加4 000件,达到12 500件时,狭义的差别成本是131 000元(462 500-331 500),不仅包括变动成本116 000元(362 500-246 500),还包括固定成本15 000元(100 000-85 000)。这时狭义的差别成本与变动成本不一致。

3. 机会成本

所谓机会成本,是指决策时从几个备选方案中选取某一方案而放弃次优方案所丧失的潜在利益,亦可定义为由于放弃某一机会而失掉的利益。例如,某厂生产甲产品需要A零件,该零件可利用剩余生产能力制造,也可外购。若自行制造,生产成本为5 000元;若外购,买价为8 000元,但外购时其剩余生产能力可以出租,租金收入为4 000元。这4 000元租金收入就是该厂选择自制方法将丧失的潜在利益,即选择自制A零件的机会成本。

机会成本这一概念是与资源的稀缺性和多用性相联系的。企业所拥有的某项有限资源往往有多种用途,即多种使用机会,但其用在某一方面就不能同时用于另一方面,因此,从许多可供选择的方案中权衡利害得失,选取最优方案,必然会有一些次优方案被放弃,有所"得"必有所"失"。已放弃的次优方案的"失",就是选取最优方案所付出的代价,即选取的最优方案的机会成本。已放弃的次优方案的"失"应能从所选用的最优方案的"得"中获得补偿,这也是正确判别最优方案是否最优的一个必要条件。

机会成本不构成实际支出,也无需记入账册,但它是正确进行决策分析必须认真考虑的现实因素,否则便会令决策失误。如上例,若不考虑机会成本,自制方案的成本为5 000元,外购方案的成本为8 000元,就会得出自制成本低于外购成本,自制方案为优的错误结论。只有考虑了机会成本后,才能做出自制成本(5 000 元+4 000 元=9 000 元)高于外购成本(8 000 元),外购方案优于自制方案的正确判断。

4. 付现成本

付现成本是指实施某项决策时,需要立即动用现金支付的成本。企业在经营决策中,如碰到本身货币资金紧张,而市场上筹措资金又比较困难时,特别要把付现成本作为考虑的重点。这时,决策者宁愿选择总成本较高但付现成本较低的方案。例如,某厂一条生产线损坏,急需购进,现有两种方案可供选择:一种方案是甲供应商按总价 500 000 元供应,但货款必须立即付清;另一种方案是乙供应商按总价 560 000 元供应,但交货时只需先付 20%货款,其余 80%的货款可以在未来 6 个月内平均分 6 次偿付。企业资金紧张,现金余额仅 12 000 元,预计近期内不可能从应收账款中收到现金,银行又不同意提供更多资金作贷款。据此,决策者必然会选取第二方案,即从乙供应商处购买,尽管其总价高于从甲供应商处购买,但其付现成本较低,企业目前的支付能力能够承受,多支出的成本也可以从早恢复生产而产生的收益中得到补偿。

5. 重置成本

重置成本是指目前从市场上购买同一资产所需支付的成本,亦称现行成本。例如,企业拟出售一批材料,原价 5 000 元,而该种材料的现行市价(重置成本)为 8 000 元。若定价 7 000 元,按历史成本(原价)考虑,可获利 2 000 元,但从重置成本考虑,则要亏损 1 000 元。由此可见,重置成本是决策分析时不可忽视的重要因素,尤其在定价决策中必须充分予以考虑。

6. 专属成本

专属成本是指那些能够明确归属于特定决策方案的固定成本或混合成本。专属成本往往是为了弥补生产能力的不足而增加的有关设备、工具等长期资产所发生的。例如,专门用来生产某种产品的设备的折旧额就是该种产品的专属成本。在决策分析时,决策者常将其与相关收入进行对比。

7. 可避免成本

可避免成本是指决策者的决策行为可以避免其发生或改变其数额的成本,如培训费、广告费以及与某项备选方案有直接联系的变动成本等。可避免成本是同某一特定的决策方案相联系的。成本是否发生、发生多少,完全取决于该特定方案是否被采用。

8. 可延缓成本

可延缓成本是指企业在受到资源稀缺的条件约束下,对其暂缓开支不会对企业未来的生产经营产生重大不利影响的那部分成本。

与相关成本相对立的概念是无关成本。无关成本是指与决策不相关联,在进行决策分析时无需考虑的成本。无关成本不会因决策产生而产生,也不因决策改变而改变,如沉没成本、共同成本、不可避免成本等。此外,有些相关成本,若在各备选方案中项目相同、金额相等,可视同无关成本,在决策分析时无需考虑,以简化决策的分析计算过程。

沉没成本(又称沉落成本)是指过去的成本支出。沉没成本即在决策前发生的成本,不是目前或将来决策所能改变的成本。例如,企业有一批积压商品,原价100 000元。现有两种处理方案:一种方案是直接出售;另一种方案是加工后再出售。在企业决定选择何种方案时,商品的原价100 000元就是沉没成本,因为现在的决策无法改变这一已经发生的事实。由于沉没成本已实质性地支出,且现在的决策无法改变,因此这项成本通常是决策的无关成本。

共同成本是指应由几种产品或几个部门共同负担的成本。例如,在一条生产线上生产甲、乙、丙三种产品,则该生产线的折旧额就是甲、乙、丙三种产品的共同成本。共同成本总额不会因某一产品停产而不发生,也不会因某一产品产量增加而增加,因此共同成本通常是对决策分析不存在影响的成本。

不可避免成本是与可避免成本相对应的,是指决策者的决策行为不能避免其发生或改变其数额的成本。不可避免成本与特定的决策方案没有直接联系,无论决策者选用何种方案,其成本照常发生,而且数量固定。约束性固定成本就属于不可避免成本。

不可延缓成本是与可延缓成本相对应的,是指企业在受到资源稀缺的约束条件下,对其暂缓开支就会对企业未来的生产经营产生重大不利影响的那部分成本。由于不可延缓成本具有较强的刚性,必须保证对它的支付,没有选择的余地。

第三节　经营决策常用的方法

一、经营决策的评价指标

如前所述,经营决策的目标是经济效益最大化。因此,进行方案评价时采用的指标主要有以下三种:

(一)利润(或收益)

利润即收入减去总成本。在经营决策中,我们可以只考虑相关收入和相关成本,计算收益指标,收益=相关收入-相关成本。

(二)边际贡献

当多个互斥方案均不改变现有生产能力、固定成本稳定不变时,固定成本为无关成本,则以边际贡献为评价指标。

如果决策方案中有专属固定成本的发生,则应从边际贡献中减去专属固定成本,称其为剩余边际贡献。剩余边际贡献既不是原来意义上的边际贡献,也不是最终利润,如果要算利润,还要减去分摊的原有固定成本。

(三)成本

当多个互斥方案均不存在相关收入或相关收入相同时,则以成本作为评价指标。

上述三个评价指标中,利润或收益是核心,边际贡献和成本是特殊情况下采用的指标。在固定成本为无关成本时,采用边际贡献指标;在不存在相关收入或相关收入相同时,采用成本指标。最终目的是使企业利润最大化。

二、经营决策常用的方法

在经营决策中,决策的内容不同,运用的具体分析方法也不同,总的来说,都是围绕上述三个指标来进行计算和评价。具体分析方法大体可以分为以下四种:

(一)相关分析法

相关分析法指在多个备选方案中,分别计算各方案的某一相关指标(收益、边际贡献或成本),根据各方案指标的大小来确定最优方案。收益、贡献毛益最大或成本最低的方案为最优方案。

只有一个方案,就某个相关指标进行计算,以确定是否采纳的过程,属于相关分析法的特殊情况。

(二)差别分析法

差别分析法也称差量分析法或差额分析法,是管理会计中最常用的决策分析方法。所谓差别,是指两个不同备选方案之间的差额。在计算两个备选方案的预期收入与预期成本差额的基础上,从中选出最优方案的方法,叫差别分析法。

差别分析法一般包括差别收入、差别成本和差别收益三个因素。差别收入是指两个备选方案预期收入之间的差额。差别成本是两个备选方案预期成本之间的差额。而差别收益则是差别收入与差别成本之间的差额。其分析的基本公式为:

差别收益=差别收入-差别成本

以甲方案减乙方案之差作比较:如差别收益为正数,说明甲方案较优;反之,如差别收益为负数,则乙方案较优。

在只有两个备选方案的情况下,差别分析法和相关分析法的本质完全相同,其结果也完全相同,只是计算顺序不同。为什么在经营决策中有时要采用差别分析法呢? 因为在经营决策中,原有的收入是无关收入,原有的成本是无关成本,在分析时不必计算全部收入和全部成本,只需要计算两个方案新增加的收入差别和成本差别就可以计算出收益差别,据此就可以做出正确决策。

(三)成本平衡点分析法

在备选方案业务量不能事先确定的情况下,特别是各备选方案的预期收入又相等的前提下,可通过计算成本平衡点来选择预期总成本较低的方案。这种决策分析方法称为成本平衡点法。

所谓成本平衡点,就是两个备选方案的预期成本相等时的业务量。确定了成本平衡点,就可以确定在一是业务量范围内哪个方案最优。例如,零件是自制还是外购,采用不同工艺进行加工等决策,都可以应用成本平衡点分析法。

(四)最优分析法

最优分析法是研究如何合理安排和分配有限的人力、物力、财力等资源,找出使资源充分发挥潜力、使评价指标最大或最小的方案的一种分析方法。解决这类问题需要微积分中最大最小值原理以及运筹学中线性规划、动态规划等高等数学方法。在最优分析法中,并不需要事先设计一个或几个备选方案,而是通过分析过程来形成一个最优方案。

除了上述四种方法外,在风险型决策分析中,还可将概率分析法与相关分析法结合使用,在不确定型决策分析中,还有大中取小法、小中取大法、大中取大法等。

第四节 生产决策

生产决策是企业经营决策的重要内容之一,这类决策通常解决以下三方面的问题:

(一)生产什么产品或提供什么劳务

企业为了增强竞争能力,准备开发新产品或推出新的服务项目时,必须确定究竟生产哪种产品,或提供哪种服务项目较为有利;企业使用同一设备可以生产几种产品时,必须确定究竟生产哪种产品可以获得最佳经济效益和社会效益。

(二)生产多少数量的产品

在成批生产的企业中,必须确定全年应分几批生产,每批生产多少数量产品最优;在生产多种产品的企业,必须确定选择最优的产品组合进行生产,以及在有风险和真正不确定性的情况下,产品产量或劳务量的确定方法等。

(三)如何组织和安排生产或提供劳务

企业在生产经营过程中,必须确定选择用什么工艺进行加工生产,根据什么标准分配生产任务才能提高企业的经济效益。

一、生产品种决策

(一)开发何种新产品决策分析

通过固定资产投资,扩大生产能力,发展新产品,属于长期投资决策问题,留待下一章讨论。在此只讨论有关企业利用现有或剩余生产能力,生产何种新产品的决策分析问题,包括几种新产品的选择问题,以及发展新产品与减少老产品的关系问题。

1. 不需追加专属成本,不影响原有产品正常生产时的决策分析

若企业利用现有或剩余生产能力开发新产品时,不需追加专属成本,亦不必减少老产品生产,在这种情况下,其开发新产品品种选择的决策分析可采用相关分析法。在不同的备选方案中,能提供边际贡献总额最多或单位时间提供的边际贡献最多的新产品生产方案,为最优方案。

【例6-2】某企业现有剩余生产能力为30 000机器台时,拟开发新产品,有关的生产能力成本(约束性固定成本)为15 000元,现有甲、乙两种新产品可供选择,只能生产其中一种。生产新产品时,不必追加专属成本,亦不影响原有老产品正常生产。甲、乙两种产

品的有关资料见表 6-2。

　　要求:进行开发何种新产品的决策分析。

表 6-2　　　　　　　　　　　　　甲、乙产品有关资料

项目	甲产品	乙产品
单价(元)	100	50
单位变动成本(元)	75	32
单位产品定额台时(台时)	5	3

　　由于固定成本 15 000 元是不可避免成本,为无关成本,故可采用相关分析法选择边际贡献较多的产品生产。

$$甲产品边际贡献总额 = (100-75) \times \frac{30\ 000}{5} = 150\ 000(元)$$

$$乙产品边际贡献总额 = (50-32) \times \frac{30\ 000}{3} = 180\ 000(元)$$

　　乙产品边际贡献总额比甲产品多 30 000 元,故企业应选择开发生产新产品乙。

　　2. 需要追加专属成本,同时亦减少原有产品的生产时的决策分析

　　若企业利用现有或剩余生产能力开发新产品时,既需追加专属成本,又需减少原有老产品生产,其开发新产品品种选择的决策可采用差别分析法或相关分析法。

　　【例 6-3】仍用【例 6-2】有关资料,但开发甲、乙两种产品都需要装备不同的专用模具,相应需要追加的专属成本分别为 4 000 元和 35 000 元。同时,需要减少原有 A 产品的产销量,如开发甲产品,A 产品须减少 25%;如开发乙产品,A 产品须减少 50%。原有老产品,A 产品的产销量为 8 000 件,单价为 60 元/件,单位变动成本为 40 元/件。

　　要求:做出开发何种产品的决策。

　　依题意可编制差别分析表如表 6-3 所示:

表 6-3　　　　　　　　　　　　　　　差别分析表　　　　　　　　　　　　　　单位:元

方案\项目	甲产品	乙产品	差异额
相关收入	100×30 000/5 = 600 000	50×30 000/3 = 500 000	100 000
相关成本	494 000	435 000	59 000
其中:变动成本	75×30 000/5 = 450 000	32×30 000/3 = 320 000	
专属成本	4 000	35 000	
机会成本	(60-40)×8 000×25% = 40 000	(60-40)×8 000×50% = 80 000	
差别收益			41 000

　　由表 6-3 可见,差别收益为 41 000 元,为正数,说明开发新产品甲比开发新产品乙多获利润 41 000 元,故考虑追加的专属成本和减少原有产品生产造成的损失后,企业应选

择开发新产品甲。

(二)亏损产品应否停产、增产或转产的决策分析

亏损产品的决策主要是指企业生产的多种产品中有一种出现亏损,对于该亏损产品,是应按原有规模继续生产,还是应停止其生产、转产其他产品或是扩大规模继续生产等问题所进行的决策。有关这类问题的决策分析可采用相关分析法。现分不同情况讨论如下:

1. 亏损产品应否停产的决策分析

(1)停产后闲置生产能力不能转移时应否停产的决策分析。所谓不能转移,是指停产后闲置的生产能力无法用于转产其他产品或对外出租。在这种情况下,只要亏损产品的销售收入高于变动成本,其边际贡献为正数,就应继续生产。一方面,无论其是否停产,固定成本仍然发生,且总额不变;另一方面,亏损产品提供的边际贡献是对企业盈利所做的贡献,可以弥补一部分固定成本。

【例6-4】某公司产销甲、乙、丙三种产品,其中乙和丙两种产品发生了亏损,有关资料见表6-4。要求分析评价乙和丙产品应否停产(假定停产后,乙和丙产品的生产能力无法转移)。

表6-4　　　　　　　　　　　利润表　　　　　　　　　　单位:元

项目＼品种	甲产品	乙产品	丙产品	合计
销售收入	200 000	300 000	100 000	600 000
减:变动成本	60 000	230 000	120 000	410 000
边际贡献	140 000	70 000	-20 000	190 000
减:固定成本	60 000	90 000	30 000	180 000
利润	80 000	-20 000	-50 000	10 000

由于全部固定成本180 000元,不论乙产品、丙产品是否停产,均会照常发生,故分析时采用边际贡献指标。

乙产品边际贡献为70 000元,可以为公司创造产品贡献,如果停产,公司总利润将变为:

80 000-90 000-50 000=-60 000(元)

公司利润将减少70 000元。所以,在生产能力无法转移的情况下,乙产品不应停产,而应该继续生产。

丙产品边际贡献为-20 000元,为负数,不能为公司创造产品贡献,如果停产,公司总利润将变为:

80 000-20 000-30 000=30 000(元)

公司利润将增加20 000元。所以,丙产品应停止生产。

(2)停产后闲置生产能力可以转移时应否停产的决策分析。生产能力可以转移是指

亏损产品停产后其闲置的生产能力可用于生产其他产品获利或对外出租获取租金收入。若亏损产品不停产,将会丧失这部分潜在利益,因此应作为不停产亏损产品的机会成本。在这种情况下,决策分析应考虑机会成本,即分析亏损产品提供的边际贡献总额是否大于机会成本。

【例6-5】仍用【例6-4】的有关资料,假定乙产品停产后,其生产能力可对外出租,每年可获租金收入80 000元。

要求:做出乙产品应否停产的决策。

因为乙产品提供的边际贡献为70 000元,小于生产能力机会成本80 000元,所以乙产品应停产并对外出租生产能力,这样可为公司增加利润10 000元。

亏损产品应否转产的决策分析,与上述停产后生产能力可移做他用的决策分析方法相同。因为转产实质上就是生产能力转移的一种方式,故不再重述。

2. 亏损产品应否增产的决策分析

亏损产品应否增产的决策,是指对是否应增加亏损产品的产销量以扭亏为盈或减少亏损所进行的决策。当然,应否增产的决策是针对能够提供正数边际贡献的亏损产品进行的。

(1)增产能力不能转移时应否增产的决策分析。若该亏损产品属于不应停产的亏损产品,就应当利用增产能力,增加该亏损产品的产销量以减少亏损或扭亏为盈。

若该亏损产品属于应该停产的亏损产品,即边际贡献大于零,但小于生产能力机会成本,若增产后,该亏损产品所能获得的边际贡献总额,能够大于原生产能力机会成本,就应增产该亏损产品。

【例6-6】仍用【例6-4】和【例6-5】中乙产品的有关资料,即由于乙产品所提供的边际贡献总额70 000元虽大于零,但仍小于生产能力机会成本80 000元,故应停产乙产品,出租其生产能力。现假设该企业有增产乙产品的生产能力,可增乙产品10%,倘若不增产乙产品,该生产能力无法转移。

要求:做出乙产品应否增产的决策。

增产后乙产品提供的边际贡献总额为:

70 000×(1+10%)= 77 000(元)

计算结果表明,增产10%以后,乙产品的边际贡献总额为77 000元,虽比增产前边际贡献总额70 000元有所增加,但仍低于生产能力机会成本,故乙产品不应增产,而仍应停产乙产品,并将其生产能力对外出租。

(2)增产能力可转移时应否增产的决策分析。在这种情况下,进行应否增产的决策分析时,必须考虑这种由于增产能力可利用而形成的机会成本。具体分析方法分别说明如下:

①当亏损产品为不应停产的亏损产品。只要增加的亏损产品所创造的边际贡献大于增产能力机会成本,该亏损产品就应该增产。

【例6-7】仍用【例6-4】的有关资料,企业亏损产品乙所提供的边际贡献总额为70 000元>0,该亏损产品为不应停产的亏损产品。假设企业现具备增产乙产品的生产能力,可增产乙产品30%。但该增产能力若不用于增产乙产品,可用于生产丁产品,获边际贡献总额10 000元。

要求:做出乙产品应否增产的决策。

乙产品增产30%创造的边际贡献额为:

70 000×30% = 21 000(元)

计算结果表明,因增加乙产品生产所创造的边际贡献总额21 000元大于增产能力机会成本10 000元,故应增产亏损产品乙。这样,公司可多获利11 000元(21 000-10 000=11 000元)。

②当亏损产品为应该停产的亏损产品,即亏损产品提供的边际贡献大于零,但小于生产能力机会成本,若增产后亏损产品所提供的边际贡献总额大于生产能力机会成本与增产能力机会成本之和,则该亏损产品应增产。

【例6-8】仍用【例6-5】的有关资料,公司亏损产品乙为应停产亏损产品,因为其所提供的边际贡献70 000元大于零,但小于生产能力机会成本80 000元。假定企业现具有增产乙产品的生产能力,可增产乙产品30%,但该增产能力若不用于增产乙产品,可用于生产丁产品,获边际贡献额10 000元。

要求:就乙产品应否增产做出决策。

增产后乙产品可提供的边际贡献总额为:

70 000×(1+30%) = 91 000(元)

生产能力机会成本与增产能力机会成本之和为:

80 000+10 000 = 9 000(元)

因为91 000元>90 000元

所以在这种情况下,企业应增产亏损产品乙,这样企业可多获利1 000元(91 000-90 000=1 000元)。

(3)企业不具备增产亏损产品的生产能力时应否增产的决策分析。

这种决策适用于以下情况:企业不具备增产亏损产品的生产能力,要达到增产亏损产品的目标,必须追加一定的专属成本。具体分析方法分别说明如下:

①当亏损产品为不应停产的亏损产品。只要增加的亏损产品所创造的边际贡献大于专属成本,该亏损产品就应该增产。

②当亏损产品为应该停产的亏损产品,即亏损产品提供的边际贡献大于零,但小于生产能力机会成本,若增产后亏损产品所提供的边际贡献总额大于生产能力机会成本与专属成本之和,则该亏损产品应增产。

【例6-8】仍用【例6-4】的有关资料,公司亏损产品乙为应停产亏损产品,因为其所提供的边际贡献70 000元大于零,但小于生产能力机会成本80 000元。企业为实现增产乙产品30%的目标,需购置一台通用设备,相关年折旧为10 000元。

要求:就乙产品应否增产做出决策。

增产后乙产品可提供的边际贡献总额为:

70 000×(1+30%)= 91 000(元)

生产能力机会成本与专属成本之和为:

80 000+10 000=9 000(元)

因为91 000元>90 000元

所以在这种情况下,企业应增产亏损产品乙,这样,企业可多获利1 000元(91 000-90 000=1 000元)。

(三)应否接受特殊价格追加订货的决策分析

所谓"特殊"价格,就是客户在订货时所出的价格等于或低于产品的正常单位成本。这种追加订货应否接受,一般运用差别分析法或相关分析法进行决策。

(1)当企业利用剩余生产能力接受追加订货而不减少原有正常的产销量时,若追加订货的收入超过变动成本,则可接受该项追加订货。

(2)当企业利用剩余生产能力接受追加订货,需要追加专用设备时,则要将追加设备所增加的专属固定成本作为相关成本考虑。

(3)当企业利用剩余生产能力,接受追加订货会影响原有产品的正常产销量时,应将因接受订货而减少的正常收入作为追加订货方案的机会成本。

(4)当企业剩余生产能力能够转移时,转产所能产生的收益应作为追加订货方案的机会成本。

【例6-9】设某企业生产甲产品,原来生产80 000件,设计生产能力可达110 000件,正常的单位售价为10元,单位变动成本5元,单位固定成本3元。要求:就以下各不相关情况作出应否接受特殊价格追加订货的决策分析。

(1)现有一客户增加订货20 000件,出价7.5元/件,剩余生产能力无法转移,追加订货不需要追加专属成本。

(2)现有一客户追加订货30 000件,出价7元/件,企业接受该追加订货需要追加一台专用设备,增加专属固定成本30 000元。

(3)现有一客户追加订货35 000件,出价8元/件,剩余生产能力无法转移。

(4)现有一客户追加订货40 000件,出价8元/件,企业若不接受订货可将设备出租,可获租金50 000元。

企业现有剩余生产能力30 000件(110 000-80 000=30 000件),特殊订货量只有20 000件,小于剩余生产能力,且剩余生产能力无法转移,追加订货不需要追加专属成本,在此情况下,因为特殊定价7.5元大于单位变动成本5元,所以可以接受此追加订货。

在此情况下,可对接受订货和拒绝追加订货两个方案采用差别分析法,具体计算分析见表6-5。

表 6-5 差别分析表 单位:元

项目＼方案	接受追加订货	拒绝追加订货	差异额
相关收入	30 000×7＝210 000	0	210 000
相关成本	180 000	0	180 000
其中:增量成本	30 000×5＝150 000	0	—
专属成本	30 000	0	—
差别收益			30 000

差别收益大于零,因此应接受追加订货。

追加订货 35 000 件,超出企业剩余生产能力 30 000 件,如果接受订货将减少正常销售量 5 000 件,此 5 000 件的正常销售收入应作为接受订货的机会成本,具体计算分析见表 6-6。

表 6-6 差别分析表 单位:元

项目＼方案	接受追加订货	拒绝追加订货	差异额
相关收入	35 000×8＝280 000	0	280 000
相关成本	200 000	0	200 000
其中:增量成本	(110 000−80 000)×5＝150 000	0	—
机会成本	5 000×10＝50 000	0	—
差别收益			80 000

差别收益大于零,因此应接受追加订货。

(4)追加订货 40 000 件,超出企业剩余生产能力 30 000 件,如果接受订货将减少正常销售量 10 000 件,此 10 000 件的正常销售收入应作为接受订货的机会成本。设备出租的租金也应作为接受订货方案的机会成本,具体计算分析见表 6-7。

表 6-7 差别分析表 单位:元

项目＼方案	接受追加订货	拒绝追加订货	差异额
相关收入	40 000×8＝320 000	0	320 000
相关成本	300 000	0	300 000
其中:增量成本	(110 000−80 000)×5＝150 000	0	—
机会成本	10 000×10＋50 000＝150 000	0	—
差别收益			−20 000

差别收益大于零,因此应接受追加订货。

(四)产品是否继续加工的决策分析

产品立即出售或是继续加工,是多步骤生产企业常碰到的问题。如半成品、联产品,既可以立即出售,也可以继续加工后再出售。究竟采用哪种方案能为企业带来更多的收益?解决此类问题,可采用差别分析法。

产品继续加工前所发生的成本为沉没成本,决策分析时不必考虑,只需考虑继续加工后预期增加的收入是否超过继续加工时所追加的成本(包括变动成本和专属固定成本等)。

【例6-10】某炼油厂从原油中提炼出的煤油,既可以直接出售,也可以进一步通过裂化加工为汽油和柴油后再出售。煤油经过裂化加工的收得率是:汽油80%、柴油15%、自然损耗率为5%。每吨煤油进一步加工的可分费用为800元。该厂现生产了400吨煤油,每吨生产费用为500元,进一步加工需增加固定成本15 000元。每吨煤油售价1 700元,每吨汽油售价3 200元,每吨柴油售价2 200元。

要求:做出是直接出售煤油还是进一步加工的决策分析。

如果进一步加工,400吨煤油可产出汽油320吨(400×80%),柴油60吨(400×15%),考虑与此相关的收入和成本,具体计算分析见表6-8。

表6-8   **差别分析表**   单位:元

项目＼方案	深加工	直接出售	差异额
相关收入……	320×3 200+60×2 200＝1 156 000	400×1 700＝680 000	476 000
相关成本	335 000	0	335 000
其中:可分成本	800×400＝320 000	0	—
专属成本	15 000	0	—
差别收益			141 000

差别收益大于零,应进一步加工。

二、产品生产数量决策

(一)产品最优组合决策分析

当企业利用现有生产能力生产两种或两种以上的产品时,由于企业的资源是有限的,即受到生产能力、材料供应、市场销售、资金等各种资源的限制,会遇到每种产品各生产多少才能使利润最大化,也即产品最优组合决策分析。

由于确定产品组合时,一般不改变现有生产能力,固定成本为无关成本,因此边际贡献最大的产品组合其利润也必然最大。通常以边际贡献最大作为评价方案优劣的标准。

产品最优组合决策采用的分析方法是最优分析法,经常采用的是线性规划法。

线性规划法的具体步骤如下:

（1）确定目标函数，并用方程式表示。目标函数就是使企业边际贡献最大的函数。

（2）确定约束条件，并用不等式表示。约束条件可以是企业的资源限制、质量限制或数量限制。

（3）将上述代数表达式描绘在直角坐标图上，并在图上确定可行解。

（4）在可行解中确定满足企业目标函数的组合，即最满意解。

【例6-11】某厂同时生产甲、乙两种产品，企业最大生产能力为54 000 机械工作小时，其他有关数据如表6-9所示：

表6-9　　　　　　　　　　　　　　有关数据

	甲产品	乙产品
单位产品售价（元）	30	20
单位变动成本（元）	20	12
单位产品机械工时（小时）	17	10
订货量（件）	2 500	2 000

要求：根据上列资料，确定应如何安排甲、乙两种产品的生产，才能使企业获得最佳效益。

设甲产品产量为 x，乙产品产量为 y，TCM 代表边际贡献。

（1）确定目标函数 $\max TCM = 10x + 8y$

（2）确定约束条件：$17x + 10y \leqslant 54\ 000$

$$x \leqslant 2\ 500$$

$$y \leqslant 2\ 000$$

$$x, y \geqslant 0$$

（3）确定可行解。将上述约束条件描绘在坐标图上，如图6-1所示。

图中 L_1、L_2、L_3 线与坐标轴 x、y 轴所围成的凸多边形 OABCD（图中阴影部分），即为可行域，可行域内任一点所对应的 x、y 值，均为能满足约束条件的产品组合。

（4）确定最优解，即确定产品生产的最优组合，可用两种方法求得：

①等利润线原理。将目标函数 $TCM = 10x + 8y$ 变换为：

$$y = \frac{TCM}{8} - \frac{10}{8}x$$

由此可知，目标函数所代表的直线斜率为 $-10/8$。据此，在图6-1上作一组平行线（以虚线表示），这些平行线称为等利润线。这些等利润线的截距为 $TCM/8$，显然截距越大，函数值越大。因此，只要在图6-1上的多边形 OABCD 范围内寻找一点，使通过该点的等利润线之纵截距最大。由图6-1可见，等利润线在 B 点正是满足这个条件的点，故B点所对应的 x、y 值，即甲产品产销2 000件，乙产品产销2 000件，为产品最优组合，在这一点企业的边际贡献最大：

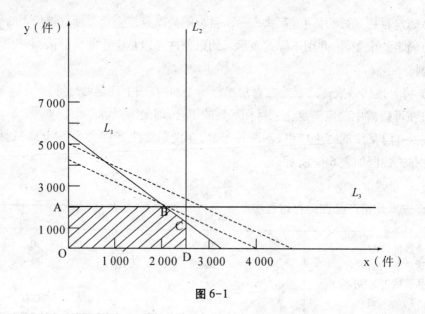

图 6-1

TCM = 2 000×10+2 000×8 = 36 000(元)

②顶点原理。从数学上可以证明,最满意解必定在凸多边形 OABCD 的顶点上。分别求出多边形 OABCD 各角点 O,A,B,C,D 所对应的 x,y 值:O(0,0),A(0,2 000),B(2 000,2 000),C(2 500,1 150),D(2 500,0)。

将上述求得的各角点的坐标值代入目标函数,便可求出各点的边际贡献,其中边际贡献最大的点所对应的 x,y 值即为产品最佳组合,现计算如下:

O 点:TCM = 10×0+8×0 = 0

A 点:TCM = 10×0+8×2 000 = 16 000(元)

B 点:TCM = 10×2 000+8×2 000 = 36 000(元)

C 点:TCM = 10×2 500+8×1 150 = 34 200(元)

D 点:TCM = 10×2 500+8×0 = 25 000(元)

上述计算结果可见,在 B 点边际贡献值最大,故该厂应安排生产甲产品2 000件、乙产品 2 000件,这时企业获得边际贡献总额最大,为 36 000 元。

(二)最优生产批量的决策分析

在成批生产产品的企业里,经常会遇到究竟每批生产多少数量、全年分几批生产最经济的问题。这就是"最优生产批量"的决策问题。

对这类问题进行决策分析,主要应考虑两个因素,调整准备成本和储存成本,即要确定一个适当的生产批量,使其全年的调整准备成本与全年的平均储存成本之和最低。因此,其决策分析方法又可称为"最低成本法"或"经济生产批量法"。

调整准备成本是指在每批产品投产前,需要进行一些调整准备工作而发生的成本。例如,调整机器,清理现场,准备工、卡、模具,布置生产线,下达派工单,领取原材料,准备生产作业记录与成本记录等所发生的成本。在全年产量已定的情况下,生产批量与生产批次成反比。调整准备成本每次发生额基本相等,因此年调整准备成本与生产批次成正比,与生产批量成反比。投产批数越多,调整准备成本越高,反之,越低。用公式表示为:

年调整准备成本$=S\cdot n$

$$=S\cdot A/Q$$

式中:S——每批产品的调整准备成本;

　　A——某产品的全年需要量;

　　Q——每批产品产量;

　　n——批数。

储存成本是指产品在储存过程中所发生的各种成本,如仓储费,搬运费用,仓库及其设备的维修费、折旧费、保险费,保管人员工资,利息支出,自然损耗等。这类成本与批数多少无直接联系,而与每批产量的多少成正比。批量越大,年储存成本越高,反之,则越低。用公式表示为:

$$年储存成本 =\frac{1}{2}Q(1-\frac{d}{p})C$$

式中:C——单位产品的全年储存成本;

　　d——每天领用量;

　　p——每天生产量。

显然,调整准备成本和储存成本是性质相反的两类成本,在全年产量一定的情况下,减少投产批数虽可以降低全年调整准备成本,但投产批数减少,必然增加每批批量,从而增加全年的平均储存成本。要确定其最优生产批量,通常采用公式法。

企业成批生产一种零件或产品时,根据上述调整准备成本和储存成本的概念和计算公式知,全年总成本的计算公式为:

$$T=S\cdot A/Q+\frac{1}{2}Q(1-\frac{d}{p})C$$

用微分求极值的方法计算如下:

以 Q 为自变量,求 T 的一阶导数 T':

$$T'=\frac{1}{2}(1-\frac{d}{p})C-\frac{AS}{Q^2}$$

令 $T'=0$,则有:

$$\frac{1}{2}(1-\frac{d}{p})C-\frac{AS}{Q^2}=0$$

所以最优生产批量 $Q^*=\sqrt{\dfrac{2AS}{C(1-\dfrac{d}{p})}}$

据此,亦可推得:

$$最优生产批次 = \frac{A}{Q^*} = \sqrt{\frac{AC(1-\dfrac{d}{p})}{2S}}$$

$$最优生产批量下的全年总成本\ T^* = \sqrt{2ASC(1-\frac{d}{p})}$$

【例6-12】设某厂全年需生产甲零件36 000个,专门生产甲零件的设备每天能生产150个,每天一般领用120个。每批调整准备成本为288元,单位零件全年的平均储存成本为2元。

$$最优生产批量\ Q^* = \sqrt{\frac{2AS}{C(1-\dfrac{d}{p})}}$$

$$= \sqrt{\frac{2\times36\,000\times288}{2\times(1-\dfrac{120}{150})}}$$

$$= 7\,200(个)$$

$$最优生产批数 = \frac{A}{Q^*} = \frac{36\,000}{7\,200} = 5(批)$$

$$最优生产批量的全年总成本(T^*) = \sqrt{2ASC(1-\frac{d}{p})}$$

$$= \sqrt{2\times36\,000\times288\times2\times(1-\frac{120}{150})}$$

$$= 2\,880(元)$$

三、产品生产安排的决策

(一)零部件应自制还是外购的决策分析

零部件应自制还是外购是企业经营中经常碰到的问题。自制和外购零部件组成产品后所获得的预期收入是相同的,在决策分析时无需考虑两方案的预期收入,只需考虑两方案的预期成本,择其低者作为最优方案。

首先要分析哪些成本是与决策相关的成本。如果自制需要追加专属固定成本,则追加的专属固定成本是与决策相关的成本,而原有的固定成本则是与决策无关的成本。自制的另一个相关成本是变动生产成本,如果自制生产能力可以转移,还要考虑与此相关的机会成本。外购方案的相关成本一般包括买价、运输费用和采购费用等。

1. 需用量确定,自制或外购的决策分析

在需用量确定的情况下,一般采用相关成本分析法。

【例6-13】某企业年需要甲零件10 000个,可以自制也可以外购。外购单价20元,每件运费1元,外购一次的差旅费2 000元,每年采购2次。自制单位产品成本22元,其中直接材料费8元,直接人工费6元,变动制造费用3元,固定制造费用5元。自制每月需要增加专属固定成本3 000元。如果外购,生产甲零件的设备可以出租,每年可获租金10 000元。要求做出甲零件是自制或外购的决策分析。

自制方案中,直接材料费、直接人工费、变动制造费用属于相关成本,而分摊的固定制造费用为无关成本,每月增加的专属成本是相关成本,出租设备可获租金是自制方案的机会成本。外购方案中,购价、运输费是变动成本,差旅费是固定成本,此三项费用均是与决策相关的成本。具体决策分析见表6-10。

表6-10 相关成本分析表 单位:元

项目 ＼ 方案	自制	外购
变动成本	10 000×(8+6+3)=170 000	10 000×(20+1)=210 000
专属成本	3 000×12=36 000	2 000×2=4 000
机会成本	10 000	
相关成本合计	216 000	214 000

外购方案比自制方案成本低,故选择外购。

2. 需用量不确定,自制或外购的决策分析

当零部件需用量不确定时,其自制或外购的决策分析可采用成本平衡点法。

【例6-14】某企业生产甲产品需用A零件,过去A零件一直是外购,每件A零件外购单价为24元。现该企业尚有部分剩余生产能力可以生产A零件,据会计部门预测,每件A零件的直接材料、直接人工及变动制造费用为18元,但每年需增加专属固定成本18 000元。要求作出该企业对A零件是自制还是外购的决策。

设全年需要x件A零件为自制和外购方案的"成本平衡点"。

外购方案的预期成本 $y_1 = a_1 + b_1 x = 0 + 24x$

自制方案的预期成本 $y_2 = a_2 + b_2 x = 18\ 000 + 18x$

当外购方案与自制方案成本相等时,即 $y_1 = y_2$

$0 + 24x = 18\ 000 + 18x$

$x = 3\ 000$(件)

根据两方案的数据作图,见图6-2。

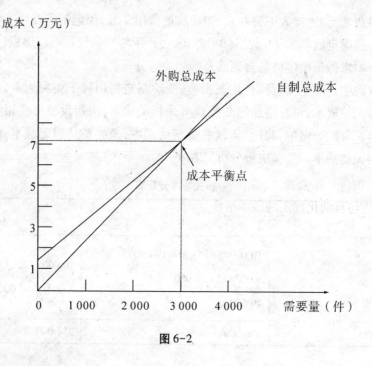

图 6-2

从图 6-2 可以看出：

若 x = 3 000 件，则 $y_1 = y_2$，两个方案成本相等，均可行；

若 x > 3 000 件，则 $y_1 > y_2$，自制方案为优；

若 x < 3 000 件，则 $y_1 < y_2$，外购方案为优。

(二)产品采用何种生产工艺加工的决策分析

生产工艺是指加工制造产品或零件所使用的机器、设备及加工方法的总称。工业企业对于同一种产品或零件的生产，往往可以采用不同的生产工艺，如既可以用手工操作，又可以采用半机械化、机械化或自动化生产方式。

采用不同的生产工艺，其成本往往差异很大。一般来说，越先进的生产工艺，其固定成本越高，单位变动成本越低。对于先进的生产工艺，除非产销量较大，可以降低单位产品中的固定成本，否则不宜采用。因此，采用何种生产工艺进行加工，产量成为最佳的判断标准。先计算不同生产工艺进行加工的成本平衡点，再以此为基础，作出采用何种工艺技术加工的决策。

【例 6-15】某企业计划投产某种新产品，其生产工艺可采用半机械化、机械化或自动化三种，预计的成本资料如表 6-11 所示：

表 6-11　　　　　　　　　　　　　　　　　　　　　　　　　　单位:元

项目 工艺方案	单位变动成本	固定成本
半机械化	80	30 000
机械化	40	60 000
自动化	20	120 000

根据上述资料,作出该产品应采用何种生产工艺的决策分析。

设半机械化与机械化加工的成本平衡点为 x_1,机械化与自动化加工的成本平衡点为 x_2,半机械化与自动化加工的成本平衡点为 x_3。

依题意,有:

$30\ 000+80x_1=60\ 000+40x_1$

$120\ 000+20x_2=60\ 000+40x_2$

$30\ 000+80x_3=120\ 000+20x_3$

解得:$x_1=750$(件),$x_2=3\ 000$(件),$x_3=1\ 500$(件)。

根据上述资料作图,见图 6-3。

由图 6-3 可知:当该产品年产销量低于 750 件时,宜选择半机械化生产;当该产品年产销量大于 750 件但小于 3 000 件时,宜选择机械化生产方式;当该产品年产销量超过 3 000件时,则应采用自动化生产方式。

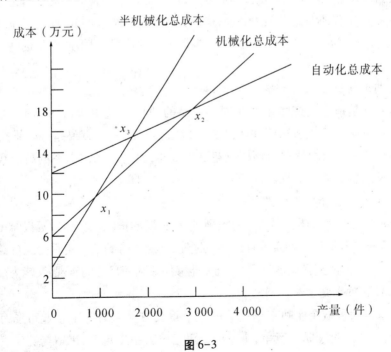

图 6-3

第四节 定价决策

一、定价决策的范围及目标

在高度发达的市场经济环境中,价格可分为垄断价格、完全自由竞争市场价格和非完全自由竞争市场价格(即企业可控制价格)三类。垄断价格是由政府硬性规定的价格或大企业财团对垄断商品规定的价格。对于这类价格,企业只有执行的义务,没有改变的权利和能力,因而不存在自行定价的必要与可能。完全自由竞争价格是完全由市场整体供求规律支配所形成的价格,对于个别企业来说,不可能控制产品价格。换言之,对于个别企业来说,只能接受市场上已经客观形成的价格,因为其销量不可能大到足以打破市场总体已经形成的供求平衡关系。企业只有根据市场客观的供求规律去测定均衡价格,并自觉地执行,而不存在自行定价的必要与可能。非完全自由竞争价格又称企业可控制价格,是指企业可自行决定的价格。只有这类价格才属于管理会计中定价决策的范围。

确定定价目标是每一个企业制定产品价格的首要过程。所谓定价目标,就是每一个产品的价格在实现以后应达到的目的。企业的定价目标一般有以下几种:

(一)利润最大化

追求利润最大化是多数企业定价的最基本目标,也是最终目标。这里所指的最大利润是指长期最大利润,而不是短期最大利润;是指全部产品的最大利润,而不是单一产品的最大利润。因此,企业为了实现这一目标,往往根据不同的情况,对不同产品选择不同的定价目标。

(二)保持和提高市场占有率

市场占有率是指企业产品销量在同类产品的销售总量中所占的比重,也称市场份额。它是反映企业经营状态好坏和产品竞争能力强弱的一个重要指标。维持和提高市场占有率对企业来说有时比获得预期收益更为重要,因为市场占有率的高低直接影响企业今后能否长期稳定地获得收益。

(三)实现目标投资报酬率

任何企业对投资都希望获得预期的报酬,且是长期的报酬。目标投资报酬率是企业经常采用的注重长期利润的一种定价目标,是根据投资期望得到的一定百分比的纯利或毛利为目标。目标利润率的选择应慎重研究,既要能够保证利润目标的实现,又能为市场接受。

(四)应付和防止竞争

价格竞争是大多数企业间市场竞争的一个重要方面。对与本企业市场有决定性影响的竞争者,为了应付和防止竞争,企业可紧跟竞争对手来定价,采取与竞争者相同的价格,也可采取低于或高于竞争者的价格。当竞争对手改变价格时,企业也应相应调整价格,以应付或避免竞争。

企业的定价目标是多种多样的,在实践中,有的企业定价目标往往是多目标的综合运用。

二、以成本为导向的定价决策方法

(一)成本加成定价法

成本加成定价法是指在单位产品成本的基础上,按一定的加成率计算相应的加成额,进而确定商品价格的方法。其价格确定的通用模型为:

价格=单位产品成本+加成额

　　　=单位产品成本×(1+加成率)

成本加成率=加成内容相关成本×100%

由于成本计算有全部成本法与变动成本法之分,按两种不同的成本计算法所求得的单位产品成本的内涵各不相同。因此,其加成的内容也各有差异,故成本加成定价法又可分为完全成本加成定价法和变动成本加成定价法。

1. 完全成本加成定价法

采用完全成本加成定价法,其作为基础的"成本"是单位产品的制造成本,"加成"内容包括期间费用(销售费用、管理费用和财务费用)及目标利润。其计算公式为:

产品单价=单位产品制造成本×(1+加成率)

$$其中:加成率=\frac{目标利润+期间费用}{预计产量×单位产品制造成本}×100\%$$

$$=\frac{销售毛利}{预计产量×单位产品制造成本}×100\%$$

$$=\frac{投资额×期望投资报酬率+期间费用}{预计产量×单位产品制造成本}×100\%$$

【例6-16】某企业拟投资300万元生产甲产品,根据市场调查,甲产品预计每年销售50万件,甲产品单位成本的有关资料见表6-12。该企业期望的投资报酬率为25%。要求采用完全成本加成定价法确定甲产品销售价格。

表6-12　　　　　　　　　　甲产品单位成本资料　　　　　　　　单位:元

项目	金额
直接材料费	6
直接人工费	4
变动制造费用	3
固定制造费用	7
变动销售及管理费用	2
固定销售及管理费用	1
单位产品成本合计	23

甲产品单位产品制造成本 = 6+4+3+7 = 20（元）

期间费用 = 50×（2+1）= 150（万元）

$$加成率 = \frac{300×25\%+150}{50×20}×100\% = 22.5\%$$

甲产品单价 = 20×（1+22.5%）= 24.5（元）

故甲产品销售价格可确定为 24.5 元。

2. 变动成本加成定价法

采用变动成本加成定价法，其作为基础的"成本"是单位产品的变动成本，加成内容包括全部固定成本和目标利润。其计算公式为：

产品单价 = 单位产品变动成本×（1+加成率）

$$其中：加成率 = \frac{目标利润+固定成本}{预计产量×单位产品变动成本}×100\%$$

$$= \frac{边际贡献}{变动成本总额}×100\%$$

$$= \frac{边际贡献率}{变动成本率}×100\%$$

$$= \frac{投资额×期望投资报酬率+固定成本}{预计产量×单位产品变动成本}×100\%$$

【例 6-17】仍沿用【例 6-16】的资料，要求采用变动成本加成定价法确定甲产品销售价格。

甲产品单位变动成本 = 6+4+3+2 = 15（元）

固定成本 = 50×（7+1）= 400（元）

$$加成率 = \frac{300×25\%+400}{50×15}×100\% = 63.33\%$$

甲产品单价 = 15×（1+63.33%）= 24.5（元）

成本加成定价，应用范围较广，由于加成率可以沿用标准产品的有关指标，故在长期定价时，运用此法简便、易行。

三、以市场需求为导向的定价决策方法

受市场供求规律调节，产品售价与销量之间有着密切的关系，一般来说，价格提高往往会直接影响产品需求，使销售量减少，反之，销量上升。以市场需求为导向的定价方法又叫按需定价的方法，这种定价优先考虑的是消费者对价格的接受程度，企业必须研究什么样的价格才能使企业的产品销售不仅符合社会需求，又能给企业带来最佳效益。

以市场需求为导向的定价方法中主要介绍边际分析法。

边际成本是指销售量每增加一个单位所增加的成本；边际收入是指销售量每增加一个单位所增加的销售收入。边际收入与边际成本的差额称为边际利润，表示销售量每增

加一个单位所增加的利润。

从数学角度看,边际成本是以销售量为自变量的销售成本函数的一阶导数,边际收入是以销售量为自变量的销售收入函数的一阶导数,边际利润是以销售量为自变量的销售利润函数的一阶导数。按微分极值原理,当边际利润为零,边际收入等于边际成本时,此时的利润达到极大值,这时的价格就是最优价格。

在现实生活中,由于收入函数、成本函数有连续型和离散型之分,故边际分析法有公式法和列表法两种具体应用形式。

(一)公式法

公式法是指当收入和成本函数均为连续可微函数时,可直接通过对利润函数求一阶导数,当边际收入等于边际成本时利润最大,进而求得最优售价的方法。举例说明如下:

【例6-18】某企业生产甲产品,经预测其收入函数为 $TR = 80x - 0.02x^2$;成本函数为 $TC = 70 + 20x + 0.01x^2$。用公式法求最优售价。

边际收入 $MR = 80 - 0.04x$

边际成本 $MC = 20 + 0.02x$

令 $MR = MC$,即 $80 - 0.04x = 20 + 0.02x$

解得 $x = 1\,000$(件),该点就是使利润最大的销售量。

此时,产品售价 $P = \dfrac{TR}{x} = 80 - 0.02x = 80 - 0.02 \times 1\,000 = 60$ 元

故甲产品最优售价为60元。

(二)列表法

当收入和成本函数均为离散型函数,可通过列表计算找到使利润最大的销售量和单价。

【例6-19】某企业生产的丙产品准备投放市场,丙产品的有关销售和成本资料见表6-13。试确定最优价格。

表6-13　　　　　　　　　丙产品有关资料　　　　　　　金额单位:元

销售价格	预计销售量(件)	固定成本	单位变动成本
60	4 000	60 000	20
55	4 800	60 000	20
50	5 800	60 000	20
45	7 000	80 000	20
40	8 000	80 000	20
35	8 500	80 000	20

根据上述资料,编制分析计算表,见表6-14。

表6-14　　　　　　　　　　　　　　分析计算表　　　　　　　　　　　　　金额单位:元

价格	销售量	销售收入	边际收入	固定成本	变动成本	总成本	边际成本	边际利润	利润
60	4 000	240 000	—	60 000	80 000	140 000	—	—	100 000
55	4 800	264 000	24 000	60 000	96 000	156 000	16 000	8 000	108 000
50	5 800	290 000	26 000	60 000	116 000	176 000	20 000	6 000	114 000
45	7 000	315 000	25 000	80 000	140 000	220 000	44 000	−19 000	95 000
40	8 000	320 000	5 000	80 000	160 000	240 000	20 000	−15 000	80 000
35	8 500	297 500	−22 500	80 000	170 000	250 000	10 000	−32 500	47 500

由上表可知,当销售量为5 800件,价格为50元时,边际收入最接近边际成本,此时的利润最大,为114 000元。因此,丙产品每件定价50元为最优价格。

四、特殊环境下的定价决策方法

这里的特殊环境是指企业面临闲置生产能力、市场需求发生了变化或参加订货会议以及投标活动过程中遇到强劲的竞争对手等环境。此时企业所采用的定价基本上属于一次性的。解决这类定价决策问题可采用本量利分析法。

（一）极限定价法

极限定价法是指企业把事先确定的一定单位成本标准作为定价决策的最低价格极限的一种定价方法。

在企业面临闲置生产能力且无法转移时,追加订货的最低极限价格就是单位变动成本。只要单位产品价格不低于这种极限价格,对企业来说就是有利可图的或损失最小的。

（二）保本定价法

从长期的角度看,如果企业要保本,其产品价格就是保本价格,即盈亏临界点价格。保本价格的公式为:

$$保本价格 = 单位变动成本 + \frac{固定成本}{预计销量}$$

（三）保利定价法

企业的经营目标最终是为了获利,如果企业要实现预期利润,其产品价格就是保利价格,即实现目标利润的价格水平。保利价格的公式为:

$$保利价格 = 单位变动成本 + \frac{固定成本 + 目标利润}{预计销量}$$

后两种方法可应用于企业在市场需求发生了变化或参加订货会议以及投标活动过程中迅速报出基于不同销售量或订货量下的产品价格。

【例6-20】某企业生产甲产品,单位变动生产为40元,固定成本总额为10 000元。现该企业准备参加订货会,此行的目的是实现目标利润20 000元,要求提供销售量在

2. 某企业每年需用 A 零件 2 000 件，原由金工车间组织生产，年总成本为 19 000 元，其中，固定生产成本为 7 000 元。如果改从市场上采购，单价为 8 元，同时将剩余生产能力用于加工 B 零件，可节约外购成本 2 000 元。为企业作出自制或外购 A 零件的决策，并说明理由。

3. 某公司生产甲产品，甲产品产量为 500 件时的有关成本费用资料如下：直接材料 20 000 元，直接人工 11 000 元，变动性制造费用 12 000 元，固定性制造费用 10 000 元，固定性销售及管理费用 1 800 元。已知该公司计划实现 30 000 元的目标利润。分别按完全成本法和变动成本法下的成本加成定价法确定目标售价。

4. 某公司生产两种简易家具：衣柜和书桌。生产这两种产品需要人工工时和机械工时。该公司用于生产衣柜和书桌的生产工人有 4 名，机械有 2 台，每台机械必须有人工操作。根据劳动部门规定每人每天最大工时为 8 个小时，每年最多有 250 个工作日。其余相关资料如下表所示：

项目	衣柜	书桌
单价(元)	80	45
单位变动成本(元)	28	20
单位人工工时(小时)	8	4
单位机械工时(小时)	6	1
市场规模	800(个)	1 000(张)

请为该公司安排今年的生产计划。

5. 某企业只生产一种产品，全年最大生产能力为 1 200 件。年初已按 100 元/件的价格接受正常任务 1 000 件，该产品的单位完全生产成本为 80 元/件(其中，单位固定生产成本为 25 元)。现有一客户要求以 70 元/件的价格追加订货。请考虑以下不相关情况，为企业做出是否接受低价追加订货的决策，并说明理由。

(1)剩余能力无法转移，追加订货量为 200 件，不追加专属成本；

(2)剩余能力无法转移，追加订货量为 200 件，但因有特殊要求，企业需追加 1 000 元专属成本；

(3)剩余能力无法转移，追加订货量为 200 件，不追加专属成本，但剩余能力可用于对外出租，可获租金收入 5 000 元；

(4)剩余能力无法转移，追加订货量为 300 件，因有特殊要求，企业需追加 900 元专属成本。

6. 某企业常年生产需用的某部件以前一直从市场上采购。采购量在 5 000 件以下时，单价为 8 元；达到或超过 5 000 件时，单价为 7 元。如果追加投入 12 000 元专属成本，就可以自行制造该部件，预计单位变动成本为 5 元。为企业做出自制或外购 A 零件的决策，并说明理由。

第七章

存货决策

本章重点介绍了存货的成本及如何确定经济订货批量,此外还就存货日常管理控制进行了阐述。

第一节 存货决策概述

一、建立存货的目的

存货是指企业在生产经营过程中为销售或耗用而储存的各种物资。在商业企业,存货包括各种商品和非商品存货;在工业企业,存货主要由原材料存货、在产品存货和产成品存货三类构成。

存货对绝大多数企业来说是必需的。建立存货的目的主要有:

第一,建立存货是满足经营活动的连续性的要求。在生产和销售过程中可能出现意外情况,如供应商不能保证按时交货、运输部门不能保证按时到货、订货量突增等,保持适量存货可为供需不平衡提供缓冲,保证生产经营活动连续进行。

第二,建立存货可以降低成本。批量采购和生产能提高企业各部门的效率,降低成本费用,同时批量进货可以获得商业折扣,节省运输费用。

第三,建立存货可以增强企业适应市场变化的能力。企业适量储存材料存货,在通货膨胀时能使企业暂时避免市场物价上涨的冲击,使产品具备成本优势。企业适量的产成品存货能有效地供应市场,满足顾客需要,提高市场占有率。

二、存货的成本

企业建立存货有一定代价,即要承担存货成本。存货成本是企业储备一定量的存货而发生的费用支出,包括采购成本、订货成本、储存成本、缺货成本。

(一)采购成本

采购成本是由购买存货而发生的买价和运杂费构成的成本,其总额取决于采购数量和单位采购成本。采购成本与存货需求总量有关,而与采购次数无关。

(二)订货成本

订货成本是指采购订货过程中所需支付的全部费用,包括采购人员的工资、采购部门的一般性费用(如办公费、水电费、折旧费等),以及进行订货而发生的业务费(如差旅费、邮电费、检验费等)。订货成本按其与订货次数的关系可分为固定订货成本和变动订货成本两部分。固定订货成本是维持采购部门一定采购能力而发生的费用,如采购人员的工资等。这部分费用在一定期间内,不随订货次数变动,具有相对稳定性;另一部分费用,如订货的业务费等,是每次订货发生的费用,随订货次数的变动而成比例变动,称为变动订货成本。

(三)储存成本

储存成本指物资在储存过程中所发生的全部费用,如占用资金的利息、仓库固定资产折旧费、仓库储存费、保管费,以及物资在储存中的短缺损坏费用等。储存成本按其与储存量的关系可分为固定储存成本和变动储存成本。固定储存成本是在一定储存量范围内、一定时期内总额不变的成本。变动储存成本是成本总额随储存数量和储存时间长短而成比例变动的那部分成本。

订货成本、储存成本中的固定成本和变动成本,一般采用前面介绍的高低点法、散布图法或回归分析法进行成本分解。

(四)缺货成本

缺货成本是指因存货不足而给企业造成的损失,如由于材料供应中断造成的停工损失、成品供应中断导致延误发货的信誉损失及丧失销售机会的损失等。缺货成本是否作为决策的相关成本,应视具体情况而定。若企业允许缺货,则缺货成本会随库存量增加而减少,属于决策相关成本;若企业不允许缺货,则缺货成本为决策无关成本。

三、存货决策的内容和目标

如上所述,企业存货过多必然增加存货成本,占用大量流动资金;存货不足会影响企业的正常生产与经营,使企业生产经营遭受损失,减少利润。因此,进行存货决策使存货始终保持在一个最佳水平,是企业管理中的一个重要课题。存货决策的内容包括存货订货批量和进货时间的问题。所谓订货批量,是指每次采购或生产投入的数量。

存货决策的目的是在保证生产和销售需要的前提下使存货的有关成本达到最低,而收入和盈利达到最高。

第二节　经济订货批量基本模型及其扩展模型

经济订货批量简称经济批量,是指在一定时期内能够使存货的总成本达到最低点的进货数量。

一、经济订货批量基本模型

(一)建立经济订货批量基本模型的假设条件

建立经济订货批量基本模型的假设条件如下：

(1)全年需求总量固定不变,且可以预测,不存在商业折扣,即存货单价稳定不变,为已知常量。

(2)需要存货时,均能一次到货,而不是陆续到货。

(3)需要存货时,均能瞬时供货,即交货期为零。

(4)存货的消耗是连续的、均匀的。

(5)不允许缺货现象发生,即无缺货成本。

根据上述假定,存货库存情况如图7-1所示:

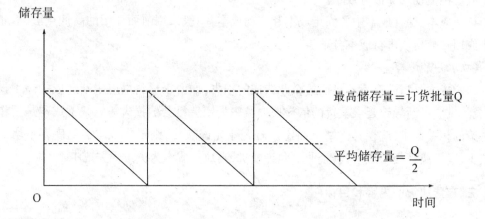

图7-1 基本模型存货储存情况图

(二)经济订货批量的公式法

为了推导计算经济订货批量的数学模型,做如下假设:

D——某种存货年需要量;

Q——订货批量;

Q^*——经济订货批量;

P——单位采购成本;

K——每次订货的变动订货成本;

C——单位存货年储存成本;

T——经济订货批量相关总成本。

根据基本模型的假设条件和存货经济批量相关的成本只有变动订货成本和变动储存成本。变动订货成本随订货次数成比例变动,订货次数可表示为$\dfrac{D}{Q}$;变动储存成本随储存数量成

比例变动,如图 7-1 所示,平均储存数量为 $\frac{Q}{2}$。因此,有:

$$T=\frac{D}{Q} \cdot K+\frac{Q}{2} \cdot C$$

以 Q 为自变量,求函数 T 的一阶导数并令其为零:

$$T'=-\frac{D}{Q^2} \cdot K+\frac{C}{2}=0$$

解得,经济订货批量 $Q^*=\sqrt{\frac{2DK}{C}}$,则有:

相关最低总成本 $T^*=\sqrt{2DKC}$

最佳订货次数 $N^*=\frac{D}{Q^*}$

最佳订货周期 $t^*=\frac{360}{N^*}$(天)

经济批量占用资金 $=\frac{Q^*}{2} \cdot P$

【例 7-1】某公司预测明年需耗用甲材料 6 000 千克,单位采购成本为 15 元,单位年储存成本为 9 元,平均每次进货费用为 30 元,假设该材料不存在缺货情况。要求计算甲材料的经济订货批量、全年相关最低总成本、全年最佳订货次数、最佳订货周期、经济批量占用资金。

依题意,有:

$$T=\frac{6\ 000}{Q}\times30+\frac{Q}{2}\times9$$

则,经济订货批量 $Q^*=\sqrt{\frac{2\times6\ 000\times30}{9}}=200$(千克)

相关最低总成本 $T^*=\sqrt{2\times6\ 000\times30\times9}=1\ 800$(元)

最佳订货次数 $N^*=\frac{6\ 000}{200}=30$(次)

最佳订货周期 $t^*=\frac{360}{30}=12$(天)

经济批量占用资金 $=\frac{200}{2}\times15=1\ 500$(元)

(三)经济订货批量的图解法

变动订货成本随订货批量的增大呈递减状态,变动储存成本随订货批量的增大而呈递增状态,两者之和即经济批量相关总成本必有极小值。将上述三个成本描绘在坐标图上,如图 7-2 所示:

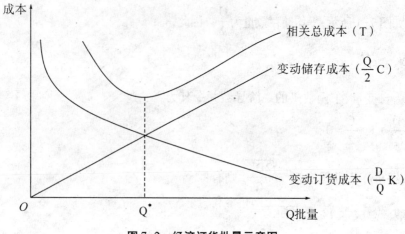

图 7-2　经济订货批量示意图

从图 7-2 可以看出,经济订货批量就是总成本曲线的最低点,此点恰好是年变动储存成本与年变动订货成本相等时的订货量。

二、经济订货批量基本模型的扩展

经济订货批量基本模型是建立在一系列假设条件上的,但在现实经济生活中很难同时满足。下面就假设条件不能满足时逐一讨论如下:

(一)存在商业折扣

为了鼓励客户购买更多的商品,企业通常会对大量购买商品给予不同程度的价格优惠,即实行商业折扣。此时,单位采购成本会随着订货批量的增加而减少,因此采购成本也成为决策相关成本。公式如下:

$$T=\frac{D}{Q} \cdot K+\frac{Q}{2} \cdot C+D \cdot P$$

计算经济订货批量可按如下步骤进行:

(1)按照基本经济进货模型确定经济订货批量;

(2)计算按照经济订货批量进货时的存货相关总成本;

(3)计算按给予商业折扣的订货批量进货时的存货相关总成本;

(4)比较不同订货批量的存货相关总成本,最低存货总成本对应的订货批量即为实行商业折扣的经济订货批量。

【例 7-2】某企业的 A 零件全年需要量为 1 500 个,每件每年储存成本 0.5 元,每次订货费用 60 元。供应商规定,每次订货量不足 500 个时,单价为 50 元;超过 500 个时,可获 2% 的价格优惠;超过 1 000 个时,可获 3% 的价格优惠。计算该企业的经济订货批量。

依题意,有:

$$T=\frac{1\ 500}{Q} \times 60+\frac{Q}{2} \times 0.5+1\ 500 \times P$$

计算不考虑商业折扣时的经济订货批量如下：

$$Q^* = \sqrt{\frac{2 \times 1\,500 \times 60}{0.5}} = 600(个)$$

此时,可获2%的折扣,相关总成本计算如下：

$$T = \frac{1\,500}{600} \times 60 + \frac{600}{2} \times 0.5 + 1\,500 \times 50 \times (1-2\%) = 73\,800(元)$$

当Q=500个时,P=50元,此时相关总成本计算如下：

$$T = \frac{1\,500}{500} \times 60 + \frac{500}{2} \times 0.5 + 1\,500 \times 50 = 75\,305(元)$$

当Q=1\,000个时,可获3%的折扣,相关总成本计算如下：

$$T = \frac{1\,500}{1\,000} \times 60 + \frac{1\,000}{2} \times 0.5 + 1\,500 \times 50 \times (1-3\%) = 73\,090(元)$$

从以上计算比较可知,该企业经济订货批量为1\,000个时,相关总成本最低。

（二）存货陆续供应

存货陆续供应是指经济订货批量基本模型中的第2条假设条件不成立,而是一次订货后陆续到达入库、陆续领用的情况。这时,由于存货边进边出,进库速度大于出库速度,因此存货的储存量低于订货批量（基本模型中的最高储存量）,其库存情况如图7-3所示：

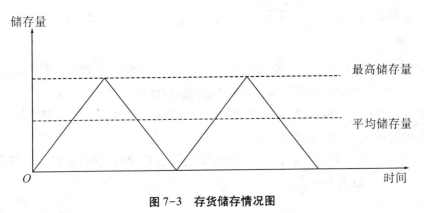

图7-3 存货储存情况图

假设d为存货每日耗用量,A为每日送货量,则：

$$送货期 = \frac{Q}{A}$$

$$最高储存量 = Q - \frac{Q}{A} \cdot d = Q\left(1 - \frac{d}{A}\right)$$

$$平均储存量 = \frac{Q}{2}\left(1 - \frac{d}{A}\right)$$

在其他假设条件不变的前提下,经济订货批量相关总成本只包括变动订货成本和变动储存成本。公式如下：

$$T = \frac{D}{Q} \cdot K + \frac{Q}{2}\left(1 - \frac{d}{A}\right) \cdot C$$

以 Q 为自变量，求函数 T 的一阶导数并令其为零（过程略），可得：

经济订货批量 $Q^* = \sqrt{\dfrac{2DK}{C\left(1 - \dfrac{d}{A}\right)}}$

相关最低总成本 $T^* = \sqrt{2DKC\left(1 - \dfrac{d}{A}\right)}$

【例 7-3】某零件年需用量为 7 200 件，每日送货量为 60 件，每日耗用量为 20 件，单价为 10 元，每次订货成本为 50 元，单位储存变动成本为 2 元。要求计算经济订货批量。

最高储存量 $= Q\left(1 - \dfrac{20}{60}\right)$

相关总成本 $T = \dfrac{7\,200}{Q} \times 50 + \dfrac{Q}{2} \times \left(1 - \dfrac{20}{60}\right) \times 2$

则经济订货批量 $Q^* = \sqrt{\dfrac{2 \times 7\,200 \times 50}{2 \times \left(1 - \dfrac{20}{60}\right)}} = 735$（件）

相关最低总成本 $T^* = \sqrt{2 \times 7\,200 \times 50 \times 2 \times \left(1 - \dfrac{20}{60}\right)} = 979.80$（元）

（三）允许缺货存在

在实际生产中，由于主观或客观原因，也可能发生缺货。存货每日耗用量发生变化或交货时间发生拖延都会引起缺货。此时，缺货成本也成为决策相关成本。

设 S 为一次订货的缺货量，R 为年单位缺货成本，t 为两次订货的间隔期间，t_1 为存货量为正数的时间，t_2 为缺货的时间。

允许缺货时，当一次订货收到时，首先要满足弥补缺货的需要，则最高储存量为（Q-S），存货库存情况如图 7-4 所示。

由于，

$$t = t_1 + t_2 = \frac{Q}{d}$$

$$t_1 = \frac{Q-S}{d}$$

$$t_2 = \frac{S}{d}$$

因此，

t_1 期间平均库存量 $= \dfrac{Q-S}{2}$

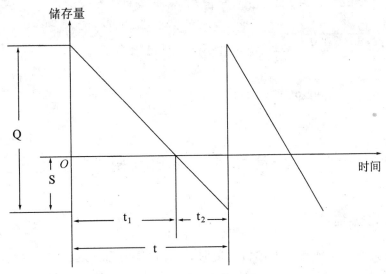

图 7-4　存货储存情况图

t_2 期间平均库存量＝0

t_1 期间平均缺货量＝0

t_2 期间平均缺货量＝$\dfrac{S}{2}$

t 期间平均库存量＝$\dfrac{\dfrac{Q-S}{2}\times t_1+0\times t_2}{t}=\dfrac{(Q-S)^2}{2Q}$

t 期间平均缺货量＝$\dfrac{0\times t_1+\dfrac{S}{2}\times t_2}{t}=\dfrac{S^2}{2Q}$

在其他假设条件不变的前提下,经济订货批量相关总成本包括变动订货成本、变动储存成本和缺货成本。公式如下:

$$T=\frac{D}{Q}\cdot K+\frac{(Q-S)^2}{2Q}\cdot C+\frac{S^2}{2Q}\cdot R$$

分别以 Q、S 为自变量,求函数 T 的一阶偏导数并令其为零(过程略),可得:

经济订货批量 $Q^*=\sqrt{\dfrac{2KD}{C}\cdot\dfrac{C+R}{R}}$

最大缺货量 $S^*=\sqrt{\dfrac{2KD}{R}\cdot\dfrac{C}{C+R}}$

相关最低总成本 $T^*=\sqrt{2KDC\cdot\dfrac{R}{C+R}}$

沿用【例 7-1】的资料,假设缺货损失为每件 3 元,则计算如下:

$$Q^* = \sqrt{\frac{2\times30\times6\,000}{9} \cdot \frac{9+3}{3}} = 400(千克)$$

$$S^* = \sqrt{\frac{2\times30\times6\,000}{3} \cdot \frac{9}{9+3}} = 300(千克)$$

$$T^* = \sqrt{2\times30\times6\,000\times9\times\frac{3}{9+3}} = 900(元)$$

第三节 存货控制

一、再订货点控制

再订货点是指企业再次发出订货单时,尚有存货的库存量。正确合理地确定订货点,是企业仓库保持合理储备的关键。再订货点是存货管理的一条警戒线,当存货降至警戒线时,管理人员必须马上发出订单。

确定再订货点需要考虑以下三个因素:

(一)平均每天正常耗用量

平均每天正常耗用量指正常情况下平均每天生产上耗用该种材料的数量。

(二)提前期

提前期指订交货间隔期,即在正常情况下,从发出订单至收到货物所需要间隔的办理必要手续所费的时间。

(三)保险储备量

保险储备量指为了避免由于需求量增加或在交货间隔期内不能按期交货造成缺货可能性而保留的额外存货量。

因此,再订货点的确定可按下列公式计算:

再订货点 $Z = L \times d + B$

式中:L 为交货间隔期,d 为每日平均需要量,B 为保险储备量。

建立保险储备可避免缺货损失,同时加大存货平均储备量,使得储存成本上升,合理的保险储备量就是使缺货或供应中断损失和储备成本之和最小。用公式表示为:

相关总成本 $TC(S,B) =$ 缺货成本+保险储备成本

$$= R \times S \times N + B \times K$$

式中:S—— 一次订货的缺货量;

R——年单位缺货成本;

N——年进货次数;

B——保险储备;

C——单位存货年储存成本。

根据上述公式,先计算出各不同保险储备量的相关总成本,再对总成本进行比较,选择其中总成本最低的保险储备量为最佳保险储备量。

缺货量 S 具有不确定性,可根据历史经验估计可能出现的各种缺货量以及发生的概率,求其平均数。

【例 7-4】 假定某存货的年需要量为 3 600 件,单位储存变动成本为 2 元,单位缺货成本为 4 元,交货时间为 10 天,已经计算出经济订货量为 300 件,每年订货次数为 12 次,交货期内的存货需要量及概率分布如表 7-1 所示。试确定保险储备量及再订货点。

表 7-1

需要量(件)	70	80	90	100	110	120	130
概率	0.01	0.04	0.2	0.5	0.2	0.04	0.01

交货期内存货平均需要量 $= 70×0.01+80×0.04+90×0.2+100×0.5+110×0.2+120×0.04+130×0.01=100$(件)

计算不同保险储备量的相关总成本如下:

(1)不设保险储备,即再订货点 $Z=100+0=100$(件)

缺货量 $S=(110-100)×0.2+(120-100)×0.04+(130-100)×0.01=3.1$(件)

$TC(S,B)=4×3.1×12+0×2=148.8$(元)

(2)设保险储备为 10 件,即再订货点 $Z=100+10=110$(件)

缺货量 $S=(120-110)×0.04+(130-110)×0.01=0.6$(件)

$TC(S,B)=4×0.6×12+10×2=48.8$(元)

(3)设保险储备为 20 件,即再订货点 $Z=100+20=120$(件)

缺货量 $S=(130-120)×0.01=0.1$(件)

$TC(S,B)=4×0.1×12+20×2=44.8$(元)

(4)设保险储备为 30 件,即再订货点 $Z=100+30=130$(件)

缺货量 $S=0$(件)

$TC(S,B)=4×0+30×2=60$(元)

从以上计算可知,保险储备量为 20 件,相关总成本最低,因此确定该存货再订货点为 120 件。

利用再订货点对存货进行控制,每次采购的数量以事先计算的经济批量为基础固定不变,当现有库存量达到固定的再订货点就进行采购。此种控制方法需要单独订货,订货成本较高,主要适用于单位价值较高、领用次数较少的存货,或使用电子计算机进行管理的存货。

二、定期存货控制

定期存货控制是指根据固定的订货周期和订购日当时的实际储存水平与预定订货

水平之间的差额组织订货和进行存货管理。进行定期存货控制,没有固定的再订货点,每次订货的数量也不相同。以获得最低存货总成本为目的,确定订货周期、预定订货水平和每次订货数量。

(一)订货周期

订货周期是指相邻两次订货的间隔天数,一般是固定不变的。根据经济批量基本模型,最经济的订货周期可按下式确定:

$$最佳订货周期\ t^* = \frac{360}{N^*}(天) = \frac{360}{\dfrac{D}{Q^*}} = 360\sqrt{\frac{2K}{DC}}(天)$$

式中,K为每次的变动订货成本,D为年存货需要量,C为年单位储存成本。

(二)预定订货水平

预定订货水平是指每次订货后存货应达到的特定数量,预定订货水平必须保证满足订货周期和交货期内生产经营活动对存货的耗用。其计算公式为:

预定订货水平=订货周期平均耗用量+交货期平均耗用量+保险储备量

(三)每次订货数量

实行存货定期控制,每次订货数量都不是固定的。其计算公式为:

每次订货数量=预定订货水平-采购日实际储存量

存货定期控制可以减少订货次数,多种存货可以一起订货,降低订货成本,但保险储备量一般较高,主要适用于货源集中于少数供应商以及使用集中仓库的情况。

三、存货 ABC 分类控制

在企业中,存货的品种规格繁多,且各类存货价格不一,高低悬殊。如果对价格低廉的品种与贵重品种一样采用同一模型,分别计算每种存货的经济订货量和再订货点,进行日常控制,这是不可能实现的。现实的做法是遵照"突出重点,兼顾一般"的原则进行存货的管理和控制。存货 ABC 分类控制法就是建立在上述原则之上的一种科学的管理手段。

ABC 分类控制法就是通过对各类存货进行比较分析,根据不同情况把库存物资划分为 A、B、C 三类,并对不同存货实行不同的管理与控制方法。

采用 ABC 分类控制法对存货进行管理和控制。首先应进行 A、B、C 分析,即按企业的存货品种以及占用资金的大小进行分类排队,把它们分为 A、B、C 三类。A 类存货品种少,占用资金大;B 类存货品种比 A 类多,占用资金比 A 类少;C 类存货品种繁多,占用资金很小。其划分标准如表 7-2 所示:

表 7-2

类别	品种百分比	资金占用百分比
A 类存货	5%~10%	70%~80%
B 类存货	20%~30%	15%~20%
C 类存货	50%~70%	5%~15%

【例 7-5】某公司共有 10 种材料,总金额为 29 570 元,有关资料如表 7-3 所示。试采用 ABC 分类控制方法对该公司的材料存货进行控制分析。

表 7-3 单位:元

材料品种编号	占用资金	材料品种编号	占用资金
1	150	7	300
2	960	8	22 000
3	1 000	9	300
4	100	10	40
5	1 248	11	72
6	3 000	12	400

根据表 7-3 所列资料,对各类存货按其占用资金的多少从大到小顺序排列,并计算各编号的资金占用占存货总资金的百分比和每个类别占总品种的百分比,据此将存货分为 A、B、C 三类,绘制 ABC 分析表,见表 7-4。

表 7-4

材料品种编号	占用资金(元)	占总资金的百分比(%)	各类存货占总资金百分比(%)	各类存货占总存货品种数量比重(%)	管理类别
8	22 000	74.4	74.4	8.3	A
6	3 000	10.2	17.8	25	B
5	1 248	4.2			
3	1 000	3.4			
2	960	3.3	7.8	66.7	C
12	400	1.4			
7	300	1.0			
9	300	1.0			
1	150	0.5			

表7-4(续)

材料品种编号	占用资金(元)	占总资金的百分比(%)	各类存货占总资金百分比(%)	各类存货占总存货品种数量比重(%)	管理类别
4	100	0.3			
11	72	0.2			
10	40	0.1			
合计	29 570	100	100	100	

　　根据表7-4中的资料,可绘制出 ABC 分类控制分析图,如图7-5所示。

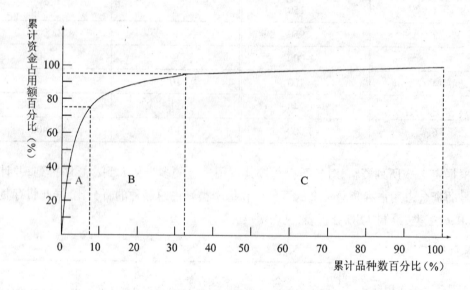

图 7-5　ABC 分类控制图

　　通过 A、B、C 分析,将存货进行分类以后即可区别对待,进行分类控制。

　　A 类存货数量最少,但占用资金的比重最大,因此应实行严格控制。对这类存货要采用经济批量模型,计算经济订货批量,进行订货,并且要经常检查。当需求量变动时,应及时调整模型,在可能的范围内应尽可能压缩订货量和保险储备量,增加订货次数,以免积压资金。与 A 类存货有关的存货记录应该非常完备。在账户处理上,应采用永续盘存制。存货部门应设置存货分类账或存货卡,随时登记收发业务,同会计部门的存货总分类账定期核对,保持平衡。

　　B 类存货数量较 A 类多,但价值较低,原则上并不要求同 A 类存货那样,可实行一般控制。虽然事先也要分项计算经济批量和再订货点,平时也要登记永续盘存记录,但无需像 A 类存货那样经常检查、及时调整,订货量和保险储备量可适当放宽。

　　C 类存货种类繁多、品种复杂而且价格低廉,占用资金很少,因此可实行适当放松控制。一般来说,根据供应条件,规定其最大和最小储存量,采用"双堆法"或"红线法"进行粗放控制。

"双堆法"是将存货分别放在两个空间(如两箱、两堆等)中,当第一个空间的存货用完后,即发出订货单,并从第二个空间开始供货;当第二个空间的存货用完后,第一个空间的货物到货,开始供应。如此交替供货,不断往复循环,以满足生产经营需要。

"红线法"是在存放货物的箱子上,从底部起于一定的高度处画一条红线,红线代表保险储备量和交货期内的需要量,当存货数量降至红线时,即进行订货,以便把存货恢复到原有水平。

综上所述,ABC 分类控制的根本指导思想在于抓住重点,管好用好资金。很显然,如果严格控制了 A 类存货,实际上就控制了大部分资金。因此,运用 ABC 分类控制成功的关键就在于正确地确定 A 类存货的比重。

四、零库存管理

一方面,企业持有存货会发生仓储成本,占用流动资金;另一方面,企业持有存货是为了防止管理不当引起的停工待料损失。因此,存货管理的最终目的是要消除存货,即实现零库存。

起源于日本丰田汽车公司的生产管理体系适时制(Just-In-Time,JIT),就是建立在力求消除一切浪费和不断提高生产率基础上的一种生产理念。适时制强调一种存货只有在需要时才到达,其目标是使库存物料达到最小化甚至是零,以减少质量检查、储备、库存和物料处理等非增值活动的成本,从而降低存货成本。存货的流转涉及企业的采购、生产、销售等各个环节,要想降低库存,需要企业内部和外部协调运作。下面通过介绍适时制来讨论如何实施零库存管理。

(一)与供应商建立长期密切的联系

如果供应商不能准时送货,就会影响生产的正常进行。企业选择有限数量的比较了解的供应商发展长期合作关系,可以缩短材料订货时间,节约订货成本。同时,由于货源稳定、质量有保证,企业可以适当减少对购进材料的检验,甚至取消检验,降低检验成本。企业还可以要求供应商多批次小批量供应材料,在企业有生产需要时,直接将供货送至生产场所,进一步降低存货水平。

美国施乐公司于 1985 年从 5 000 个供应商中挑选了 25 家质量合格且距公司不远的供应商进行适时制采购实验。公司每天用卡车从这 25 家供应商运来一天所需的原材料,取消了检验环节,卡车直接把原材料运至生产场所,消除了收货、入库等环节,减少了仓库占用。该公司实行了上述措施后,原材料库存大幅下降,进货价格也下降了 40%~50%。

(二)采用适时生产系统

适时生产系统是指生产线上的每一种产品都在生产线下一步骤需要时才立即生产

的系统。在一个适时生产线上,任何阶段的制造活动都是在下一个阶段需要该阶段的产出时立即生产。需求带动了生产流程的每一步,从最后一步客户对最终产品的需求开始,一直倒退到生产量最初一步对直接物料的需求。

在适时生产系统中为了避免存货短缺引起停工待料,可以使用看板系统进行管理。看板系统是一个信息系统,通过使用卡片等来控制生产,保证必需的产品以必需的数量在必需的时间内生产出来。看板系统是适时制存货管理系统的核心部分。一个基本的看板系统有三个卡片:领取看板、生产看板、卖主看板。领取看板规定了随后的工序需要从前一道工序中领取的数量,生产看板规定了前一道工序需要生产的数量,卖主看板用来通知供应商需要运送零部件的数量及哪道工序需要此零部件。前两个看板控制生产过程中的工作情况,第三个看板控制生产过程与外部供应商之间的零部件移动情况。生产及运送工作指令是看板最基本的功能。公司总部的生产管理部门根据市场预测及订货制定的生产指令下达到总装配线,各道工序的生产都根据看板来进行。看板中记载着生产和运送的数量、时间、目的地、放置场所、搬运工具等信息,从装配工序逐次向前工序追溯。看板必须按照既定的运用规则来使用。其中的规则之一是:"没有看板不能生产,也不能运送。"根据这一规则,各工序如果没有看板,就既不进行生产,也不进行运送;看板数量减少,则生产量也相应减少。由于看板所标示的只是必要的量,因此运用看板能够做到自动防止过量生产、过量运送。看板的另一条运用规则是:"看板必须附在实物上存放,前工序按照看板取下的顺序进行生产。"根据这一规则,作业现场的管理人员对生产的优先顺序能够一目了然,通过看板所表示的信息,就可知道后工序的作业进展情况、本工序的生产能力利用情况、库存情况以及人员的配置等。

(三)建立无库存的生产制造单元

为了减少库存,提高工作效率,需要对车间进行重新布置和整理。对车间进行重新布置的一个重要内容是建立制造单元。制造单元是按产品对象布置的,一个制造单元配备有各种不同的机床,可以完成一组相似零件的生产。制造单元有两个明显特征:一个特征是在该制造单元内,工人随着零件走,从零件进入单元到加工完毕离开单元,是一个工人操作,工人不是固定在某一台机械上,而是逐次操作多台不同的机械;另一个特征是制造单元具有很大的柔性,可以通过制造单元内的工人数量使单元的生产率与整个系统保持一致。

(四)实施全面质量管理

质量是实行适时制的基本保证。当企业库存很低甚至是零库存时,如果某道工序出现了大量废品,存货不够补充,则后续工序只能停工等候前一道工序补充生产,这样就完全打乱了生产节奏。所以要保证生产顺利进行,必须保证生产质量,消灭废品。全面质量管理强调事前控制,其原则是开始就把必要的工作做正确,从根源上保证质量。从产品设计开始,到操作者、机械、工具、材料等方面保证不出现不合格品。全面质量管理强调全体员工的积极参与,如对于设备的维护,传统方法是在设备发生故障后进行维修,而在适时制下,由于库存低,保证设备的可靠性就十分重要,必须对设备进行全面预防性维护。在这一点上要加强对工人的培训,应将工人培养成多面手,不仅可以操作制造单元内所有的机械设备,而且要熟悉设备的维护,当生产间歇时进行预防性维护。

思考题

1. 什么是"经济订货批量"? 请列出确定经济订货批量的方法。
2. 计算经济订货批量需要考虑哪些成本因素?
3. 什么是再订货点和保险储备?
4. 在考虑商业折扣条件下,如何确定经济定货量?
5. 在允许缺货条件下,如何确定经济定货量?
6. 什么叫 ABC 分类控制法? 它有什么特点?

练习题

1. 某公司全年需用 A 部件 50 000 件。当采购量小于 100 件时,单价为 100 元;当采购量达到 100 件时,单价为 96 元;当采购量达到 500 件时,单价为 92 元;当采购量达到 5 000件时,单价为 85 元。每次订货成本为 16 元,每件 A 部件年均变动性储存成本为 10 元。

要求:计算确定最优采购批量及最小相关总成本。

2. 假设某公司每年需外购零件 36 000 个,该零件单位储存变动成本 20 元,一次订货成本 25 元,单位缺货成本 100 元,在订货间隔期内的需要量及概率如下:

需要量(个)	50	60	70	80	90
概率	0.1	0.2	0.4	0.2	0.1

要求:计算含有保险储备量的再订货点。

3. 某生产企业使用 A 零件,可以外购,也可以自制。如果外购,单价 4 元,一次订货成本 10 元;如果自制,单位成本 3 元,每次生产准备成本 600 元,每日产量 50 件。零件的全年需用量为 3 600 件,储存变动成本为零件价值的 20%,每日平均需求量为 10 件。

要求:分别计算零件外购和自制的总成本,判断企业应外购还是自制。

第八章

投资决策

本章介绍了投资决策需要考虑的重要因素,如货币的时间价值、投资风险价值、最低报酬率和现金流量等,以及投资决策的静态分析法和动态分析法及其具体应用。

第一节 投资决策概述

一、投资决策的含义

投资是以收回现金并取得收益为目的而发生的现金流出。投资既包括将资金投向企业外部的其他单位,如购买股票、债券或实行联营投资;也包括将资金投向企业内部的某些项目,如购买固定资产、研制新产品、更新改造厂房设备等。

凡涉及投入大量资金,获取报酬或收益的持续期间超过一年,能在较长时间内影响企业经营获利能力的投资,统称为长期投资,与长期投资有关的现金支出又叫资本支出。管理会计中的长期投资主要指生产性资本支出,又称项目投资,是以特定项目为对象,直接与新建项目或更新改造项目有关的长期投资行为。

投资决策亦称长期投资决策,是与项目投资有关的决策过程。

二、投资决策的特点

与短期经营决策相比,投资决策具有以下特点:

(一)决策内容

投资决策主要是针对企业项目投资方面进行的决策。项目投资以形成或改善企业生产能力为目的,至少涉及一个固定资产项目的投资。

(二)影响期限

投资所形成项目的寿命一般都在几年甚至几十年,投资效益要经历很长时期才能完全实现。因此,投资决策一旦做出,将会对企业的财务状况和盈利能力产生长期的影响。

(三)投入资金

投资不仅要形成大量的固定资产,而且还需要相应地投入大量的流动资金,耗资巨大,需要进行专门的筹集资金的工作。

（四）承担风险

投资由于资金数额巨大，持续作用时间长，其效益在较长时期内才能逐步实现。而在未来时期内项目的内外部条件很可能发生变化，如市场需求、原材料供应、国家政策、通货膨胀等，一旦发生不利的变化，预期的投资效益就很难实现。因此，长期投资要承担较大的风险。

三、与投资决策有关的几个基本概念

（一）投资项目

投资项目简称项目，指项目投资的对象，它是用来界定投资客体范围的概念，其投资主体就是企业本身。企业在进行投资决策时，首先关心的是全部投资资金的投资和回收的情况，而不论这些资金究竟来源于何处，即不考虑筹集资金涉及的问题。

投资项目可分为：

1. 新建项目

新建项目是指公司以新增生产能力为目的的投资项目，它属于扩大再生产的类型。

2. 更新改造项目

更新改造项目是指公司以恢复或改善生产能力为目的的投资项目，它属于简单再生产的类型。

（二）项目计算期

项目计算期是指投资项目从投资建设开始到最终清理结束整个过程的全部时间，即该项目的有效持续期间，通常以年为单位。

完整的项目计算期包括建设期和生产经营期。建设期是指项目资金正式投入开始到项目建成投产为止所需要的时间。建设期的第一年年初称为建设起点，项目计算期的最后一年年末称为终结点，从投产开始到终结点之间的时间间隔称为生产经营期。

项目计算期、建设期和生产经营期之间有以下关系：

项目计算期＝建设期＋生产经营期

（三）原始投资与投资总额

原始投资是反映项目所需现实资金的价值指标，它等于企业为使项目完全达到设计生产能力、开展正常经营而投入的全部现实资金，包括建设投资和流动资金投资。

投资总额是反映项目投资总体规模的价值指标，它等于原始投资与建设期资本化利息之和。

第二节　投资决策需要考虑的重要因素

长期投资决策由于投入的资金量大，建设与受益的周期长，需要较长时间才能收回

原投资额,因此比短期经营决策复杂得多,在决策分析中需要考虑的因素也比较多,主要有货币的时间价值、最低投资报酬率和现金流量等。

一、货币时间价值

货币的时间价值是指货币经历一定时间的投资和再投资所增加的价值,也称为资金的时间价值。

例如,你现在将 100 元存入银行,一年后银行还你 110 元,其中 10 元就是银行使用你的 100 元按占用时间(一年)利率(10%)而给予的报酬(货币的时间价值)。如果你将 100 元放在家中不用,一年后还是 100 元,不会带来任何报酬或增值。因此,确切地说,货币的时间价值是指将货币让给他人使用而按时间计算取得的报酬或增值。

在利润平均化规律的影响下,等量货币资本在相同时间内应获得等量利润。因此,货币时间价值的一般表现形式,从相对量看,就是不考虑风险和通货膨胀条件下社会平均的资本利润率;从绝对量看,就是使用货币资本的机会成本或假计成本,即利息。在实务中,人们习惯使用相对数字表示货币的时间价值。

货币时间价值有两种基本表现形式:一种是终值;另一种是现值。终值通称"本利和",它是将现在时点上的现金换算为将来某一时点上的价值;现值通称"本金",它是将未来某一时点上的现金折算为现在时点上的价值。上述的 110 元就是 100 元按年利率 10%计算所得的一年后的价值,叫终值;而 100 元就是一年后的 110 元按年利率 10%折算的现时的价值,叫现值。

货币时间价值的计算常用单利、复利、年金三种方式。

(一)单利

单利即只按本金计算利息。

1. 单利终值的计算

单利终值是指货币的现值只按本金计算利息的 n 期后的本利和(终值)。其计算公式如下:

$$F = P \cdot (1 + i \cdot n)$$

式中:F——本利和(终值);

　　P——本金(现值);

　　i——利率;

　　n——期数。

2. 单利现值的计算

单利现值是单利终值的逆运算,即在已知按单利计算的 n 期后的终值的前提下,确定其本金或初始价值,其计算公式为:

$$P = F / (1 + i \cdot n)$$

(二)复利

复利通称"利滚利",是按本金连同上期利息在内一起来计算下期的利息,换句话说,复利不仅要计算本金利息,也要计算利息的利息,即利息可以转化为本金,同原来的本金一起作为下期计算利息的依据。由于复利比单利更能确切地反映货币(本金和增值部分)的时间价值,因此,在实际工作中,货币时间价值通常按复利计算。

1. 复利终值的计算

复利终值是指将货币的现值按复利计算利息的 n 期后的本利和(终值)。其计算公式为:

$$F = P \cdot (1+i)^n$$

式中:$(1+i)^n$ 为终值系数,又称复利终值系数、一元的复利终值或终值因子,表示本金为 1 元时,若利率为 i 第 n 期末的复利终值,可记作 $(F/P, i, n)$。为简化计算,可通过直接查阅"复利终值系数表"(见书末附表一)求得。

2. 复利现值的计算

复利现值是复利终值的逆运算,它将货币的未来值按复利折算成现在的价值。这种折算的过程称为贴现或折现,折算所采用的利率称为贴现率或折现率。其计算公式如下:

$$P = F \cdot (1+i)^{-n}$$

式中:$(1+i)^{-n}$ 为现值系数,又称复利现值系数、一元的复利现值或现值因子,表示当利率为 i 时,n 年后的一元钱的现在价值,可记作 $(P/F, i, n)$。为简化计算,可通过直接查阅"复利现值系数表"(见书末附表二)求得。

(三)年金

年金是指在特定的时期内每隔相同的时间收入(或支出)等额的款项。年金是系列收付额的一种特殊形式。年金的特点:一是连续性,即在一定时期内,每次收入或支出款项的时间间隔相等,形成系列,不得中断;二是等额性,即每次收入或支出款项的数额相等。在现实经济生活中,利息、租金、基本工资、保险费、采用直线法计提的折旧费、等额分期收付款、定期发放的固定奖金、债券利息、优先股股息以及等额回收的投资额等,都属于年金的范畴。

年金又包括普通年金、即付年金、递延年金和永续年金等几种形式,其中普通年金是最基本的形式,其他各种形式的年金都是普通年金的转化形式。

1. 普通年金

普通年金又称后付年金,是指在每期期末收入或支出的年金。以后凡涉及年金问题,若无特殊说明,均指普通年金。

(1)普通年金终值的计算。普通年金终值简称年金终值,是一定时期内各期末等额系列收付款项的复利终值之和,换言之,即普通年金最后一次收付款时的本利和。其计算公式为:

$$F = A(1+i)^0 + A(1+i)^1 + A(1+i)^2 + \cdots + A(1+i)^{n-1}$$

利用等比数列求和计算公式,可得:

$$F = A \cdot \frac{(1+i)^n - 1}{i}$$

式中：A 表示年金，$\frac{(1+i)^n - 1}{i}$ 为年金终值系数。年金终值系数（又称一元年金终值或年金终值因子），表示每期期末收支 1 元，若利率为 i，第 n 期末的复利终值，可记作（F/A,i, n）。因此，年金终值的计算公式可写成：

$F = A \cdot (F/A,i,n)$

为简化计算，（F/A,i,n）可通过直接查阅"年金终值系数表"（见书末附表三）求得。

（2）年偿债基金的计算。年偿债基金是指为使年金终值达到既定金额每年年末应支付的年金数额，该年金又称为积累基金，是年金终值的逆运算。其计算公式如下：

$$A = F \cdot \frac{i}{(1+i)^n - 1}$$

式中：$\frac{i}{(1+i)^n - 1}$ 为偿债基金系数（或积累系数），可记作（A/F,i,n），它是年金终值系数的倒数，可通过查阅"年金终值系数表"（见书末附表三）然后求得。

（3）普通年金现值的计算。普通年金现值简称年金现值，是一定时期内，各期末等额系列收付款项的复利现值之和，换言之，即普通年金的初始值。其计算公式如下：

$P = A(1+i)^{-1} + A(1+i)^{-2} + \cdots + A(1+i)^{-n}$

利用等比数列求和计算公式，可得：

$$P = A \cdot \frac{1 - (1+i)^{-n}}{i}$$

式中：$\frac{1 - (1+i)^{-n}}{i}$ 为年金现值系数（又称一元年金现值或年金现值因子），表示连续 n 期每期期末收支 1 元，若利率为 i 的复利现值，可记作（P/A,i,n），因此年金现值的计算公式又可写成：

$P = A \cdot (P/A,i,n)$

为简化计算，（P/A,i,n）可通过直接查阅"年金现值系数表"（见书末附表四）求得。

（4）年回收额的计算。年回收额是指现在投入一笔款项，若利率为 i，在以后 n 年内每年年末应收回的金额，是年金现值的逆运算。其计算公式如下：

$$A = P \cdot \frac{i}{1 - (1+i)^{-n}}$$

式中：$\frac{i}{1 - (1+i)^{-n}}$ 为回收系数，可记作（A/P,i,n），它是年金现值系数的倒数，可通过查阅"年金现值系数表"（见书末附表四）然后求得。

2. 递延年金

递延年金是指在第一期末以后的某一时间开始收入或支出的普通年金。换言之，是递延 m(m≥1)期发生的普通年金。

递延年金终值的大小与递延期无关,只与年金期数相关,故其计算方法与普通年金计算方法相同。递延年金现值的计算方法有二,其计算公式分别为:

(1)$P = A \cdot [(P/A,i,m+n)-(P/A,i,m)]$

(2)$P = A(P/A,i,n) \cdot (P/F,i,m)$

式中:n 为年金期数,m 为递延期数(m≥1)。

3. 永续年金

永续年金又称终身年金,是指无限期继续收入或支出的年金,即当期限趋于无穷大时的普通年金。现实生活中的存本取息可视为永续年金,由于永续年金无终止,故不存在计算终值的问题,只能计算其现值。永续年金现值的计算也是通过普通年金现值的计算式推算出来的,推导过程如下:

因为 $P = A \cdot \dfrac{1-(1+i)^{-n}}{i}$

$n \to \infty$ 时,$(1+i)^{-n} \to 0$

所以 $P = \dfrac{A}{i}$

4. 即付年金

即付年金又称预付年金,是指等额收付款项发生在每期期初的一种年金形式。即付年金与普通年金的区别仅在于收付款时间的不同,收付款时间较普通年金提前了一期。因此,即付年金的终值和现值的计算可以在普通年金计算公式的基础上调整计算。

(1)即付年金终值的计算,其方法有二,其计算公式分别为:

①$F = A \cdot [(F/A,i,n+1)-1]$

②$F = A \cdot (F/A,i,n) \cdot (1+i)$

(2)即付年金现值的计算,其方法有如下两种,其计算公式分别为:

①$P = A \cdot [(P/A,i,n-1)+1]$

②$P = A \cdot (P/A,i,n)(1+i)$

(四)名义利率与实际利率的换算

上述关于货币时间价值的计算除有特殊说明者外,其利率(贴现率)均指年利率,即每年复利计息一次。但在现实经济生活中,有些款项年内不止复利一次,如银行之间拆借资金,每天计息一次,有的抵押借款每月计息一次等,在这种情况下,就会出现名义利息与实际利率的差别。凡每年复利次数超过一次,给出的利率在经济上称为名义利率,而按其实际所获利息额计算的年利率才是实际利率,这时实际利率大于名义利率。因此,若一年内复利多次,其货币时间价值的计算方法有如下两种:

(1)将名义利率换算为实际利率,再按实际利率计算货币的时间价值。实际利率与名义利率的关系如下:

$$i = \left(1 + \frac{r}{m}\right)^m - 1$$

式中：i 为实际利率，r 为名义利率，m 为每年复利次数。

（2）直接调整系数计算公式中的相关指标：

$$F = P \cdot \left(1 + \frac{r}{m}\right)^{m \cdot n}$$

$$\quad = P \cdot (F/P, r/m, m \cdot n)$$

二、最低投资报酬率

最低投资报酬率是指投资者事先确定的衡量某投资方案预期经济效益，评价其在经济上是否可行的基本尺度，即新投资项目是否能接受的最低报酬率，故称"极限利率"。从企业生产经营的内在要求看，资金投放于某一投资项目，必然要求其取得的收益率至少能补偿"资金成本"，因此资金成本就自然而然地成为企业确定该投资项目必须获得的最低报酬率的基础。

资金成本亦称"资本成本"，是指企业资本结构中各种长期资金使用代价的综合。企业的长期资金按来源可分为债务资本和权益资本。不同的资金来源，其资金成本的具体计算方法不尽相同，但无论债务资金成本或权益资金成本，其基本计算方法是一致的，即按相对数表示的资金成本为资金使用成本与筹资净额之比。

三、现金流量

现金流量是指投资项目在其计算期内发生的现金流入量与现金流出量的统称。这里所指的"现金"是一个广义的概念，既包括货币资金，也包括与项目相关的非货币资源的变现价值。

以按收付实现制计算的现金流量作为衡量投资方案经济效益的基础，而不采用"净利"的主要原因如下：

（1）有利于应用货币的时间价值进行投资效果的综合评价。"净利"的计算是以权责发生制为基础的，并不考虑现金实际收付的时间，因此在进行决策分析时，必须采用项目寿命周期内各年的现金流量作为衡量其经济效益的基础。

（2）净利的计算带有一定的主观随意性，因为各期净利的预测在一定程度上受存货估价、费用摊销和折旧计提的不同方法的影响，这就使得净利的预计比现金流量的预计更具模糊性，以此作为决策的主要依据不太可靠。

（一）现金流量的具体内容

1. 现金流出量的具体内容

一个投资项目的现金流出量主要包括如下内容：

（1）建设投资（含更新改造投资）。建设投资是指在建设期内进行的固定资产投资、无形资产投资和开办费等项投资的总和。其中固定资产投资包括购入或建造成本、运输成本和安装成本。在建设期内的资本化借款利息因不属现金流出范畴,故不纳入原始投资,但在计算该固定资产原始价值时必须考虑。

(2)流动资金投资。流动资金投资包括该项目投产后为开展正常经营活动需要增加的原材料、在产品、产成品和货币资金等流动资产,即营运资金。

(3)经营成本。经营成本又称付现成本,是指在经营期内为满足正常生产经营而动用现实货币资金支付的成本费用。经营成本等于总成本费用扣除非付现成本,主要包括折旧费用、无形资产摊销、递延资产摊销。在全部自有资金投资假设下,利息支出不属于现金流出。因此有:

经营成本=总成本-折旧及摊销-利息

(4)各项税费。各项税费是指项目投产后应依法缴纳各项税款,包括营业税、所得税等。

(5)其他现金流出。其他现金流出是指不包括在以上内容中的现金流出项目。

2. 现金流入量的具体内容

一个投资项目的现金流入量主要包括如下内容:

(1)营业收入。营业收入是指项目投产后每年实现的全部销售收入和业务收入。营业收入是经营期主要的现金流入量内容。

(2)回收固定资产余值。回收固定资产余值是指与投资项目有关的固定资产在终结点报废清理收回的残值或中途变价转让处理时的变价收入。

(3)回收流动资金。回收流动资金是指项目计算期完全终止时(终结点)因不再发生新的替代投资而回收的原垫付的全部流动资金投资额。回收流动资金和回收固定资产余值统称为回收额。

(4)其他现金流入。其他现金流入指以上内容以外的现金流入项目。

(二)现金净流量的估算

现金净流量又称净现金流量,是指在项目计算期内每年现金流入量与同年现金流出量之间的差额。现金净流量是计算项目投资决策评价指标的重要依据。

根据现金净流量的定义,其理论计算公式如下:

$$NCF_t = CI_t - CO_t \quad (t=0,1,2,\cdots,n)$$

式中:NCF_t 为第 t 年现金净流量;CI_t 为第 t 年现金流入量;CO_t 为第 t 年现金流出量。

为了简化现金净流量的计算,根据项目计算期不同阶段的现金流入量和现金流出量的具体内容,把现金净流量的计算分为建设期和经营期。在经营期内,把没有回收额(即固定资产余值与流动资金回收额)的现金净流量称为经营现金净流量,根据回收额均在终结点发生假设,将第 n 年现金净流量称为终结点现金净流量。

(1)建设期现金净流量的计算。若原始投资均在建设期内投入,则建设期现金净流量的公式为:

$$NCF_t = -I_t \quad (t=0,1,2,\cdots,S)$$

式中：I_t 为第 t 年的投资额（$\sum\limits_{t=0}^{s} I_t =$ 原始投资），S 为建设期年数。

（2）经营现金净流量的计算。经营现金净流量的公式为：

NCF$_t$ ＝第 t 年净利＋第 t 年折旧及摊销额＋第 t 年利息

　　　（t＝S+1,S+2,…,n-1）

（3）终结点现金净流量的计算。终结点现金净流量的公式为：

NCF$_n$ ＝第 n 年经营现金净流量＋流动资金回收额＋固定资产税后余值回收额

在实际工作中，为进行投资方案经济评价，其现金净流量的计算常通过编制该投资方案的"现金流量表"进行。

第三节　投资决策的分析方法

投资决策的分析方法主要分为两类：一类是静态分析法，也称非贴现的现金流量分析法；另一类是动态分析法，也称贴现的现金流量分析法。

一、静态分析法

静态分析法是不考虑货币时间价值因素的方法，一般有投资回收期法和投资报酬率法等。

（一）静态投资回收期法

静态投资回收期简称回收期，是指以投资项目经营现金净流量抵偿原始投资所需要的时间。该指标以年为单位，有两种形式：包括建设期的投资回收期（记作 PP）和不包括建设期的投资回收期（记作 PP′）。显然，PP＝PP′＋建设期。

回收期的计算方法因每年的经营现金净流量是否相等而有所不同。

（1）投产后的前 m 年经营现金净流量相等，且 m×每年相等的经营现金净流量≥原始投资额，则计算公式为：

$$PP' = \frac{原始投资额}{m 年相等的经营现金净流量}$$

（2）在每年经营现金净流量不相等的情况下，就要通过列表计算累计现金净流量来确定回收期。其计算公式为：

$$PP = M + \frac{\left| \sum\limits_{t=0}^{M} NCF_t \right|}{NCF_{M+1}}$$

式中，M 为使累计现金净流量第一次为正值时的年数减 1。

投资回收期能够直观地反映原始投资的返本期限，优点是计算简单，缺点是没有考虑货币的时间价值，忽略了回收期后的现金流量。因此，静态投资回收期法只能作为投资决策的辅助方法。

(二)投资报酬率法

投资报酬率(记作 ROI)又称投资利润率或会计利润率,是指一个投资方案的年平均利润与投资总额之比,用公式表示为:

$$ROI = \frac{年平均利润额}{投资总额}$$

投资报酬率是一个静态正指标,投资报酬率越高,说明方案的获利能力越强。

投资报酬率的优点是计算简便,缺点是虽然考虑了回收期后的收益,但仍然忽略了货币的时间价值,因此只能作为辅助投资决策方法。

二、动态分析法

动态分析法是考虑了货币时间价值因素的方法,主要有净现值、现值指数法、内部收益率法、等年值法等。

(一)净现值法

净现值(记作 NPV)指在项目计算期内,按行业基准折现率或设定的折现率计算的各年现金净流量现值的代数和。其计算公式为:

$$NPV = \sum_{t=0}^{n} \frac{NCF_t}{(1+i)^t}$$

采用净现值法的决策标准是:对单一方案,NPV ≥ 0,项目可行,反之不可行;对多个互斥可行方案选优,一般应选净现值大的方案。

净现值法的优点是充分考虑了货币的时间价值和投资的风险,且反映了整个投资方案的净收益。净现值也有局限性,如果各个方案的投资额不同,单纯看净现值并不能作出正确的结论,因为在这种情况下各方案的现值总额所减除的投资额是不同的,因而净现值是没有可比性的。

(二)现值指数法

现值指数(记作 PI)又称获利指数,是指项目计算期内现金流入量的现值之和与现金流出量的现值之和之间的比率。如果全部投资在建设期内投入,则现值指数即是投产后按行业基准折现率或设定折现率计算的经营期各年现金净流量的现值合计与原投资额的现值总额之比。其计算公式如下:

$$PI = \frac{各年现金流入量的现值合计}{现金流出量的现值合计}$$

$$= \frac{投产后各年现金净流量的现值合计}{原始投资的现值合计}$$

采用现值指数法的决策标准是:对单一方案,PI ≥ 1,方案可行,反之不可行;对多个互斥方案选优,一般应选择现值指数大的方案。

现值指数与净现值一样,都考虑了货币时间价值,但现值指数弥补了净现值的不足,可以将不同投资额的方案进行分析对比,因而具有较广泛的适用性。

（三）内部收益率法

内部收益率（记作 IRR）也称内部报酬率、内含报酬率,是指一项投资方案实际可望达到的投资报酬率。内部收益率是能使一项投资方案的净现值等于零时的折现率。用公式表示为:

$$\sum_{t=0}^{n} NCF_t \cdot (P/F, IRR, t) = 0$$

采用内部收益率法的决策标准是:对单一方案,IRR≥要求的最低报酬率,项目可行,反之不可行;对多个互斥方案选优,一般应选择内部收益率大的方案。

内部收益率的计算方法有简便算法和一般算法。

1. 简便算法

简便算法的应用条件是:建设期为零,投资于起点一次投入,投产后每年现金净流量相等。

简便算法的计算步骤如下:

（1）以投资额除以各期等额的现金净流量,计算其年金现值系数 a。其计算公式为:

$$a = (P/A, IRR, n) = \frac{投资额}{年现金净流量}$$

（2）从 1 元年金现值系数表中找出在相同期间内与上述年金现值系数 a 相等的贴现率或相邻的贴现率。

（3）若是相等的贴现率,即是该投资方案的内部收益率;若是相邻的贴现率,则要采用内插法计算出该投资方案的内含报酬率,即如果以下关系成立:

$(P/A, r_m, n) = C_m > a$

$(P/A, r_{m+1}, n) = C_{m+1} < a$

就可以按下列公式计算内部收益率 IRR:

$$IRR = r_m + \frac{C_m - a}{C_m - C_{m+1}} (r_{m+1} - r_m)$$

2. 一般算法

若项目不符合直接应用简便算法的条件,就要应用一般算法。内部收益率计算的一般算法就是逐次测试逼近法。具体计算步骤如下:

（1）先估计一个贴现率,用以计算该投资方案的净现值。如果净现值为零或接近于零,说明该贴现率就是投资项目的内部收益率。

（2）若计算的净现值为正数,说明估计的贴现率小于该方案可达到的报酬率,应再估计一个较大的贴现率,计算该投资方案的净现值;若计算的净现值为负数,说明估计的贴现率大于该方案可达到的报酬率,则应缩小贴现率继续测试。这样通过若干次使净现值趋于零的测算,找出使净现值由正到负（或由负到正）的两个相邻的贴现率。

（3）依上述测得的正负相邻的净值及所对应的贴现率,采用内插法计算内含报酬

率,即如果以下关系成立:

$$NPV_m > 0$$

$$NPV_{m+1} < 0$$

$$r_m < r_{m+1}$$

就可按下列公式计算内部收益率 IRR:

$$IRR = r_m + \frac{NPV_m - 0}{NPV_m - NPV_{m+1}}(r_{m+1} - r_m)$$

（四）等年值法

等年值(记作 UAV)是把投资项目的所有现金流量按预定的贴现率等额分摊到各年所得的年金值。等年值可以是等年现金流入量、等年现金流出量或等年现金净流量。其计算原理是资金时间价值的年资本回收额,如等年现金净流量(记作 ANPV)的计算公式如下:

$$ANPV = \frac{NPV}{(P/A,i,n)}$$

应用 ANPV 的决策规则与 NPV 法的相同。等年值法适用于项目计算期不同的方案比选。

三、投资决策方法的选择

对于独立方案投资决策,运用上述方法进行评价时得到的结论是一致的,即回收期小于基准回收期,投资报酬率大于基准报酬率,净现值大于等于零,现值指数大于等于1,内部收益率大于等于要求的最低报酬率,该项目可行,否则不可行。其中净现值能反映投资的效果,内部收益率能反映投资的效率,因此通常以净现值法或内部收益率法作为单一方案投资决策的方法,其余方法可以从不同侧面提供投资项目的其他信息,作为辅助评价方法。

对于多个互斥方案投资决策,分以下情况来说明:

(1)原始投资额相同、计算期相同的多个互斥方案决策,可运用净现值法进行评价,选择净现值大的方案作为最优方案。

(2)原始投资额不同、计算期相同的多个互斥方案决策,可运用差别分析法进行评价,计算差量净现值或差额内部收益率指标来进行方案选择。

(3)原始投资额不同、计算期也不同的多个互斥方案决策,可运用等年值法进行评价,选择等年值最大的方案。

对于多个独立方案组合排队投资决策,一般可区分为两种情况:在资金总量没有限制的情况下,可按每一项目的净现值大小排队,然后确定项目的优先顺序以决定取舍;在资金总量有限制的情况下,可按内部收益率的大小,结合净现值的大小进行各种组合排队,从中选出能使净现值之和最大的最优组合决策。

第四节　投资决策中的典型案例

一、新项目投资决策

新项目投资决策分析涵盖了全部投资寿命周期和完整的收支项目,是标准的投资决策问题。

【例8-1】某企业准备新建工厂,有甲、乙两个方案可供选择。甲方案原始投资60万元,其中固定资产投资50万元,于建设起点投入,建设期1年,投产前垫支流动资金10万元,项目经济寿命3年,投产后预计每年净收益为30万元。乙方案原始投资100万元,其中固定资产投资87.5万元,于建设起点投入,建设期1年,投产前垫支流动资金12.5万元,项目经济寿命3年,投产后预计每年净收益为40万元。固定资产均采用直线法计提折旧,预计净残值率为4%。设基准贴现率为10%,试进行投资决策。

甲、乙两方案原始投资不同,计算期相同,可采用差别分析法进行评价。

计算两方案的差额(乙方案-甲方案):

固定资产投资差额=87.5-50=37.5(万元)

流动资金投资差额=12.5-10=2.5(万元)

$$每年折旧差额=\frac{(87.5-50)\times(1-4\%)}{3}=12(万元)$$

每年净收益差额=40-30=10(万元)

固定资产净残值差额=(87.5-50)×4%=1.5(万元)

差量现金净流量为:

$\Delta NCF_0 = -37.5(万元)$

$\Delta NCF_1 = -2.5(万元)$

$\Delta NCF_{2-3} = 10+12 = 22(万元)$

$\Delta NCF_4 = 1 = 10+12+1.5+2.5 = 26(万元)$

计算差额内部收益率:

$-37.5-2.5\times(P/F, \Delta IRR, 1)+22\times(P/A, \Delta IRR, 2)\times(P/F, \Delta IRR, 1)+26\times(P/F, \Delta IRR, 4)=0$

运用逐次测试逼近法,可得 $\Delta IRR = 21\%$。

因为差额内部收益率大于基准贴现率10%,所以乙方案优于甲方案,选择投资乙方案。

二、固定资产应否更新决策

更新决策不同于一般的投资决策。一般说来,设备更换并不改变企业的生产能力,不增加企业的现金流入。更新决策的现金流量主要是现金流出,即使有少量的残值变价收入,也可看做支出抵减。此外,新旧固定资产的使用年限一般不同。因此,固定资产应否更新决策是项目计算期不同、只有现金流出的两个互斥方案的比选,可运用等年值法,计算等年现金流出量(也称年平均成本,记作 AC),选择年平均成本最低的方案。

$$AC = \frac{\sum_{t=0}^{n} CO_t(P/F_i, t)}{(P/A, i, t)}$$

式中,CO_t 为各方案在第 t 年的现金流出量,也可按现金净流量的计算方法分三个时间段来确定。具体方法如下:

1. 建设期现金流出量的计算

旧设备在建设期的现金流出量可以看作是继续使用旧设备的机会成本,新设备在建设期的现金流出量则是和新设备购置、建造有关的成本。

旧设备 CO_t = 旧设备变现价值-(旧设备变现价值-旧设备账面价值)×所得税税率

新设备 CO_t =设备投资额

2. 经营期现金流出量的计算

无论新旧设备,在经营期发生的现金流出主要是设备运行成本,如维修保养费、能源耗费、材料和工时耗费等。折旧引起的所得税抵减额是付现成本的减项。

经营期 CO_t =年运行成本×(1-所得税税率)-年折旧×所得税税率

3. 经营期末现金流出量的计算

经营期末主要考虑设备余值回收对现金流出量的影响。

经营期末 CO_n =经营期 CO_t -[设备回收余值-(设备回收余值-设备账面价值)×所得税税率]

【例 8-2】某公司有一台设备,购于 3 年前,现在考虑是否更新。该公司所得税税率为 25%,设定的折现率为 10%,其他有关资料见表 8-1。

表 8-1 金额单位:元

项目	旧设备	新设备
原价	60 000	50 000
税法规定残值(10%)	6 000	5 000
税法规定使用年限(年)	6	4
已用年限(年)	3	0
尚可使用年限(年)	3	4
每年操作成本	8 600	5 000
两年末大修支出	18 000	
最终报废残值	7 000	10 000
目前变现价值	10 000	
每年折旧额	(直线法)	(直线法)
第一年	9 000	11 250
第二年	9 000	11 250
第三年	9 000	11 250
第四年		11 250

计算旧设备各年的现金流出量如下：

$CO_0 = 10\ 000 - [10\ 000 - (60\ 000 - 9\ 000 \times 3)] \times 25\% = 15\ 750(元)$

$CO_1 = 8\ 600 \times (1 - 25\%) - 9\ 000 \times 25\% = 4\ 200(元)$

$CO_2 = 8\ 600 \times (1 - 25\%) - 9\ 000 \times 25\% + 18\ 000 \times (1 - 25\%) = 17\ 700(元)$

$CO_3 = 8\ 600 \times (1 - 25\%) - 9\ 000 \times 25\% - [7\ 000 - (7\ 000 - 6\ 000) \times 25\%] = -2\ 550(元)$

计算旧设备的年平均成本如下：

$$AC_{旧} = \frac{15\ 570 + 4\ 200 \times (P/F,10\%,1) + 17\ 700 \times (P/F,10\%,2) - 2\ 550 \times (P/F,10\%,3)}{(P/A,10\%,3)}$$

$$= 12\ 904.28(元)$$

计算新设备各年的现金流出量如下：

$CO_0 = 50\ 000(元)$

$CO_{1-3} = 5\ 000 \times (1 - 25\%) - 11\ 250 \times 25\% = 937.5(元)$

$CO_4 = 5\ 000 \times (1 - 25\%) - 11\ 250 \times 25\% - [10\ 000 - (10\ 000 - 5\ 000) \times 25\%]$

$$= -7\ 812.5(元)$$

计算新设备的年平均成本如下：

$$AC_{新} = \frac{50\ 000 + 937.5 \times (P/A,10\%,3) - 7\ 812.5 \times (P/F,10\%,4)}{(P/A,10\%,4)}$$

$$= 14\ 825.11(元)$$

因为旧设备的年平均成本低于新设备的年平均成本，所以选择继续使用旧设备。

三、固定资产经济寿命

某项固定资产从开始投入使用直至丧失其应有功能而无法修复再使用为止的期限，称为固定资产自然寿命。某项固定资产的年平均成本达到最低的使用期限，则称为固定资产的经济寿命，亦称最低成本期或最优更新期。一般来说，固定资产的经济寿命短于自然寿命。

正确确定固定资产的经济寿命，显然要计算出固定资产在使用期限内各年的年平均成本，从中选取年平均成本最低的使用年限。年平均成本的计算方法与固定资产应否更新决策中所述年平均成本计算方法类似。其计算公式为：

$$AC_m = \left[C - \frac{S_m}{(1+i)^t} + \sum_{t=1}^{m} \frac{C_t(1-T) - D_t T}{(1+i)^t} \right] / (P/A,i,m)$$

式中：m——设备被更新的年份（$m = 1,2,\cdots,n$）；

    C——设备原值；

    S_m——第 m 年设备税后余值；

    C_t——第 t 年设备运行成本；

    D_t——第 t 年设备折旧；

    T——所得税税率。

【例 8-3】某设备购买价格是 70 000 元,预计使用寿命为 10 年,无残值。设定的折现率为 10%,企业所得税税率为 25%。有关资料见表 8-2。试确定该设备的经济寿命。

表 8-2   单位:元

更新年限	第 1 年	第 2 年	第 3 年	第 4 年	第 5 年	第 6 年	第 7 年	第 8 年	第 9 年	第 10 年
折旧额	7 000	7 000	7 000	7 000	7 000	7 000	7 000	7 000	7 000	7 000
设备余值	63 000	56 000	49 000	42 000	35 000	28 000	21 000	14 000	7 000	0
运行费用	10 000	10 000	10 000	11 000	11 000	13 000	15 000	17 000	19 000	20 000

根据上述资料,列表计算如表 8-3 所示:

表 8-3   单位:元

更新年限	第 1 年	第 2 年	第 3 年	第 4 年	第 5 年	第 6 年	第 7 年	第 8 年	第 9 年	第 10 年
C_t	10 000	10 000	10 000	11 000	11 000	13 000	15 000	17 000	19 000	20 000
$C_t(1-25\%)$	7 500	7 500	7 500	8 250	8 250	9 750	11 250	12 750	14 250	15 000
D_t	7 000	7 000	7 000	7 000	7 000	7 000	7 000	7 000	7 000	7 000
$D_t 25\%$	1 750	1 750	1 750	1 750	1 750	1 750	1 750	1 750	1 750	1 750
$(P/F,10\%,m)$	0.909	0.826	0.751	0.683	0.621	0.564	0.513	0.467	0.424	0.386
$\dfrac{C_t(1-25\%)-D_t(1-25\%)}{(1+10\%)^t}$	5 226.75	4 749.5	4 318.25	4 439.5	4 036.5	4 512	4 873.5	5 137	5 300	5 114.5
$\sum\limits_{t=1}^{m}\dfrac{C_t(1-25\%)-D_t(1-25\%)}{(1+10\%)^t}$	5 226.75	9 976.25	14 294.5	18 734	22 770.5	27 282.5	32 156	37 293	42 593	47 707.5
S_m	63 000	56 000	49 000	42 000	35 000	28 000	21 000	14 000	7 000	0
$S_m(P/F,10\%,m)$	57 267	46 256	36 799	28 686	21 735	15 792	10 773	6 538	2 968	0
C	70 000	70 000	70 000	70 000.	70 000	70 000	70 000	70 000	70 000	70 000
现值总成本①	17 959.75	33 720.25	47 495.5	60 048	71 035.5	81 490.5	91 383	100 755	109 625	117 707.5
$(P/A,10\%,m)$	0.909	1.736	2.487	3.170	3.791	4.355	4.868	5.335	5.759	6.145
年平均成本②	19 758	19 424	19 098	18 943	18 738	18 712	18 772	18 886	19 035	19 155

注①:现值总成本 $=C-S_m(P/F,10\%,m)+\sum\limits_{t=1}^{m}\dfrac{C_t(1-25\%)-D_t(1-25\%)}{(1+10\%)^t}$

注②:年平均成本 = 现值总成本/$(P/A,10\%,m)$

比较上表的年平均成本可知,该设备运行到第 6 年时年平均成本最低,因此该设备的经济寿命为 6 年。

四、固定资产租赁或购买的决策

在企业资金有限的情况下,如果要添置某项固定资产,通常面临是借款购买还是租赁的决策。这里,我们分融资租赁和经营租赁两种情况来说明。

(一)固定资产融资租赁或购买的决策

融资租赁租入的固定资产视同自有固定资产管理,这两种方式下与新增的固定资产相关的现金流出量和现金流入量完全相同,此时,需要考虑的是两种方式下资金的使用成本。决策时,只要计算租金的内含报酬率(能使各期租金总现值正好等于租入资产原价的贴现率),再将其与举债的借款利率进行比较,选择其中低者。

【例 8-4】某公司拟添置一台生产设备,该设备的买价为 300 000 元,可使用 10 年,假设期满无残值。这项设备的添置有两个方案可供选择:一个方案是向银行借款购入,借款利率为 14%;另一个方案是向租赁公司融资租入,需于第一年年初支付租金 20 000 元,以后每年年末支付租金 52 000 元。要求为该公司做出该项设备应举债购置还是租入的决策。

(1)计算租入的 IRR。

52 000(P/A,IRR,10)= 300 000-20 000

(P/A,IRR,10) = 5. 385

查"年金现值系数表",在 n= 10 时,与 5. 385 相邻近的两个贴现率分别为 13% 和 14%,对应年金现值系数分别为 5. 426 和 5. 216,即 13%<租金的 IRR<14%。采用内插法计算得:

$$IRR = 13\% + \frac{5.426 - 5.385}{5.426 - 5.216} \times (14\% - 13\%) = 13.20\%$$

(2)比较两个方案的利率。借款利率为 14%,租入的 IRR 为 13.20%。很明显,借款利率高于租入内含报酬率,故该公司应选择租入方案。

(二)固定资产经营租赁或购买的决策

经营租赁租入的固定资产和购置的固定资产相比,设备的生产能力相同,设备的运行费用也相同,此时只需比较两种方案的成本差异及成本对企业所得税产生的影响差异即可。成本差异表现在两个方面:一方面,经营租赁每年需支付一定的租赁费用,同时租赁费用可列入成本,抵减相应的所得税;另一方面,借款购买设备,企业需支付借款本息,每年还可计提折旧费,折旧和利息费用均可列入成本费用,抵减相应所得税。

【例 8-5】某企业在生产中需要一种设备,设备买价 150 000 元,该设备预计使用 5 年,直线法计提折旧,期末无残值。企业可以从某租赁公司租用该设备,需于每年年末支付租赁费 40 000 元,租赁期 5 年。企业也可借款购置,借款利率 8%,不计复利,借款期限 3 年,到期一次还本付息。假定折现率为 10%,所得税税率 25%。企业是借款购置好还是租赁好?

分析计算如下:

(1)租赁设备。

租赁费支出现值= 40 000×(P/A,10%,5)= 151 640(元)

租赁费抵减所得税现值= 40 000×25%×(P/A,10%,5)= 37 910(元)

租赁设备的现金流出量现值= 151 640-37 910= 113 730(元)

(2)借款购置设备。

借款本息现值=(150 000+150 000×3×8%)×(P/F,10%,3)= 139 686(元)

折旧抵减所得税现值=$\frac{150\ 000}{5}$×25%×(P/A,10%,5)= 28 432.5(元)

利息抵减所得税现值 = 150 000×8%×25%×(P/A,10%,3) = 7 461(元)

借款购置设备的现金流出量现值 = 139 686-28 432.5-7 461

$$= 103\ 792.5(元)$$

上述计算结果表明,借款购置设备的总支出数小于租赁设备的总支出数,因此企业应采取借款购置的方式。

思考题

1. 什么叫货币时间价值? 为什么在投资决策中要考虑货币时间价值?

2. 采用复利和年金计算利息有何区别? 试举例说明。

3. 什么是现金流入? 什么是现金流出? 什么是现金净流量?

4. 投资回收期法有哪些优缺点?

5. 净现值法的基本原理是什么?

6. 内含报酬率法的基本原理是什么?

7. 净现值法和内含报酬率法有什么联系?

练习题

1. 某人拟开设一个彩扩店,通过调查研究提出以下方案:

(1)设备投资:冲扩设备购价 20 万元,预计可使用 5 年,报废时无残值收入;按税法要求该设备折旧年限为 4 年,使用直线法折旧,残值率为 10%;计划在 2×14 年 7 月 1 日购进并立即投入使用。

(2)门店装修:装修费用预计 4 万元,在装修完工的 2×14 年 7 月 1 日支付。预计在 2.5 年后还要进行一次同样的装修。该门店为个人所有,若出租,租金的市价为 1 万元/年。

(3)收入和成本预计:预计 2×14 年 7 月 1 日开业,前 6 个月每月收入 3 万元(已扣除营业税,下同),以后每月收入 4 万元;耗用相纸和冲扩液等成本为收入的 60%;人工费、水电费每月 0.8 万元(不含设备折旧、装修费摊销)。

(4)营运资金:开业时垫付 2 万元。

(5)调查研究费 1 万元。

(6)所得税率为 25%,投资者要求的报酬率最低为 10%。

请问:该彩扩店能否投资?

2. A 公司原有设备一台,目前出售可得收入 7.5 万元(与旧设备折余价值一致),预计使用 10 年,已使用 5 年,预计残值为 0.75 万元,该公司用直线法提取折旧。现该公司拟购买新设备替换原设备。新设备购置成本为 40 万元,使用年限为 5 年,同样用直线法提取折旧,预计残值与使用旧设备的残值一致。使用新设备后公司每年的销售额可从 150 万元上升到 165 万元,每年的付现成本将从 110 万元上升到 115 万元。所得税税率为 25%,贴现率为 10%。

　　要求:评价该公司应否使用新设备。

　　3. ABC 公司拟采用新设备取代已使用 3 年的旧设备。旧设备原价100 000元,当前估计尚可使用 5 年,每年操作成本 12 000 元,预计最终残值 7 000 元,目前变现价值 60 000元。购置新设备需花费 110 000 元,预计可使用 6 年,每年操作成本 3 400 元,预计最终残值 10 000 元。该公司预期报酬率 12%,税法规定该类设备采用直线法折旧,折旧年限 6年,残值为原值的 10%,所得税税率 25%。

　　要求:判断是否应更换设备。

第三篇
计划与控制系统

任何一个企业，无论规模大小，为了以较少的资源耗费取得较大的经济效益，都必须实行目标管理。要使企业各职能部门都围绕生产经营目标相互配合，协调行动，就必须事先搞好计划工作。计划是将未来活动规划进行数量化，是企业经营管理的执行的具体化。计划也是考核管理人员及全体员工经营业绩的重要依据。企业的经营计划能否顺利实现，依靠执行过程中的日常控制。控制是企业实现目标和计划的重要手段，是介于决策和执行之间，联系确定目标与实现目标的必不可少的桥梁。

本篇共分四章，分别介绍对全面预算、标准成本、责任会计和作业成本的基本概念、基本方法及具体运用。

第九章

全面预算管理

　　任何一个企业,不论规模大小,它所掌握的人力、物力和财力的资源总是有一定的限度的。一般来说,企业的全部资源只是为了满足其生产和销售一定量的产品、供应一定量的劳务并达到自己的目标利润所必需的数量。为了以最少的资源取得尽可能大的经济效益,提高企业的管理水平和应变能力,就必须在事先做好预算和计划工作。

第一节　全面预算概述

一、全面预算的作用

　　预算是计划工作的成果,它既是决策的具体化,又是控制生产经营活动的依据。预算在传统上被看成是控制支出的工具,但新的观念是将其看成"使企业的资源获得最佳生产效率和获利能力的一种方法"。

　　企业全部经济活动过程的正式计划如果用数量形式反映出来,就叫做全面预算(Comprehensive Budget)。全面预算是所有以货币及其他数量形式反映的有关企业未来一段期间内全部经营活动各项目标的行动计划与相应措施的数量说明。

　　为了达到和完成预定的目标利润,企业的所有职能部门必须相互配合,并需均衡地开展工作。企业编制全面预算就是要使每个职能部门的管理人员都知道在计划期间应该做些什么,以及怎样去做,从而保证其他部门和整个企业工作的顺利进行。

　　编制全面预算就是把涉及该企业战略目标的一整套经济活动连接在一起,并规定如何去完成的方法,实际上它就是企业总体规划的数量说明。有了全面预算,企业就可以按照预算体系进行经营管理,而不是主观臆断。编制全面预算的具体作用表现在以下几个方面:

　　(一)全面预算有利于各级各部门明确其目标

　　企业预算包括各级各部门工作目标、协调工具、控制标准、考核依据。全面预算的编制就是把整个企业和各个职能部门在计划期间的工作分别制定出具体的目标,并将制定的目标所依据的主要设想和意图以及达到各项目标所要采取的方法和措施都详细地列出来。这样,全面预算就有助于全体职工了解本部门和自己与整个企业的经营目标之间的关系,明确自己在业务量、收入、成本、费用各方面应努力的方向,促使每个职工想方设法,从各自的角度去完成企业总的战略目标。

（二）全面预算有利于协调各职能部门的工作

从系统论的观点来看，局部计划的最优化对全局来说不一定是最合理的。为了使各个职能部门向着共同的、总的战略目标前进，它们的经济活动必须密切配合，相互协调，统筹兼顾，全面安排，搞好综合平衡。编制全面预算能促使各部门管理人员清楚了解本部门在全局中的地位和作用，尽可能地做好部门之间的协调工作。各级各部门因其职责不同，往往会出现相互冲突的现象。各部门之间必须协调一致，才能最大限度地实现企业整体目标。例如，企业的销售、生产、财务等各部门可以分别编制出对自己来说最好的计划，而该计划在其他部门不一定能行得通。销售部门根据市场的预测提出了一个庞大的销售计划，生产部门可能没有那么大的生产能力。生产部门可能编制一个可充分利用现有生产能力的计划，但销售部门可能无力将这些产品销售出去。销售部门和生产部门都认为应该扩大生产能力，财务部门却认为无法筹到必要的资金。全面预算经过综合平衡后，可以找出解决各级各部门冲突、实现企业全局最优的方案，可以使各级各部门的工作在此基础上协调进行。

（三）全面预算有利于控制日常经济活动

全面预算一经确定，就必须付诸执行，管理工作的重心转入控制，即设法使经济活动按计划进行。控制过程包括经济活动状态的计量、实际状态和标准的比较，两者差异的确定和分析，以及采取措施调整经济活动等。在预算执行过程中，各级各部门应通过计量、对比，及时发现实际偏离或脱离预算的差异，并分析其差异产生的原因，以便采取必要的措施，保证预定目标的实现。因此，全面预算是控制企业日常经济活动的主要依据。当实际状态和预算有较大差异时，要查明原因并采取措施。

（四）全面预算有利于评定和考核各部门或个人的工作业绩

现代化生产是许多人共同劳动的过程，不能没有责任制度，而有效的责任制度离不开工作业绩的考核。通过考核，对每个部门或个人的工作进行评价，并据此实行奖惩，可以促使人们更好地工作。预算是评定各级各部门及个人工作业绩好坏的重要标准。在当今科技迅速发展、市场竞争激烈、劳动生产率不断提高的情况下，将实际情况与计划或预算相比，有利于客观地评价各级各部门的业绩。

为使预算发挥上述作用，除了要编制一个高质量的预算外，还应制定合理的预算管理制度，包括预算程序、修改预算的办法、预算执行情况的分析方法、调查和奖惩办法等。

二、全面预算的内容

全面预算是由一系列预算构成的体系，具体包括业务预算、特种决策预算和财务预算三大内容，各预算相互联系。

（一）业务预算

业务预算（Operational Budget）是指与企业日常经营活动直接相关的经营业务的各种预算。业务预算主要包括销售预算、生产预算、材料采购预算、直接材料消耗预算、直接人工预算、制造费用预算、产品生产成本预算、经营费用和管理费用预算等。

（二）特种决策预算

特种决策预算也叫专门决策预算（Special Decision Budget），是指企业不经常发生的、一次性的重要决策预算。专门决策预算最能直接地体现决策的结果，是实际中选方案的进一步规划。例如，资本支出预算（Capital Expenditure Budget），其编制依据可以追溯到决策之前收集到的有关资料，只不过预算比决策估算更细致、更精确一些。

（三）财务预算

财务预算（Financial Budget）指企业在计划期内反映有关预计现金收支、经营成果和财务状况的预算。财务预算作为全面预算体系的最后环节，从价值方面总括地反映企业经营决策预算与业务预算的结果。也就是说，业务预算和专门决策预算中的资料都可以用货币金额反映在财务预算内。这样一来，财务预算就成为了各项经营业务预算和专门决策预算的整体计划，亦称为总预算（Master Budget），其他预算则相应称为辅助预算或分预算（Partial Budget）。显然，财务预算在全面预算中占有举足轻重的地位。

企业应根据长期市场预测和企业生产能力编制长期销售预算，以此为基础，确定本年度的销售预算，并根据企业财力确定资本支出预算。销售预算是年度预算的编制起点，根据"以销定产"的原则确定生产预算，同时确定所需要的销售费用。生产预算的编制除了考虑计划销售量外，还要考虑现有存货和年末存货。根据生产预算来确定直接材料、直接人工和制造费用预算。产品成本预算和现金预算是有关预算的汇总。预计利润表、资产负债表和现金流量表是全部预算的综合。

三、全面预算编制的原则

预算管理是利用预算对企业内部各部门、各单位的各种财务及非财务资源进行分配、考核、控制，以便有效地组织和协调企业的生产经营活动，完成既定的经营目标。企业预算是在预测和决策的基础上，围绕企业战略目标，对一定时期内企业资金的取得和投放、各项收入和支出、企业经营成果及其分配等资金运动所作的具体安排。企业预算应当围绕企业的战略要求和发展规划，以业务预算、资本预算为基础，以经营利润为目标，以现金流为核心进行编制，并主要以财务报表形式予以充分反映。

企业编制全面预算应遵守的基本原则和要求：

（1）坚持效益优先原则，实行总量平衡，进行全面预算管理；

（2）坚持积极稳健原则，确保以收定支，加强财务风险控制；

（3）坚持权责对等原则，确保切实可行，围绕经营战略实施。

四、预算管理的组织机构

企业要发挥预算管理的作用，企业应该设置全面预算管理的组织机构，以保证企业预算的及时编制、有效执行。

（一）企业法定代表人

企业法定代表人应当对企业财务预算的管理工作负总责。企业董事会或者经理办公会可以根据情况设立预算委员会或指定财务管理部门负责预算管理事宜,并对企业法定代表人负责。

（二）预算委员会

预算委员会（没有设立预算委员会的,即为企业财务管理部门）主要拟订全面预算的目标、政策,制定预算管理的具体措施和办法,审议、平衡预算方案,组织下达预算,协调解决预算编制和执行中的问题,组织审计、考核预算的执行情况,督促企业完成预算目标。

（三）财务管理部门

企业财务管理部门在预算委员会或企业法定代表人的领导下,具体负责组织企业预算的编制、审查、汇总、上报、下达、报告等具体工作,跟踪监督预算的执行情况,分析预算与实际执行的差异及原因,提出改进管理的措施和建议。

（四）其他职能部门

企业内部生产、投资、物资、人力资源、市场营销等职能部门具体负责本部门业务涉及的预算的编制、执行、分析、控制等工作,并配合预算委员会做好企业总预算的综合平衡、协调、分析、控制、考核等工作。各职能部门主要负责人参与企业预算委员会的工作,并对本部门预算执行结果承担责任。

（五）基层单位

企业的基层单位是企业主要的预算执行单位,在企业财务管理部门的指导下,负责本单位现金流量、经营成果和各项成本费用预算的编制、控制、分析工作,接受企业的检查、考核。基层单位的主要负责人对本单位预算的执行结果承担责任。企业对具有控制权的子公司应当同时实施预算管理。

五、全面预算的编制程序

企业编制预算,一般应按照"上下结合、分级编制、逐级汇总"的程序进行。

（一）下达目标

企业董事会或经理办公会根据企业发展战略和预算期经济形势的初步预测,在决策的基础上,一般于每年9月底以前提出下一年度企业财务预算目标,包括销售或营业目标、成本费用目标、利润目标和现金流量目标,并确定财务预算编制的政策,由财务预算委员会下达各预算执行单位。

（二）编制上报

各预算执行单位按照企业财务预算委员会下达的财务预算目标和政策,结合自身特点以及预测的执行条件,提出详细的本单位财务预算方案,于10月底以前上报企业财务管理部门。

（三）审查平衡

企业财务管理部门对各预算执行单位上报的财务预算方案进行审查、汇总,提出综合平衡的建议。在审查、平衡过程中,财务预算委员会应当进行充分协调,对发现的问题提出初步调整的意见,并反馈给有关预算执行单位予以修正。

（四）审议批准

企业财务管理部门在有关预算执行单位修正调整的基础上,编制出企业财务预算方案,报财务预算委员会讨论。对于不符合企业发展战略或者财务预算目标的事项,企业财务预算委员会应当责成有关预算执行单位进一步修订、调整。在讨论、调整的基础上,企业财务管理部门正式编制企业年度财务预算草案,提交董事会或经理办公会审议批准。

（五）下达执行

企业财务管理部门一般在次年 3 月底以前将董事会或经理办公会审议批准的年度总预算分解成一系列的指标体系,由财务预算委员会逐级下达各预算执行单位执行。在下达后 15 日内,母公司应当将企业财务预算报送主管财政机关备案。

第二节　全面预算的编制

一、预算的编制方法

企业预算可以根据不同的预算项目,分别采用固定预算、弹性预算、增量预算、零基预算、定期预算和滚动预算等方法进行编制。

（一）固定预算

固定预算（Fixed Budget）又称静态预算（Static Budget）,是根据预算内正常的、可实现的某一业务量水平作为唯一基础来编制的预算,一般适用于固定费用或者数额比较稳定的预算项目。

固定预算的缺点主要表现在两个方面。一方面是过于呆板,因为编制预算的业务量基础是事先假定的某个业务量。在这种方法下,不论预算期内业务量水平实际可能发生哪些变动,都只按事先确定的某一个业务量水平作为编制预算的基础。另一方面是可比性差。当实际的业务量与编制预算所依据的业务量发生较大差异时,有关预算指标的实际数与预算数就会因业务量基础不同而失去可比性。例如,某企业预计业务量为100 000件产品的销售,按此业务量给销售部门的预算费用为5 000元。尽管该销售部门实际销售业务已达到 120 000 件,超出了预算,其固定预算下费用预算仍为 5 000 元。或有增加费用的情况需要通过预算委员会进行调整。

（二）弹性预算

弹性预算（Flexible Budget）是在按照成本（费用）习性分类的基础上,根据量、本、利之间的依存关系,考虑到计划期间业务量可能发生的变动,编制出一套适应多种业务量的费用预算,以便分别反映在各该业务量的情况下所应支出的费用水平。该方法按照预算期内可以预见的多种生产经营管理活动水平分别确定相应的数据,使编制的预算随着生产经营管理活动的变动而变动。由于这种预算本身具有弹性,故称为弹性预算或可变预算。该方法是为了弥补固定预算的缺陷而产生的。编制弹性预算所依据的业务量可能是产量、销售量、机器工时、材料消耗量和直接人工工时等。

弹性预算的优点主要表现在两个方面。一方面是能适应不同经营活动情况的变化,随业务量的大小而相应调整,具有一定的伸缩性,扩大了计划内的适用范围。另一方面是使预算执行情况的评价与考核建立在更加客观而可比的基础上,可比性强。弹性预算一般适用于与预算执行单位业务量有关的成本(费用)、利润等预算项目。

利用弹性预算方法编制费用预算,由于制造费用、管理费用或销售费用中均包括变动成本和固定成本两大部分,按照它们的成本习性,固定费用一般是不随业务量增减变动而变动的,因此在编制费用预算时,只需将变动费用部分按业务量的变动加以调整即可。

费用预算总额 Y 与固定费用 a、业务量 x、单位变动费用 b 之间的关系如下:

$Y = a + bx$

应当注意,由于实际工作中有许多费用项目属于半变动或半固定性质,因此需要应用上述调整原理对每个费用子项目甚至细目逐一进行分析计算,并编制出一套能适用多种不同业务水平的费用预算。

弹性预算的编制步骤如下:

第一,选择经营活动水平的计量标准(如产量、工时)。

第二,确定不同情况下经营水平的范围,一般在正常生产能力的 70%~110%,其间隔可为 5%~10%。

第三,根据成本和产量之间的关系,分别计算确定变动成本、固定成本和半变动成本及多个具体项目在不同经营活动水平范围内的计划成本。

第四,通过一定的表格形式加以汇总编制弹性预算。

【例 9-1】某企业的制造费用项目及单位变动费用和固定费用资料如表 9-1 所示:

表 9-1　　　　　　　　　××企业单位变动费用和固定费用资料　　　　　　　单位:元

费用明细项目	单位变动费用	费用明细项目	固定费用
变动费用:		固定费用:	
间接人工	0.5	维护费用	12 000
间接材料	0.6	折旧费用	30 000
维护费用	0.4	管理费用	20 000
水电费用	0.3	保险费用	10 000
机物料	0.2	财产税	5 000
小计	2.0	小计	77 000

假设原计划业务量为 50 000 工时,现分别编制出业务量 49 000 工时、49 500 工时、50 000 工时、50 500 工时、51 000 工时的制造费用弹性预期算,如表 9-2 所示:

表 9-2 　　　　　　　　　　　××企业制造费用弹性预算表　　　　　　　　　单位:元

费用明细项目	单位变动费用(元)	业务量				
		49 000（工时）	49 500（工时）	50 000（工时）	50 500（工时）	51 000（工时）
变动费用:						
间接人工	0.5	24 500	24 750	25 000	25 250	25 500
间接材料	0.6	29 400	29 700	30 000	30 300	30 600
维护费用	0.4	19 600	19 800	20 000	20 200	20 400
水电费用	0.3	14 700	14 850	15 000	15 150	15 300
机物料	0.2	9 800	9 900	10 000	10 100	10 200
小计	2.0	98 000	99 000	100 000	101 000	102 000
固定费用:						
维护费用		12 000	12 000	12 000	12 000	12 000
折旧费用		30 000	30 000	30 000	30 000	30 000
管理费用		20 000	20 000	20 000	20 000	20 000
保险费用		10 000	10 000	10 000	10 000	10 000
财产税		5 000	5 000	5 000	5 000	5 000
小计		77 000	77 000	77 000	77 000	77 000
制造费用合计		175 000	17 600	177 000	178 000	179 000

必须指出,表 9-2 弹性预算表中固定费用部分在整个相关范围内均保持不变。实践中,如果某一预算业务量超过了相关范围,部分固定费用可能会发生变动。

(三)增量预算

增量预算(Incremental Budget)是指以基期成本费用水平为基础,结合预算业务量水平及有关降低成本的措施,通过调整有关原有费用项目而编制预算的方法。增量预算以过去的费用为基础,主张不在预算内容上做较大的调整。这可能导致由于受原有费用项目的限制而出现保护落后的情况。因为不加分析地保留或接受原有的成本项目,可能使原来不合理的费用得不到控制,形成不必要开支合理化,造成预算上的浪费。

【例 9-2】某企业上年的制造费用为 50 000 元,考虑本年生产任务增大 10%,按增量预算编制计划年度的制造费用。

计划年度制造费用预算 = 50 000×(1+10%) = 55 000(元)

(四)零基预算

零基预算的全称为"以零为基础的编制计划和预算的方法"(Zero-base Planning and Budget),最初由美国奥州仪器公司的彼得·派尔(Peter Pyhrr)在 20 世纪 60 年代提出来。零基预算是在编制费用预算时,不考虑以往会计期间所发生的费用项目或费用数额,而是一切以零为出发点,从实际需要逐项审议预算期内各项费用的内容及开支标准是否合理,在综合平衡的基础上编制费用预算的方法。

零基预算的程序如下：

第一，动员企业内部各部门的员工，根据企业的生产经营目标，详细讨论计划期内应该发生的费用项目，并对每一费用项目编写一套方案，提出费用开支的目的以及需要开支的费用数额。

第二，划分不可避免费用项目和可避免费用项目。在编制预算时，对不可避免费用项目必须保证资金供应；对可避免费用项目，则需要逐项进行成本与效益分析，尽量控制不可避免项目纳入预算当中。

第三，划分不可延缓费用项目和可延缓费用项目。在编制预算时，应根据预算期内可供支配的资金数额在各费用之间进行分配，应优先安排不可延缓费用项目的支出，然后再根据需要和可能，按照费用项目的轻重缓急确定可延缓项目的开支。

零基预算的优点表现在四个方面。一是不受现有费用项目的限制；二是不受现行预算的束缚；三是能够调动各方面节约费用的积极性；四是有利于促使各基层单位精打细算，合理使用资金，真正发挥各项目费用的效果。

零基预算的工作量较大，编制预算需要较长的时间。为了克服这一不足，不需要每年都按零基预算的方法编制预算，而是每隔几年按此方法编制一次预算。

（五）滚动预算

滚动预算（Rolling Budget）又称连续预算，是指在编制预算时将预算期与会计期间脱离开，随着预算的执行不断地补充预算，逐期向后滚动，使预算期始终保持为 12 个月的一种预算方法。

滚动预算的基本做法是使预算期始终保持 12 个月，每过 1 个月或 1 个季度，立即在期末增列 1 个月或 1 个季度的预算，逐期往后滚动，因而在任何一个时期都使预算保持 12 个月的时间幅度，故又叫连续预算（Continuous Budget）或永续预算（Perpetual Budget）。这种预算能使企业各级管理人员对未来始终保持整整 12 个月时间的考虑和规划，从而保证企业的经营管理工作稳定而有秩序地进行。

滚动预算的编制还采用了长期计划、短期安排的方法进行，那就是在基期编制预算时，先按年度分季，并将其中第一季度按月划分，建立各月的明细预算数字，以便监督预算的执行；至于其他三个季度的预算可以粗略一些，只列各季总数。到第一季度结束后，再将第二季度的预算按月细分，第三、四季度以及增列的再下一年度的第一季度的预算只列出各季度的总数，以此类推。这种方法编制的预算有利于管理人员对预算资料做经常性的分析研究，并能根据当时预算的执行情况加以调整。

二、全面预算的编制

全面预算实际上是一整套预计财务报表和有关附表。全面预算主要是用来规划计划期间的经济活动及其结果全面预算的基本内容有：销售预算、生产预算、材料采购预算、直接人工预算、制造费用预算、单位生产成本预算、销售及管理费用预算、专门决策预算、现金预算、预计收益表、预计资产负债表。

全面预算主要是以现金预算、预计资产负债表和预计收益表的形式反映,其中现金预算是全面预算的核心内容,并且全面预算是以业务预算和决策预算为基础编制的,是其他预算有关现金收支的汇总。

现金预算(Cash Budget)也称现金收支预算,是以日常业务预算和决策预算为基础编制的反映企业现金收支情况的预算。现金收支预算主要反映企业现金收入来源、现金支出去向、现金收支净差额。现金收支预算实际上与现金流量表中的现金意义是一样的。由于投资和筹资影响的现金数额一般较大,且不经常发生,所以此处介绍的现金收支预算主要是经营活动的现金收支情况。因此,现金预算的主要依据是各业务预算及决策预算中的有关资料。

现金收入包括计划期间的期初现金余额,加上本期预计可能发生的现金收入。一般来说,现金收入的主要来源是销售收入和应收账款的收回,可从销售预算中获得所需资料。

现金支出包括计划期内预计可能发生的一切现金支出,如支付购料款、支付工资和各种费用。这些资料可从材料采购预算、直接人工预算、各种费用预算表中获得。

现金余缺是将现金收入总额减去现金支出总额后,如收入大于支出,出现剩余,可以用来偿还借款或进行短期投资;如收入小于支出,出现缺额,则应向银行或其他单位举债。

融通资金和投放资金包括计划期间需要向银行借款的数额、向外投资的数额,以及归还借款、偿还利息、收回投资及股利等。

现金预算是以业务预算为基础的,因此编制现金预算必定涉及业务预算。

(一)销售预算

销售预算(Sales Budget)指在销售预测的基础上,根据企业年度目标利润确定的预计销售量、销售单价和销售收入等参数编制的,用于规划预算期销售活动的一种业务预算。在编制过程中,应根据年度内各季度市场预测的销售量和单价,确定预计销售收入,并根据各季现销收入与收回前期的应收账款反映现金收入额,以便为编制现金收支预算提供资料。

【例9-3】根据资料编制 W 公司 2×14 年的预算。

W 公司于 2×14 年(计划年度)只生产和销售一种产品,每季的产品销售货款有 60% 于当期收到(现销),有 40% 属赊销,于下一个季度收到。2×13 年(基期)年末的应收账款为 175 000 元。该公司计划年度的分季销售预算如表 9-3 所示:

表9-3   W 公司销售预算

2×14 年度   金额单位:元

项目＼时间	1 季度	2 季度	3 季度	4 季度	全年
预计销量(件)	2 000	2 500	3 000	2 500	10 000
单价(元)	250	250	250	250	250
预计销售收入	500 000	625 000	750 000	625 000	2 500 000
应收账款期初	175 000				175 000
1 季度现销	300 000	200 000			500 000
2 季度现销		375 000	250 000		625 000
3 季度现销			450 000	300 000	750 000
4 季度现销				375 000	250 000
现金收入合计	475 000	575 000	700 000	675 000	2 425 000

(二)生产预算

生产预算(Production Budget)是为规划预算期生产规模而编制的一种业务预算,它是在销售预算的基础上编制的,并可以作为编制材料采购预算和生产成本预算提供依据。编制生产预算的主要依据是预算期各种产品的预计销售量及存货期初期末资料。具体计算公式为:

预计生产量=预计销售量+预计期末结存量-预计期初结存量

假设 W 公司于 2×14 年年初结存产成品 300 件,年末结存产成品 400 件,预计销售量见销售预算表。W 公司生产预算表如表9-4 所示:

表9-4   W 公司生产预算表

2×14 年度   单位:件

项目＼时间	1 季度	2 季度	3 季度	4 季度	全年
预计销量	2 000	2 500	3 000	2 500	10 000
加:预计期末结存	500	550	500	400	400
预计需要量	2 500	3 050	3 500	2 900	14 000
减:期初结存量	300	500	550	500	400
预计生产量	2 200	2 550	2 950	2 400	10 100

(三)材料采购预算

材料采购预算(Purchases Budget of Materials)是为了规划预算期材料消耗情况及采购活动而编制的,用于反映预算期各种材料消耗量、采购量、材料消耗成本和材料采购成本等计划信息的一种业务预算。依据预计产品生产量和材料单位耗用量,确定生产需要耗用量,再根据材料的期初期末结存情况确定材料采购量,最后根据采购材料的付款确定现金支出预算。

　　某种材料耗用量=产品预计生产量×单位产品定额耗用量

　　某种材料采购量=某种材料耗用量+该种材料期末结存量-该种材料期初结存量

　　假设 W 公司计划年度期初材料结存量 720 千克,期末材料结存量 860 千克,每季度的购料款于当季支付 40%,60%于下一个季度支付。其他资料利用销售预算和生产预算中提供的。W 公司计划年度分季材料采购预算如表 9-5 所示:

表 9-5　　　　　　　　　　　　W 公司材料采购预算表

2×14 年度　　　　　　　　　　　　　　金额单位:元

时间 \ 项目	1 季度	2 季度	3 季度	4 季度	全年
预计生产量(件)	2 200	2 550	2 950	2 400	10 100
材料定额单耗(千克)	5	5	5	5	5
预计生产需要量(千克)	11 000	12 750	14 750	12 000	50 500
加:期末结存量(件)	820	980	784	860	860
预计需要量合计(件)	11 820	13 730	15 534	12 860	51 360
减:期初结存量(件)	720	820	780	784	720
预计材料采购量(件)	11 100	12 910	14 554	12 076	50 640
材料计划单价	20	20	20	20	20
预计购料金额	222 000	258 200	291 000	241 520	1 012 800
应付账款年初余额	120 000				120 000
1 季度购料付现	88 800	133 200			222 000
2 季度购料付现		103 280	154 920		258 200
3 季度购料付现			116 432	174 648	291 000
4 季度购料付现				96 608	144 912
现金支出合计	208 800	236 480	271 352	271 256	987 888

（四）直接人工预算

　　直接人工预算(Direct Labor Budget)是一种既反映预算期内人工工时消耗水平,又规划人工成本开支的业务预算。这项预算是根据生产预算中的预计生产量以及单位产品所需的直接人工小时和每小时工资率进行编制的。在通常情况下,企业往往要雇用不同工种的人工,那就必须按工种类别分别计算,然后将算得的直接人工小时总数分别乘以各该工种的工资率,再予以合计,即可求得预计直接人工成本的总数。

　　假设 W 公司单位产品耗用工时为 6 小时,单位工时的工资率为 5 元,计算各季人工工资预算如表 9-6 所示:

表 9-6　　　　　　　　　　　W 公司直接人工预算表
2×14 年度

项目 \ 时间	1 季度	2 季度	3 季度	4 季度	全年
预计生产量(件)	2 200	2 550	2 950	2 400	10 100
单耗工时(小时)	6	6	6	6	6
直接人工小时数(小时)	13 200	15 300	17 700	14 400	60 600
单位工时工资(元)	5	5	5	5	5
预计直接人工成本(元)	66 000	76 500	88 500	72 000	303 000

由于工资一般都要全部支付现金,因此直接人工预算表中预计直接人工成本总额就是现金预算中的直接人工工资支付额。

(五)制造费用预算

制造费用预算(Manufacturing Overhead Budget)指生产成本中除直接材料、直接人工以外的一切不能直接计入产品制造成本的间接制造费用。这些费用必须按成本习性划分为固定费用和变动费用。编制制造费用预算时,应以计划期的一定业务量为基础来规划各个费用项目的具体预算数字。另外在制造费用预算表下还要附有预计现金支出表,以便编制现金收支预算。需要注意的是,制造费用中的非付现费用如折旧费在计算现金支出时应予以扣除。

根据前面所编各预算表的资料,编制 W 公司制造费用预算表如表 9-7:

表 9-7　　　　　　　　　　　W 公司制造费用预算表
2×14 年度　　　　　　　　　　　　　　　　　　　　　单位:元

费用项目	金额	费用项目	金额
间接人工	0.2×60 600＝12 120	维护费用	4 000
间接材料	0.1×60 600＝6 060	折旧费用	73 200
维护费用	0.15×60 600＝9 090	管理费用	35 000
水电费用	0.25×60 600＝15 150	保险费用	6 000
润滑剂	0.05×60 600＝3 030	财产税	3 000
小计	0.75×60 600＝45 450	小计	121 200

变动费用现金支出	45 450
固定费用合计	121 200
减:折旧费用	73 200
固定费用现金支出	48 000
制造费用全年现金支出	93 450
制造费用第 1 季现金支出	25 000
制造费用第 2 季现金支出	25 000
制造费用第 3 季现金支出	24 000
制造费用第 4 季现金支出	19 450

(六)单位生产成本预算

单位生产成本预算(Unit Production Cost Budget)是反映预算期内各种产品生产成本

水平的一种业务预算。这种预算是在生产预算、直接材料消耗及采购预算、直接人工预算和制造费用预算的基础上编制的,通常应反映各产品单位生产成本,有时还要反映年初、年末存货水平。

假设 W 企业采用制造成本法,生产成本包括变动生产成本和固定生产成本。根据前面以编制的各种业务预算表的资料,编制 W 公司单位产品生产成本预算表如表9-8所示:

表9-8　　　　　　　　　　　W公司单位产品生产成本预算表

2×14 年度　　　　　　　　　　　　　　　金额单位:元

成本项目	单位用量	单位价格	单位成本
直接材料	5 千克	20 元/千克	100
直接人工	6 小时	5 元/小时	30
变动制造费用	6 小时	0.75 元/小时	4.5
单位变动生产成本			134.5
单位固定成本	121 200÷60 600＝2		2
单位生产成本			136.5
期末存货预算	期末存货数量		400 件
	单位生产成本		136.5
	期末存货成本		54 600

(七)销售及管理费用预算

销售及管理费用预算(Selling & Administrative Expense Budget)是以价值形式反映整个预算期内为销售产品和维持一般行政管理工作而发生的各项费用支出计划的费用预算。销售及管理费用预算与制造费用预算是一样的,需要划分固定费用和变动费用列示。这项预算表下也应附列计划期间预计销售和管理费用的现金支出计算表,以便编制现金收支预算。

假设 W 企业销售和行政管理部门根据计划期间的具体情况,合并编制了销售用行政管理费用预算表,如表9-9所示:

表9-9　　　　　　　　　　　W公司销售用管理费用预算表

2×14 年度　　　　　　　　　　　　　　　单位:元

费用明细项目		预算资金
变动费用	销售佣金 0.1×60 600	6 060
	办公费用 0.4×60 600	24 240
	运输费用 0.2×60 600	12 120
	……	
	……	
	变动费用小计	42 420

表9-9(续)

费用明细项目		预算资金
固定费用	广告费用 管理人员工资 保险费用 折旧费用 财产税 ……	100 000 125 000 8 000 50 000 4 000
	固定费用小计	287 000
预计现金支出计算表	销售及管理费用总额 减:折旧费用 销售及管理费用现金支出总额 每季销售及管理费用现金支出	329 420 50 000 279 420 69 855

(八)专门决策预算

专门决策预算往往涉及长期建设项目的资金投放与筹措,并经常跨年度,因此除个别项目外,一般不纳入日常的业务预算,但应计入与此有关的现金收支预算与预计资产负债表。

假设 W 公司决定于 2×14 年上马一条新的生产线,年内安装完毕,并于年末投入使用,有关投资与筹资预算如表 9-10 所示:

表 9-10　　　　　　　　　W 公司专门决策预算表

2×14 年度　　　　　　　　　　　　　单位:元

时间 项目	1 季度	2 季度	3 季度	4 季度	全年
投资支出预算	50 000	40 000	70 000	80 000	240 000
借入长期借款	40 000			80 000	120 000

(九)现金预算

现金预算(Cash Budget)是将业务预算各表中反映的现金收支额和决策预算的现金投资额汇总列出现金收入总额、现金支出总额、现金余缺数及投资、融资数额。

根据前面编制的各业务预算表和决策预算表的资料,编制现金预算。W 公司年初现金余额为 80 000 元,每季支付各种流转税 35 000 元,年末支付股利 250 000 元。最低现金持有量为 50 000 元。W 公司现金预算表如表 9-11 所示:

表 9-11　　　　　　　　　W 公司现金预算表

2×14 年度　　　　　　　　　　　　　单位:元

时间 项目	1 季度	2 季度	3 季度	4 季度	全年
期初现金余额	80 000	50 000	72 000	50 000	80 000

时间 项目	1 季度	2 季度	3 季度	4 季度	全年
经营现金收入	475 000	575 000	700 000	675 000	2 425 000
经营性现金支出					
直接材料采购	208 800	236 480	271 352	271 256	987 888
直接人工支出	66 000	76 500	88 500	72 000	303 000
制造费用	25 000	25 000	24 000	19 450	93 450
销售及管理费用	69 855	69 855	69 855	69 855	279 420
支付流转税	35 000	35 000	35 000	35 000	140 000
预交所得税	50 000	50 000	50 000	89 440	239 440
分配股利				250 000	250 000
资本性现金支出	80 000	40 000	70 000	50 000	240 000
现金余缺	20 345	92 165	163 293	(132 001)	
长期借款	40 000			80 000	120 000
支付利息	(15 345)	(15 165)	(13 293)	(11 999)	(55 802)
取得短期借款	5 000			20 000	25 000
偿还短期借款		(5 000)			(5 000)
进行短期投资			(100 000)		(100 000)
出售短期投资				100 000	100 000
期末现金余额	50 000	72 000	50 000	56 000	56 000

（十）预计收益表

预计收益表（Pro-forma Income Statement）是用来综合反映企业在计划期生产经营的财务情况，并作为预计企业经营活动最终成果的重要依据，是企业财预算中最主要的预算表之一。编制预计收益表的依据是各业务预算表、决策预算表和现金预算表。

以前面所编制的各种预算表为资料来源。假设 W 企业每季预提财务费用为20 000元，与现金预算中实际支付的利息不一定相等。编制 W 企业预计收益表如表 9-12所示：

表 9-12   W 公司预计收益表

2×14 年度   单位:元

时间 项目项目	1 季度	2 季度	3 季度	4 季度	全年
销售收入	500 000	625 000	750 000	625 000	2 500 000
减:销售成本	273 000	341 250	409 500	341 250	1 365 000
销售毛利	227 000	283 750	340 500	283 750	1 135 000
减:销售及管理费用	82 355	82 355	82 355	82 355	329 420
财务费用	20 000	20 000	20 000	20 000	80 000
营业利润	124 645	181 395	238 145	181 395	725 580
减:所得税	40 000	60 000	70 000	69 440	239 440
净利润	84 645	121 395	168 145	111 955	486 140

(十一)预计资产负债表

预计资产负债表(Proform Balance Sheet)是用来反映企业在计划期末那一天预计的财务状况。预算资产负债表的编制需以计划期开始日的资产负债表为基础,然后根据计划期间各项预算的有关资料做必要的调整。

根据 W 公司期初资产负债表及计划期各项预算中的有关资料进行调整,编制出 W 公司 2×14 年年末的预算资产负债表,如表 9-13 所示:

表 9-13   W 公司预计资产负债表

2×14 年 12 月 31 日   单位:元

资产	金额	负债及权益	金额
流动资产:		流动负债:	
货币资金	56 000	短期借款	20 000
应收账款	250 000	应付账款	144 912
存货	100 000	应付税金	10 000
流动资产合计	406 000	预提费用	24 198
长期资产:		流动负债合计	199 110
固定资产	800 000	长期负债:	120 000
减:累计折旧	200 000	股东权益:	
固定资产净额	600 000	股本	500 000
在建工程	240 000	资本公积	100 000
无形资产	160 000	留存收益	486 890
长期资产合计	1 000 000	权益合计	1 086 890
资产总计	1 406 000	负债及权益总计	1 406 000

思考题

1. 企业编制全面预算的具体作用表现在哪些方面？

2. 全面预算是由一系列预算构成的体系,这个体系具体包括哪些内容？

3. 企业编制全面预算应遵守的基本原则和要求有哪些？

4. 企业应如何编制全面预算？具体的编制方法有哪些？

5. 什么是固定预算和弹性预算？固定预算和弹性预算各有什么特点和适用性？

6. 什么是零基预算？零基预算有何特点？

7. 什么是滚动预算？其适用性如何？

练习题

1. 某企业以生产预算所确定的产品生产量为基础编制直接材料、直接人工和制造费用预算。该企业 2×14 年下半年 7~12 月份的生产量预算如下:

月份	7 月	8 月	9 月	10 月	11 月	12 月
生产预算(个)	3 800	4 400	5 200	6 200	6 800	6 200

该企业所生产的某种产品的有关消耗定额资料如下:

项目	单位消耗量	单位价格
直接材料	5 千克/个	4 元/千克
直接人工	8 小时/个	2 元/小时
变动性制造费用	10 小时/个	1 元/小时
固定性制造费用	200 000 元/月	

此外,该企业生产所需要的材料均从外单位采购,购料款于当月支付60%,下月支付40%。每月月末材料库存量为下一月份生产需用量的30%。预计 6 月底材料库存量为 3 600 千克,2×15 年 1 月初材料库存量为 6 000 千克。应付账款年初余额 30 000 元于 2×15 年 1 月份支付。该企业的生产工人工资均于当月支付。另外,固定性制造费用中含每月固定资产折旧 20 000 元。

要求:

(1)编制直接材料预算。

(2)编制直接人工预算。

(3)编制制造费用预算。

(4)编制单位产品生产成本预算。

2. 某企业生产和销售某种产品,计划编制下年度的全面预算。该企业预期资料如下：

（1）各季度预计销售量分别为 2 000 件、3 000 件、4 000 件、3 000 件，单位售价为 80元/件。每季度的销售收入的 60%于当季度收回现金，其余于下季度收回现金。本年度末应收账款余额为 50 000 元。

（2）预计年末存货量为 220 件，各季度的期末存货按下季度销售量的 10%计算。

（3）本年度末材料库存量为 840 千克，预计年末材料库存量为 920 千克。各季度材料期末库存量按下季度材料耗用量的 20%计算。单位产品耗用量为 2 千克/件，单位采购成本为 5 元/千克。

（4）每季度采购材料款的 40%于当季度现金支付，其余于下季度现金支付。本年度末应付账款余额为 12 000 元。

（5）单位产品直接人工小时为 5 小时/件，小时工资为 5 元/小时。

（6）变动性制造费用按直接人工小时分摊，预计小时费用分配率为 2 元/小时。固定性制造费用预计每季度 40 000 元，其中折旧为 7 500 元。

（7）销售及管理费用变动部分按预计销售量分摊，预计单位变动费用为 5 元/件，固定部分每季度 21 000 元。所有销售及管理费用均以现金支付。

（8）预计下年度第一季度购买固定资产需花费 40 000 元。预交所得税下年度每季度分摊 10 000 元。每季度预计支付利润 4 000 元。

（9）该企业各季末最低现金余额为 20 000 元，现金不足则向银行借款，现金多余则归还借款并支付利息（年利率为 10%）。

（10）本年度末该企业资产负债表如下表所示：

期末资产负债表 单位:元

资产	金额	负债及所有者权益	金额
库存现金	24 000	应付账款	12 000
应收账款	50 000	负债合计	12 000
原材料	4 200	实收资本	80 000
产成品	9 000	未分配利润	115 200
固定资产	200 000	所有者权益合计	195 200
减:累计折旧	80 000		
固定资产净值	120 000		
资产合计	207 200	负债及所有者权益合计	207 200

要求:根据以上资料编制该企业下年度的全面预算，包括销售预算（含现金收入预算）、生产预算、直接材料预算（含现金支出预算）、产成品预算、直接人工预算、制造费用预算、产品成本预算、销售及管理费用预算、现金预算、预计收益表、预计资产负债表。

第十章

标准成本控制

在产品数量、品种、质量、成本以及资本增值这个统一体中,成本控制是个核心问题。成本控制是在市场经济体制下,企业适应市场竞争的要求,在激烈的市场竞争中获得竞争优势的关键所在。

第一节　成本控制概述

一、成本控制的概念

成本控制(Control of Cost)是指企业生产经营过程中,按照既定的成本目标,对构成产品成本的一切生产成本和经营管理费用进行严格的计算、分析、调节和监督,及时发现实际成本、费用与目标的偏差,并采取有效措施,保证产品实际成本和经营管理费用被限制在预定的标准范围之内的一种管理行为。

成本控制有广义的成本控制和狭义的成本控制。广义的成本控制是指成本控制应贯穿于生产经营过程的各个阶段,渗透到成本管理工作的各个环节当中。广义的成本控制要求实行全员、全过程、全方位的科学控制。也就是说,从产品设计、样品试制、加工制造、对外销售、售后服务等都应讲究成本与效益的原则,并且要使整个企业的各个部门、每一个环节、全体职员都要树立成本观念,加强成本控制,实现成本控制目标化、系统化和科学化。狭义的成本控制仅指事中成本控制,即在生产经营过程中,从投料开始,对产品成本的形成和经营管理费用的发生进行严格的控制。

二、成本控制的意义

成本控制不仅仅是将实际成本消极地限制在成本标准范围之内,而是从人力、物力、财力等方面出发,来衡量、考核各项生产经营支出是否符合以最小的耗费取得尽可能大的效益的原则 ,从而达到降低成本、节约费用、提高经济效益的目的。成本控制的主要作用表现在如下几个方面:

(一)成本控制是企业成本管理的核心

成本管理的环节包括成本预测、成本决策、成本规划、成本控制、成本核算、成本分析和考核。在这些环节中,成本预测、成本决策和成本规划是事前管理,成本核算、成本分析和成本考核是事后管理,成本控制是事中管理。成本控制在企业成本管理的全过程中处于核心地位。成本控制既要保证成本目标的实现,同时还要渗透到成本的预测、决策和计划之中。成本预测、成本决策和成本计划为成本控制提供依据,成本核算、成本分析和成本考核则反映了成本控制的结果。因此,成本控制是企业成本管理的核心。成本控制工作是否做得好,直接关系到企业成本目标、成本计划能否实现,从而直接影响企业利润目标的实现。

（二）成本控制是提高企业经济效益的重要手段

成本费用与企业经济效益是一个相互消长的关系。成本费用高,则经济效益就会差;成本费用低,则经济效益就会好。所以,降低成本、节约费用是提高企业经济效益的主要途径。要达到降低成本、节约费用的目的,就必须加强成本管理,其中的一项重要工作就是要强化成本控制。成本控制是对企业生产经营过程中的一切耗费进行约束和调节,使其朝着预定的目标发展。如果企业成本控制不得力,成本降低目标就难以实现,企业经济效益就不可能提高。

（三）成本控制是提高企业竞争力的保证

在市场经济高度发展的今天,企业之间的竞争也愈来愈激烈。企业要生存、要发展、要在市场上占有一席之地,就必须提高自己的竞争能力。要增强企业的竞争能力,一是要降低产品成本,二是要提高产品质量,三是要不断开发新产品。在这三条中,降低成本是最重要的。因为产品成本降低后,可以通过削减产品价格增加产品销售数量,扩大产品销售渠道。产品销路扩大了,经营基础稳固了,便有能力去提高产品质量,在产品设计上创新。而产品质量的提高受合理的成本水平所制约。根据价值工程分析,过剩的产品质量需要花费较高的成本,其实是一种极大的浪费。它不仅不能增强企业竞争能力,反而会削弱企业的竞争能力。因此,加强成本控制、降低产品成本、节约各项费用是增强企业竞争能力的重要手段。

三、成本控制的内容

成本控制的内容是成本控制对象的具体化。成本控制的对象是企业在整个生产经营过程中发生的、以货币形式表现的全部成本费用。因此,从成本的形成过程看,成本控制的内容包括:在材料供应过程中,对物资采购成本和物资储备成本的控制;在产品生产过程中,对产品生产成本的控制和产品质量成本的控制;在产品销售过程中,对产品销售费用及产品售后服务成本的控制。除此之外,还包括:在产品设计阶段,对产品设计成本的控制;在工艺方案确定阶段,对工艺方案成本的控制;在产品试制阶段,对产品试制成本的控制;在产品经营过程中,对企业经营管理费用的控制。

四、成本控制的程序

成本控制的程序一般分为:制定成本控制标准、执行成本控制标准、考核成本控制结果。

(一)确定成本控制标准

标准是用来评价和判断工作完成效果和效率的尺度。要控制产品成本和经营管理费用,就应该有一个成本费用标准,作为检查、衡量、评价实际成本水平的依据。成本控制标准是对各项费用开支和资源消耗规定的数量界限,是成本控制和考核的依据,没有这个标准,也就无法进行成本控制。成本控制标准可以是目标成本、标准成本、定额成本、计划成本及预算费用。这些成本或费用都有事先制定的一个标准。实际成本高于标准,就是超支或浪费;实际成本低于标准,就是节约。成本费用的超支或节约,直接影响企业的经济效益。

(二)执行成本控制标准

执行成本控制标准是成本控制的关键。它是在生产经营过程中,根据预定的标准,控制各项消耗和支出,随时发现偏离标准的现象,并及时采取有效措施,把差异控制在允许的范围之内。执行成本控制过程主要依靠成本信息的反馈和数据的统计分析,建立严格的成本责任制度,实行全员控制和全过程控制。

(三)考核成本控制结果

考核成本控制结果为阶段性地集中查找和分析产生成本差异的原因,分清责任归属,对成本目标和标准的执行情况作出考核和评价,做到奖罚分明,并采取措施,防止不利因素的重复发生,总结和推广经验,为修订标准提供有用的参考数据。

第二节　标准成本控制

一、标准成本控制的意义

产品标准成本事先制定,既可作为生产过程实际成本控制的标准,又可作为职工的工作目标。实行标准成本制度的主要意义在于:

第一,标准成本是以科学测定的定额为依据制定的成本水准,是衡量和考核实际成本是超支还是节约的尺度,是评价各成本责任单位工作业绩的客观标准。实行标准成本制度,有利于职工增强成本意识,提高降低成本、节约费用的积极性。

第二,企业通过实际成本与标准成本的经常比较,并确定其差额,管理部门可以借以考核企业成本计划的执行情况,检查产品成本是否在控制标准之内。运用成本差异的分析,可确定其有利的方面和不利的方面,并进一步找到不利差异产生的具体原因,以便及时采取有效的措施,达到控制成本的目的。

第三,实行标准成本制度有利于责任会计的推行。推行责任会计必须科学地编制责任预算,并且要对各成本责任中心业绩进行考核,而编制责任成本预算又是以标准成本为依据,因此科学地制定标准成本是编制责任预算的基础。

二、标准成本的类型

标准成本(Standard Cost)是在充分调查、分析和技术测定的基础上,根据企业现已达到的技术水平所确定的企业在有效经营条件下生产某种产品所应当发生的成本。在标准成本中,基本上排除了不应该发生的"浪费",因此被认为是一种"应该成本"。标准成本和计划成本、定额成本同属预计成本。标准成本要体现企业目标和要求,主要用于衡量产品制造过程中的工作效率和控制成本,也可用于存货和销售成本计价。

标准成本将实际发生的成本划分为两部分:一部分为标准成本,另一部分为成本差异。标准成本按其制定的基础不同分为理想标准成本、正常标准成本、现实标准成本。

(一)理想标准成本

理想标准成本是目前生产条件下,以现有生产技术和经营管理处于最好状态为基础制定的标准成本,即用最好的生产设备、最低的原材料价格和最低的消耗量、最高的劳动效率和高的生产量,同时还要求生产过程中无浪费、无废料、无废品、无停工等,使生产效率达到最高点,产品成本降至最低点。由于这种标准过高,往往无法达到,一般难以采用,但其可以作为企业未来奋斗的成本目标。

(二)正常标准成本

正常标准成本是根据企业自身已经达到的生产技术水平和有效经营条件的基础而制定的标准,即根据正常的生产要素耗用量、价格和生产经营能力利用程度制定的成本。制定这种标准把生产经营中一般不可避免的损失估计在内,因此达到这种标准既非轻而易举,也不是高不可攀,而是经过努力可以达到的标准。若生产条件有较大变化,标准也应相应变化。这种标准成本能够在成本控制中发挥积极作用,因而在实际工作中得到广泛的应用。

(三)现实标准成本

现实标准成本是根据最可能发生的生产要素耗用量及价格、生产经营能力利用程度制定的成本。所谓"最可能发生",是指在正常条件下,再考虑到难以避免的生产要素的超量消耗、生产要素的价格波动和生产经营能力的低效率利用情况。这种标准最接近于实际成本,因此它既可用于成本控制,也可用于存货计价。在经济形势变化不定的情况下,这种标准成本最为适用。

总之,标准成本不能制定得过高,也不能过低。制定得过高了,可望而不可即,容易挫伤职工的积极性;制定得过低了,不能起到挖掘潜力的作用,无法控制实际成本。标准成本也允许有一定的变动幅度。实际成本在允许的幅度内波动,仍视为正常成本,超越波动幅度,就视为非正常成本。这样具有一定的机动灵活性,就能有效地控制成本。

三、标准成本的制定

标准成本制定的中心问题是建立各成本项目的控制标准。产品成本项目分为直接材料、直接人工、制造费用。制定标准成本,通常先确定直接材料和直接人工标准成本,其次确定制造费用的标准成本,最后确定单位产品的标准成本。为了进行有效的生产,每单位产品的各成本项目都要规定所消耗的数量和价格。直接材料成本包括材料的用量和材料的价格,直接人工成本包括耗用的工时和小时工资率,制造费用成本包括耗用的工时和小时制造费用率。无论是价格标准还是用量标准,都可以是理想状态的或正常状态的,据此得出理想的标准成本或正常的标准成本。

（一）直接材料标准成本的制定

直接材料的标准消耗量是用统计方法、工业工程法或其他技术分析方法确定的。它是现有技术条件生产单位产品所需的材料数量,其中包括必不可少的消耗以及各种难以避免的损失。

直接材料的价格标准是预计下一年度实际需要支付的进料单位成本,包括发票价格、运费、检验和正常损耗等成本,是取得材料的完全成本。

单位产品中直接材料的标准成本是由直接材料的标准用量和直接材料的标准价格决定的。

直接材料标准成本 $= \sum$（单位产品标准用量×单位材料标准价格）

材料用量标准应根据材料消耗定额制定。在没有消耗定额时,可对过去的消耗记录进行分析,选择耗用材料的平均数作为标准。计算平均数的方法有:使用某一特定标准期间（例如一个月或三个月）相似各批的平均数,使用确定标准之前的最佳的与最差的平均数。

若生产的是新产品,或者过去记录不能作为可靠基础,则用量标准应根据工程部门对产品最经济的尺寸、形状、质量考虑后确定,可采用测试产品法或数学及技术分析法,同时对生产过程中不可避免的经常性报废材料,应考虑其合理报废的幅度。

直接材料价格标准一般由成本会计人员与供应部门采购员合作制定。制定时应考虑物价变动趋势及供求关系,同时应考虑最经济的订购批量、最低廉的运输价格等。

【例10-1】W公司生产A产品,直接材料标准成本制定如表10-1所示:

表10-1　　　　　　　　　　　　**直接材料标准成本**　　　　　　　金额单位:元

项目	材料甲	材料乙
用量标准: 图纸用量 允许损耗量 单位标准用量	 20千克 1千克 21千克	 30千克 0 30千克
价格标准: 发票价格 装卸检验费 每千克标准价格	 5 0.05 5.05	 12 0.08 12.08

表10-1(续)

项目	材料甲	材料乙
成本标准: 材料甲(21×5.05) 材料乙(30×12.08)	106.05	362.40
单位产品标准成本	468.45	

（二）直接人工标准成本核算

产品成本中的直接人工标准包括单位产品中单耗工时标准和小时工资率标准。直接人工标准成本的用量是单位产品耗用的工时。标准工时是指在现有技术条件下,生产单位产品所需要的时间,包括直接加工操作必不可少的时间,以及必要的间歇和停工,如工间休息、调整设备时间、不可避免的废品耗用工时等。

直接人工的价格标准是指标准工资分配率。它可能是预定的工资率,也可能是正常的工资率。如果采用计件工资制,标准工资率是预定的每件产品支付的工资除以标准工时,或者是预定的小时工资率;如果采用月工资制,需要根据月工资总额和可用工时总量来计算标准工资率。

直接人工标准成本=单位产品耗时标准×标准小时工资率

【例10-2】W公司生产A产品,直接人工标准成本制定如表10-2所示:

表10-2　　　　　　　　　　直接人工标准成本　　　　　　　　　单位:小时

项目	第一车间	第二车间
单位产品工时: 理想作业时间 调整设备时间 工间休息 其他 单位产品工时合计	1.5 0.3 0.12 0.1 2	0.8 0 0.1 0.1 1
基本生产工人人数 每人每月工时(21×8) 出勤率 每人平均可用工时 每月总工时 每月工资总额 每小时工资	20 168 98% 165 3 300 39 600 元 12 元	50 168 98% 165 8 250 90 750 元 11 元
直接人工标准成本	24 元	11 元
合计	35 元	

(三)制造费用标准成本的制定

产品成本中的制造费用是指单位产品成本中所应分配的间接生产费用。一般是根据企业在一定时期的工厂间接费用预算总额,按照直接人工工时或机器设备运转工时,计算每单位工时制造费用率,按比例分配于每件产品成本。

各车间制造费用标准成本分为变动制造费用标准成本和固定制造费用标准成本两部分。

1. 变动制造费用标准成本

变动制造费用的数量标准通常采用单位产品直接人工工时标准,它在直接人工标准成本制定时已经确定。有的企业采用机器工时或其他用量标准。作为数量标准的计量单位,应尽可能与变动制造费用保持较好的线性关系。

变动制造费用的价格标准是每一工时变动制造费用的标准分配率,它根据变动制造费用预算和直接人工总工时计算求得。

变动制造费用标准成本=单位产品耗时标准×标准小时变动制造费用率

【例10-3】W企业生产A产品,变动制造费用标准成本的有关资料如表10-3所示:

表10-3　　　　　　　　　　**变动制造费用标准成本**　　　　　　　　单位:元

项目	第一车间	第二车间
变动制造费用预算:		
运输费用	800	2 100
电力费用	400	2 400
消耗材料	4 000	1 800
间接人工	2 000	3 900
燃料费用	400	1 400
其他费用	200	400
合计	7 800	12 000
生产量标准(人工工时)	6 000 小时	10 000 小时
变动制造费用标准分配率	1.3%	1.2%
直接人工用量标准(人工工时)	2 小时	1 小时
变动制造费用标准成本	2.6	1.2
单位产品标准变动制造费用	3.8	

变动制造费用分配率=变动制造费用预算总额/直接人工标准总工时

确定数量标准和价格标准之后,两者相乘即可得出变动制造费用标准成本:

变动制造费用标准成本=单位产品直接人工标准工时×变动制造费用标准分配率

各车间变动制造费用标准成本确定之后,可汇总出单位产品的变动制造费用标准成本。

2. 固定制造费用标准成本

如果企业采用变动成本法计算产品成本,固定制造费用不计入产品成本,因此单位产品标准成本中不包括固定制造费用的标准成本。在这种情况下,不需要知道固定制造费用的标准成本,固定制造费用的控制则通过预算管理来进行。如果采用完全成本法计算产品成本,固定制造费用要计入产品成本,还需要确定其标准成本。

固定制造费用的用量标准与变动制造费用的用量标准相同,包括直接人工工时、机器工时、其他用量标准等,并且两者要保持一致,以便进行差异分析。这个标准用量在制定人工用量标准时已经确定。

固定制造费用的标准分配率是由固定制造费用预算和直接人工标准总工时来计算求得。

【例 10-4】W 企业生产 A 产品,固定制造费用标准成本的有关资料如表 10-4 所示:

表 10-4   固定制造费用标准成本   单位:元

项目	第一车间	第二车间
固定制造费用:		
折旧	20 000	23 500
管理人员工资	12 000	30 000
保险费用	3 000	4 000
其他费用	1 000	2 500
合计	36 000	60 000
生产量标准(人工工时)	4 000 小时	10 000 小时
固定制造费用分配率	9%	6%
直接人工用量标准	2 小时	1 小时
固定制造费用标准成本	18	6
单位产品固定制造费用标准成本	24	

固定制造费用标准分配率=固定制造费用预算总额/直接人工标准总工时

确定了用量标准和价格标准之后,两者相乘,即可得出固定制造费用的标准成本。

固定制造费用标准成本=单位产品直接人工标准工时×每小时固定制造费用标准分配率

各车间固定制造费用的标准成本确定之后,可以汇总出单位产品的固定制造费用标准成本。

将以上确定的直接材料、直接人工和制造费用的标准成本按产品加以汇总,就可确定有关产品完整的标准成本。通常,企业编制"标准成本卡"(如表 10-5)反映产品标准成本的具体构成。在每种产品生产之前,它的标准成本卡要送达有关人员,包括各级生产部门负责人、会计部门、仓库等,作为用料、派工和支出其他费用的依据。

表 10-5　　　　　　　　　　　单位产品标准卡

成材项目	用量标准	价格标准	标准成本(元)
直接材料： 甲材料 乙材料 小计	21 千克 30 千克	5.05 元/千克 12.08 元/千克	106.05 362.40 468.45
直接人工： 第一车间 第二车间 小计	2 小时 1 小时	12 元/小时 11 元/小时	24 11 35
制造费用： 变动费用(第一车间) 变动费用(第二车间) 小计 固定费用(第一车间) 固定费用(第二车间) 小计	2 小时 1 小时 2 小时 1 小时	1.3 元/小时 1.2 元/小时 9 元/小时 6 元/小时	2.6 1.2 3.8 18 6 24
单位产品标准成本合计			531.25

四、标准成本差异分析

标准成本是一种目标成本,由于种种原因,产品的实际成本与标准成本不完全相符。实际成本与标准成本之间的差额,或称为标准成本差异,或称为成本差异。成本差异反映实际成本脱离预定目标生产方式的信息。为了控制和消除这种偏差,要对产生的成本差异进行分析,找出产生成本差异的原因,以便采取措施加以纠正。如果实际成本超过标准成本,则为不利差异;如果实际成本低于标准成本,则为有利差异。

单位产品成本差异=实际单位成本-标准单位成本

在日常成本控制中,要随时发现实际成本偏离标准成本的差异,并且应进一步分析产生差异的具体原因,更重要的是要及时采取相应的措施,控制、消除不利差异的继续发生,以保证企业成本在预定的水平之下。

（一）变动成本差异的分析

直接材料、直接人工和变动制造费用都属于变动成本,其成本差异分析的基本方法相同。由于它们的实际成本高低取决于实际用量和实际价格,标准成本的高低取决于标准用量和标准价格,所以其成本差异可以归结为价格脱离标准造成的价格差异与用量脱离标准造成的数量差异两类。

成本差异=实际成本-标准成本

　　　　=实际用量×实际价格-标准用量×标准价格

$$=实际用量×实际价格-实际用量×标准价格$$
$$+实际用量×标准价格-标准用量×标准价格$$
$$=实际用量×(实际价格-标准价格)+(实际用量-标准用量)×标准价格$$
$$=用量差异+价格差异$$

有关数据之间的关系如表 10-5 所示：

表 10-5

标准用量×标准价格
实际用量×标准价格　}用量差异
实际用量×实际价格　}价格差异　}成本差异

1. 单位产品直接材料差异分析

直接材料成本差异=直接材料实际成本-直接材料标准成本

产生直接材料成本差异的原因一般有两个：一个是材料实际用量偏离了材料标准用量产生的差异，为用量差异；另一个是材料实际价格偏离材料标准价格，为价格差异。确定材料用量差异和价格差异的计算公式为：

$$材料用量差异=\sum[(实际用量-标准用量)×标准价格]$$

$$材料价格差异=\sum[(实际价格-标准价格)×实际用量]$$

需要注意的是，在计算用量差异时应乘以标准价格，而在计算价格差异时则应乘以实际用量。如果要计算直接材料总成本差异，需要在计算公式后乘以实际生产产品数量。

【例 10-5】某公司生产 A 产品，单位产品标准材料成本为 500 元，其中材料标准用量为 20 千克，材料标准价格为 25 元，实际材料成本 432 元，其中，单位材料用量为 18 千克，实际材料价格为 24 元。

单位产品直接材料成本差异=432-500=-68 元

材料用量差异=(18-20)×25=-50 元

材料价格差异=(24-25)×18=-18 元

将直接材料差异分解为用量差异和价格差异，还只完成了直接材料差异成本分析的第一步。差异分解以后，应进一步追查产生差异的原因，分清责任，提出有效的改进措施。

材料用量差异是在材料耗用过程中形成的，反映生产部门的成本控制业绩。一般来说，产生用量差异的原因有：

(1)产品设计、机器设备或者工艺的改变；

(2)用非标准材料替代标准材料使用；

(3)没有管理好剩余材料和废料；

(4)工人操作水平差，浪费材料严重；

（5）机器设备质量不好，导致材料消耗增多；

（6）购入材料的规格和型号与企业生产所需材料不完全相符；

（7）其他原因。

有时多用材料并非生产部门的责任，如购入材料质量低劣、规格不符合要求也会使用料超过标准；工艺变更、检验过严也会使用量差异增大。因此，要进行具体的调查研究，明确责任归属。

材料价格差异是在材料采购过程中形成的，不应由耗用材料的生产部门负责，应由采购部门对其作出说明。影响材料价格的因素也很多，如市场供求关系的变化、供货单位的更换、运输方式与线路的改变、采购批量的大小以及材料需求的缓急等。一般来说材料用量差异应由产品生产部门负责，材料价格差异应由材料采购部门承担。

2. 单位产品直接人工成本差异分析

直接人工成本差异是指一定产量的产品中直接人工实际成本与直接人工标准成本之间的差异。影响直接人工成本的因素有单位产品耗用工时即效率差异和小时工资率差异两个。确定效率差异和小时工资率差异的计算公式为：

单位产品直接人工成本差异＝直接人工实际成本－直接人工标准成本

人工效率差异＝（实际单耗工时－标准单耗工时）×标准小时工资率

工资率差异＝（实际小时工资率－标准小时工资率）×实际单耗工时

如要计算直接人工总成本差异，在计算公式后乘以实际生产产品数量。

【例10-6】某企业生产 A 产品，单位产品耗用工时标准为 10 小时，标准工资率为 8 元，实际每件产品耗用工时 8 小时，实际小时工资率为 8.5 元。

直接人工成本差异＝68-80＝-12 元

人工效率差异＝（8-10）×8＝-16 元

工资率差异＝（8.5-8）×8＝+4 元

人工效率差异反映的是劳动生产率水平的变动引起的差异。通常出现不利差异的原因可能是：工作环境不良、劳动情绪不佳、材料质量低劣、工人操作能力差、机器设备的工时利用不好、停工维修、停工待料时间多、工人出勤时间用得不够好等。人工效率差异主要是生产部门的责任。

工资率差异形成的原因包括直接生产工人升级和降级、奖励制度未产生实效、工资率调整、加班或使用临时工、出勤率变化等，原因复杂而且难以控制。工资率差异相对于效率差异来说较易确定，因为决定工资率变动的权力由主管工资的部门控制。在实行计件工资制时，人工效率差异应由生产部门负责，工资率差异由工资管理部门负责；在实行计时工资制时，其人工效率差异和工资率差异都由生产部门负责控制。

3. 单位产品变动制造费用差异分析

变动制造费用差异是指实际变动制造费用与标准变动制造费用之间的差异。它也可以分解为"价差"和"量差"两部分。价差是指标准小时分配率产生的差异而影响的单位产品变动制造费用。量差是指工作效率变动引起的费用节约或浪费。

单位产品变动制造费用差异＝变动制造费用实际成本－变动制造费用标准成本

变动费用效率差异＝（实际单耗工时－标准单耗工时）×标准小时变动制造费用分配率

变动费用耗费差异＝（实际小时变动制造费用分配率－标准小时变动制造费用分配率）×实际单耗工时

如果要计算变动制造费用总成本差异，需要在计算公式后乘以实际生产产品数量。

【例10-7】某企业本月实际生产工时890小时，共生产400件产品，实际发生变动制造费用1 958元，变动制造费用标准成本为5元/件，即每件产品标准工时为2.5小时，标准变动制造费用分配率为2元/小时。

单位产品实际工时＝890/400＝2.225（小时）

实际小时变动制造费用分配率＝1 958/890＝2.2（元）

变动费用效率差异＝（2.225－2.5）×2＝－0.55（元）

变动费用耗费差异＝（2.2－2）×2.225＝0.445（元）

如果分析变动制造费用总差异，其计算方法如下：

变动费用效率总差异＝（2.225－2.5）×2×400＝－220（元）

（或）　　　　　＝（890－400×2.5）×2＝－220（元）

变动费用耗费差异＝（2.2－2）×2.225×400＝178（元）

（或）　　　　　＝890×（1 958/890－2）＝178（元）

变动制造费用的耗费差异是实际支出与按实际工时和标准变动制造费用率计算的预算数之间的差额。由于后者是在承认实际工时是必要的前提下计算出来的弹性预算数，因此该项差异反映耗费水平即每小时业务量支出的变动制造费用脱离了标准。耗费差异是部门经理的责任，他们有责任将变动制造费用控制在弹性预算限额之内。变动制造费用的效率差异是由于实际耗用工时脱离了标准，多用工时导致的费用增加，因此其形成原因与人工效率差异相同。

（二）固定制造费用差异

制造费用分为变动制造费用和固定制造费用。变动制造费用差异分析与直接人工成本差异分析是一样的，分为变动费用效率差异和小时变动制造费用率差异。固定制造费用差异分析与变动制造费用差异分析不同。固定制造费用差异是实际固定制造费用与标准固定制造费用之间的差异。

固定性制造费用差异＝实际固定性制造费用－标准固定性制造费用

固定制造费用差异分析方法有二因素分析法和三因素分析法。

1. 二因素分析法

二因素分析法是将固定制造费用差异分为耗费差异和能量差异。

耗费差异是指固定制造费用实际数与预算金额之间的差异。固定费用与变动费用不同,其总额不因业务量而变动,故差异分析有别于变动费用。在考核时不考虑业务量的变动,以原来的预算数额为标准,实际超过预算数即视为耗费过多。其计算公式为:

固定制造费用耗费差异=固定制造费用实际数-固定制造费用预算数

能量差异是指固定制造费用预算与固定制造费用标准成本的差额,或者说是实际业务量的标准工时与生产能量的差额用标准分配率计算的金额。它反映未能充分使用现有生产能量而造成的损失。其计算公式如下:

固定制造费用能量差异=固定制造费用预算数-固定制造费用标准成本

=(生产能量-实际产量标准工时)×固定制造费用标准分配率

【例10-8】某企业本月实际产量400件,发生固定制造费用1 424元,实际工时为890小时;企业生产能量为500件即1 000小时;每件产品固定制造费用标准成本为3元/件,即每件产品标准工时为2小时,标准分配率为1.5元/小时。

固定制造费用耗费差异=固定制造费用实际数-固定制造费用预算数

=1 424-1 000×1.5=-76(元)

固定制造费用能量差异=固定制造费用预算数-固定制造费用标准成本

=(生产能量-实际产量标准工时)×固定制造费用标准分配率

=(1 000-400×2)×1.5=300(元)

验算:

固定制造费用成本差异=实际固定制造费用-标准固定制造费用

=1 424-400×3=224(元)

2. 三因素分析法

三因素分析法是将固定制造费用成本差异分为耗费差异、效率差异和闲置能量差异。耗费差异的计算与二因素分析法中的计算相同。不同的是二因素分析法中的能量差异进一步分为两部分:一部分是实际工时未达到标准能量而形成的闲置能量差异;另一部分是实际工时脱离标准工时而形成的效率差异。

分析计算各种差异的公式为:

固定制造费用耗费差异=固定制造费用实际数-固定制造费用预算数

固定制造费用效率差异=实际产量×(实际单耗工时-标准单耗工时)×标准小时固定制造费用分配率=(实际总工时-实际产量标准工时)×标准小时固定制造费用分配率

固定制造费用闲置能量差异=固定制造费用预算-实际工时×标准小时固定制造费用分配率=(生产能量-实际工时)×标准小时固定制造费用分配率

沿用【例10-8】的资料按三因素分析如下:

固定制造费用耗费差异=固定制造费用实际数-固定制造费用预算数

=1 424-1 000×1.5=-76(元)

固定制造费用效率差异=(实际总工时-实际产量标准工时)×标准小时固定制造费用分配率=(890-400×2)×1.5=135(元)

固定制造费用闲置能量差异＝（生产能量－实际工时）×标准小时固定制造费用分配率＝（1 000－890）×1.5＝165（元）

从以上计算可以看出，该公司在生产 400 件产品的过程中，实际花费 890 小时，而标准工时应为 400×2＝800 小时，这说明该公司工人的劳动效率下降，增加固定性制造费用 190×1.5＝135 元。此种差异为人工效率差异。该公司实际拥有生产能力为 1 000 小时，但该公司只利用了 890 小时，有 110 小时没有得到利用，按每小时 1.5 元计算，损失费用 165 元。此种差异为生产能量闲置差异。固定制造费用耗费差异节约了 76 元。

由于固定制造费用是由许多明细项目组成的，上述的差异计算所反映的差异是个总额，不便于对每个项目进行控制与考核。因此，必须根据固定制造费用各项目的静态预算与实际发生数一一进行对比，以发现费用变动的具体原因。

预算差异发生可能是由于：资源价格的变动；有些酌量性固定成本因管理上的新决定而有所增加；人力资源的数量可能增加或减少；有的经理人员担心完不成预算指标而延缓酌量性成本的支出；有些经理人员怕实际支出减少会削减下期的预算而增加一些不必要的开支；等等。企业分析人员应分别不同情况进行分析，采取相应的对策。

至于能量差异，一般不能说明固定性制造费用的超支或节约，它只是反映计划生产能力的利用程度。本例因生产能力未得到利用而造成损失费用 165 元。管理当局应进一步查明原因，尽量做到充分利用其生产能力。

思考题

1. 什么是产品成本控制？

2. 成本控制的程序和方法是怎样的？

3. 什么是标准成本？什么是标准成本控制制度？企业如何通过标准成本控制企业成本的？

4. 为什么成本差异分为用量差异和价格差异两大类？哪些属于量差？哪些属于价差？

5. 固定制造费用差异分析方法有哪两种？它们的区别是什么？

练习题

1. 某企业基本生产车间有生产工人 45 人，本期实际工作 70 小时，生产产品 10 000 件，按标准车间每小时应生产产品 100 件，每小时标准工资率为 2 元。本期有 5 人工资按每小时 1.5 元计算，其他工人按标准工资率计算支付。

要求：根据以上资料计算直接人工成本差异。

2. 明星电子公司 2×14 年 5 月实际产量 450 件，发生了固定制造费用13 000元，实际工时为 7 200 小时，该公司正常的生产能力为 600 件。标准成本的资料为：每件产品固定制造费用的标准成本为 27 元，每件产品的标准工时为 18 小时，即标准分配率为 1.5 元/

小时。

要求:分别用二差异分析法和三差异分析法求固定制造费用差异。

3. 某厂用一种主要材料加工产品,其标准成本卡如下表所示:

标准成本卡　　　　　　　　金额单位:元

直接材料	50 千克×0.20 元/千克	10.00
直接人工	3 小时×6 元/小时	18.00
变动性制造费用	3 小时×1 元/小时	3.00
固定性制造费用	3 小时×0.5 元/小时	1.50
单位产品标准成本		32.50

制造费用预算:全月固定性制造费用 700 元,变动性制造费用 1 400 元,按正常开工 1 400直接人工小时分配。

变动性制造费用=1 400/1 400=1(元/小时)

固定性制造费用=700/1 400=0.5(元/小时)

本月生产该产品 400 件,有关资料如下(假定各账户无期初余额):

购进材料 2 500 千克,单价 0.21 元,计 525 元。耗用材料 1 900 千克。

实际发生的直接人工成本(1 100 小时,小时工资率 5.90 元)6 490 元。

实际发生制造费用:

变动费用 1 300 元;固定费用 710 元。

要求:根据上述资料,进行有关的差异分析。

第十一章

责任会计

本章讨论了如何在预测的基础上通过决策分析来规划企业的经济活动,然后在此基础上再通过全面预算的编制,落实企业总的目标和具体任务,并对其生产经营各个方面进行全面控制,以确保各项目标任务的顺利完成。

第一节 责任会计概述

一、责任会计的概念

在现代企业中,企业分工使职工分别从事各自的生产操作和经营管理工作。企业的最高领导不可能对每一个职工直接进行指挥和管理,因而在管理上就要求根据生产特点,从有利于提高管理效益、便于经营出发,设置若干管理层次,以便逐级进行指挥和管理,即实行分权、分级管理。管理层次的设置通常有两种类型:一种是纵向组织结构,另一种是横向组织结构。不论企业采用哪种分层负责制度,一般都是从最低层开始,向其上一级负责。分层负责制度是改善企业经营管理、提高经济效益的一种行之有效的管理方式。

企业责任制是企业对内部各部门、各单位、各层次的一种管理方式。企业总部将企业总目标分配给各分厂和各部门,各分厂又将各自的责任分配给车间,各车间再将自己的责任分配给班组,逐级承担、逐级负责。分厂对企业总厂负有一定的责任,车间对分厂负有一定的责任,班组对车间负有一定的责任。事前规定的责任成为事后考核的标准。为了使各责任层次能顺利地完成他们的职责和任务,还必须在他们分工负责的范围内给予一定的管辖权,并制定赏罚分明的奖惩制度,使其得到的经济利益与其经营成果直接挂钩,充分调动各责任层次的工作积极性和主动性,促使广大职工以主人翁的态度,用最少的人力、物力消耗取得最大的经济效果,为实现企业的总体目标而奋斗。会计是综合反映企业经济活动的重要工具,它本身又是经济管理的重要组成部分。为了计划、执行、控制企业总体目标的实现并考核企业目标的完成情况,必须充分发挥会计的作用。利用会计,在数量上确定资金节约、成本降低、收入增长、利润增加完成情况,然后根据经济责任完成的好坏来决定经济上的奖惩。因此,会计和实行经济责任制有着密切的关系。同样,为了考核企业内部各层次经济责任的执行情况,企业会计就要按责任单位来组织核算,以便反映和考核各责任单位经济责任的完成情况,这种会计称为责任会计。所谓责任会计,就是以企业内部各责任单位为主体,以责任为中心,以利益为动力,收集、汇总和报告有关会计资料,并借助于这些会计数据,对其分工负责的有关经济活动进行计量和考核的一种会计控制制度。

二、责任会计的作用

(一)有利于贯彻企业总体目标

企业通过建立经济责任制,采取分权、分级管理,把全部生产经营目标具体落实到所属各部门、各层次、各责任承担人,并对其完成任务、执行责任的实际结果进行系统而严格的计量、控制、检查、评价和考核,就能促使各级主管人员关心他们所能控制的各项资源,从而了解本部门的经济责任的执行情况,并据以调整、改进其工作,加强企业的内部控制。事实上,这种按照分权、分级管理原则,分配经营任务、落实经济责任、考核工作成绩的一整套财务、成本管理制度和办法就是责任会计。因此,只要做好责任会计工作,就可以较为有效地促进企业责、权、利的结合,保证企业总体目标的实现。

(二)为评价和考核企业全体员工的工作业绩提供一个基础

责任会计既能有效地、自上而下地对各责任中心的责任行为实施控制,也能使各责任中心在责任预算指导下和完成预算所获得经济利益的激励下,通过对责任预算执行过程的核算,对发生的偏差及时进行调整,实施自我控制。实行责任会计,可以使企业各部门、各层次的工作建立在严格的责任制的基础上,可以借助于一系列会计数据,对企业高一层次提供其所属管理人员的业务控制和业绩考核情况,如产量的升降、质量的好坏、成本的高低、消耗的多少、盈利的大小等。这就为评价和考核企业全体员工的工作业绩提供了一个基础,从而有利于奖励先进、鞭策落后,充分调动所有员工的积极性。

(三)有利于实行例外管理原则

责任会计所提供的各责任单位经济责任的执行情况使企业的高层管理人员可以把注意力集中在那些属于不正常的、不符合常规的"例外"情况上,以便抓住重点,提高企业管理的工作效率,更好地对企业生产经营活动进行控制。

(四)有利于协调企业各级管理人员的目标取得一致

企业实行分权管理可能带来的不良后果之一是各基层部门"各自为政"。实施责任会计则成为分权管理在企业顺利推行的必要条件。实行责任会计,可以把企业内部各部门、各层次所承担的经济责任同会计数据联系起来,借助于一定的会计资料来反映有关部门、层次从事业务活动的实际成果。这样,各部门、各层次就能从企业全局需要出发,通过观察、分析和比较有关会计数据,来调节、控制自身的生产经营活动,使各部门、各层次的活动保持协调一致,以便圆满地实现企业的总体目标。

三、实施责任会计的基础和条件

一个规模较大的企业,在实行分权经营管理的条件下,按照"目标管理"的原则,将企业生产经营的整体目标分解为不同层次的子目标,落实到有关单位去完成,需要推行责任会计核算。企业要实施责任会计,要具备以下基础和条件:

(1)各责任中心具有明确的权责范围,要为它们在企业授予的权力范围内独立自主地履行职责提供必要的条件。

(2)科学地分解企业生产经营的整体目标,使各个责任中心在完成企业总体目标中明确各自的目标和任务,实现局部利益与整体利益的统一。

(3)各个责任中心工作成果的评价与考核应仅限于能为其工作好坏所影响的可控项目。

(4)为明确区分经营责任,便于正确评价各自的工作成果,各个责任中心之间相互提供的产品和劳务应按合理的内部转移价格进行计价、结算。

(5)一个责任中心的工作成果如因其他责任中心的过失而受到损害,应由后者负责赔偿。

(6)制定合理而有效的奖惩制度,按各自的工作成果进行奖惩,鼓励先进,鞭策落后。

(7)建立健全严密的信息收集、加工系统,落实责任,分析偏差,充分发挥信息反馈作用,促进企业的生产经营活动按照预定的目标卓有成效的进行。

四、责任会计的基本内容

通过对责任会计定义和作用的阐述,可以明确,责任会计是为了适应企业内部经济责任制的要求和分级分权管理的需要,在企业内部建立若干责任中心,并对各责任中心分工负责的经济内容、进程和成果进行规划、评价和控制的一种专门制度。责任会计是把会计资料同有关责任中心紧密联系起来的信息系统,也是强化企业内部管理所必须实施的一种内部控制制度。各单位在实行责任会计的具体做法上有所不同,但基本内容主要有以下几方面:

(一)建立责任中心

为实行责任会计,首先应根据企业的组织结构和经营管理工作的实际需要,把企业所属各部门、各单位划分为若干中心,并规定这些中心的责、权范围,使它们在企业授予的权力范围内独立自主地履行职责。各责任中心所能控制的成本、收入、利润和投资效果,要按分级分权管理体制逐层向其上一级负责机构、人员承担责任。

(二)编制责任预算

科学地分解企业生产经营的总目标,为责任中心编制责任预算。通过指标分解,明确经济责任,做到局部与整体统一,使各责任中心在完成企业总目标中明确各自的目标和任务,并作为控制经济活动的主要依据。

(三)建立跟踪系统

为了把经济责任同会计数据联结起来,实现经济责任的制度化和数量化,必须建立一套完整严密的责任会计核算体系,以责任中心为核算对象,围绕责任中心的成本、收入、利润、资金进行信息的收集、整理、记录、计算,积累有关责任预算的执行情况,并根据核算要求正确、及时编制责任报告,以便及时了解各责任中心开展生产经营活动的情况和结果,控制其经营活动,并督促其及时采取有效措施,改进工作,巩固成绩,不断提高经济效益。

(四)进行反馈控制

根据各责任中心编制的业绩报告,分析预算执行差异发生的原因,及时通过信息反馈,控制并调节日常经济活动;同时,督促各责任中心迅速采取有效措施,纠正缺点,借以扩大利润,提高经济效益。

(五)提供考评工作绩效的依据

通过对各责任中心实绩报告的实际数与预算数的对比和差异分析,作为评价和考核该责任中心的工作实绩和经营效果依据,分别揭示已取得的成绩和存在的问题,做到奖罚分明,以确保经济责任制的贯彻执行。

第二节 划分责任中心

一、责任中心的含义

实施责任会计必须使各个责任层次对他们所进行的经济活动有十分明确的责任范围。这个责任范围被称为"责任中心"。具体来说,责任中心是企业内部一个经济责任单位或部门。责任中心能独立承担着一定的责任,具有与承担的责任相适应的生产经营权利,在物资流动和劳动活动方面实行对等交换和对等补偿,独立进行责任核算和考评。

责任中心是企业内部的一个相对独立的组织单位。责任中心受命完成某项特定的任务,并接受企业提供的为完成这些任务所需要的资源,具有完成其本身职能的能力。责任中心应具备以下四个条件:

(1)有承担经济责任的主体——责任者;

(2)有确定经济责任的客观对象——资金运动;

(3)有考核经济责任的基本标准——经济绩效;

(4)具备承担经济责任的基本条件——职责、权限。

不具备以上条件的单位或个人不构成经济实体,不能作为责任会计的基本单位——责任中心。

二、划分责任中心的原则

合理划分企业内部各级责任中心是有效实施责任会计的前提。由于各企业生产、经营、管理等方面的情况不尽相同,一个企业要设置哪些责任中心,做到既简明适用、切实可行,又有利于责任核算和考核,要根据各企业的实际情况来研究确定。一般来说,划分责任中心要遵守如下原则：

（一）综合考虑，统筹安排

企业生产经营管理是一个纵横交错、复杂细致的网络。纵向可以有总厂、分厂、车间、工段、班组等生产单位；横向有厂部、计划、劳资、财务、技术、生产、供应、销售、总务等部门。各部门都有各自的职责。就整个企业来说，划分责任中心时要综合考虑，统筹安排，以便建立起能进行多方面价值管理的内容，不仅要考虑责任成本和责任费用，还要考虑责任资金和责任利润。这是由企业生产经营管理的复杂性决定的。成本和费用当然重要，但是如果企业忽视资金节约，不讲求利润责任管理，也就谈不上提高效益了。

（二）突出重点，划分层次

划分责任中心要突出重点，抓住企业内部价值管理的主要矛盾，即根据责任单位职责的大小，确定一个或几个重点管理对象，按照重点管理对象设置责任中心。然后对其进一步分清层次，进行分级控制。在那些规模较大、生产经营管理比较复杂的大中型企业，采用分层控制方式尤其重要。将企业划分为若干中心，然后分层、分级分解责任指标，进行分层分级控制。

（三）分清责任，赋予权利

责任中心之间要能够分清责任，以便进行责任控制，这是建立责任中心的关键。当然，在考虑责任中心的责任范围时，还必须赋予与其责任相适应的权利。企业内部各个不同层次的责任单位或个人，都要在经济活动及其管理中负一定的责任，同时应给予他们相应的权利。只有明确各责任中心的责任，并赋予相应的权利，才能真正发挥责任中心的应有作用。

（四）相对稳定，加强管理

企业各责任中心承担的责任和获得的权利应当保持相对稳定，不要轻易变动，对于建立责任中心要进行管理和监督。这种对责任中心进行管理和监督的方式就是对各责任中心进行责任核算、控制和考核。比如车间一级具有相对的独立性，责任容易分清，同时车间还有相对独立的资金使用权、人员调配权和使用权。建立车间成本、利润、资金责任是符合责任会计要求的。但是如果不进行严格的管理和监督，也就是不进行严密的责任核算、控制考核，则车间各责任中心建立了也没有意义。

（五）因厂制宜，不求统一

由于企业组织规模和行业的特点，必须考虑企业内部管理的特点，采用不同的方式划分责任中心，各企业不必强求一致。大中型企业与小企业划分责任中心并不完全一样。大中型企业责任中心划分要多，分解层次要细，小型企业组织机构简单，责任中心少一些（部分合并），也不必要分解多层次。

三、责任中心的划分

责任中心可以有多种形式。由于各责任中心活动的特点不同，其工作成果评价和考核的重点也有异。按照其所能控制的责任范围不同,一般可分为成本(费用)中心、利润中心和投资中心。

(一)成本(费用)中心(Cost Center)

成本(费用)中心是对成本和费用负责的责任单位。成本中心只负责计量和考核所发生的成本或费用,而不考核(或不会发生)可以用货币计量的收入。成本中心又称标准成本中心或技术性成本中心。成本中心的活动可以为企业提供一定的物质成果,其投入量(耗费)与产出量密切相关,因此其成本发生额通过技术分析可以相对可靠地估计出来。成本中心通常以标准成本作为评价考核的依据,所以成本中心也可以说是对实际产出量的标准成本负责的责任中心。

费用中心又称酌量性成本中心,主要为企业提供一定的专业性服务。费用中心的成本数额通常由部门经理决定,费用中心的投入量(耗费)与产出量没有直接关系,也不能产生可以用货币计量的成果。费用中心通常是以事先编制的预算作为评价考核实际费用水平的尺度。

成本(费用)中心应用的范围很广。就一个基层企业而言,任何对成本费用负有责任的"单位",或者说任何有成本、费用发生的责任区域都可以成为成本(费用)中心。例如,一个企业的维修部门、会计部门、人事部门等服务中心,以及在产品生产过程中进行产品或零部件制造的生产车间或班组、零售商店的供应部门等都属于成本中心。再分得细一些,一个工长、一个销售地段主管也都可以成为成本中心。它们为企业内部其他部门或单位提供劳务或产品,而并不期望自己本身产生收入。成本中心的开支都通过分摊的方式转至内部其他部门或单位。

(二)利润中心(Profit Center)

利润中心是对成本和收益的发生都能加以控制的单位。利润中心不仅要调节和控制成本的发生,而且要调节和控制收益的实现,即要对成本和收入两方面同时承担责任。因此,利润中心负责收集其所发生的收入和成本,并报告利润或亏损。利润中心可以分为两类:一类是实际的利润中心,如企业的一个分厂。该分厂是能直接对外出售产品的相对独立单位,类似于一个完整、独立的企业。该分厂将产品或劳务直接对外销售,并由此而获得相应的收入,同外部市场有着紧密的联系。另一类是人为的利润中心(或内部利润中心),如企业内部的一个车间或部门。它们虽然只是向企业内部各部门、各层次提供产品或劳务,并不对外销售,但由于使用了内部价格(内部转移价格),就人为地"造成"了一个利润中心,或者说将成本中心转化成为利润中心。这时,企业内部各部门之间虽无现金结算,但在会计账务处理上,将供应方视同有收入,受益方视同有成本、费用。这样,供应方也就有了收入、成本和利润。由于在管理上将一个单位作为一个利润中心来经营比单纯作为一个成本中心来经营更有利,因此这类利润中心的运用日见普遍。要建立人为的利润中心,关键是内部转移价格的制定。用什么标准设置内部转移价格,直接影响有关双方的收入和成本。

(三)投资中心(Investment Center)

投资中心是既对成本和收入负责,又对资金负责的责任中心。作为一个投资中心,它通常拥有投资决策权,能够对固定资产、存货、应收账款进行直接的调节与控制。投资中心不是一般地对成本、利润负责,而是要全面承担资金利用效果的责任。例如,企业或企业的一个分厂,只要它拥有经营决策权和投资决策权,能够直接控制固定资产、存货、应收账款等资金,就是一个投资中心,就需要记录它所赚得的收入、发生的成本,并报告它所获得的利润和投资报酬率。

第三节　责任中心的核算与考核

建立了责任会计制度以后,企业内部各级责任单位都成了某种责任中心,它们既相互联系,又相互独立地开展各自的活动。由于业务上的联系,有些责任中心之间需要互相提供产品或劳务,如生产部门之间转移中间产品、辅助生产部门为基本生产部门提供劳务、行政管理部门为生产部门提供服务等。当发生这种业务联系时,为了分清经济责任,调动各责任中心的积极性,为了正确评价企业内部各责任中心的经营业绩,使各责任中心的业绩考评建立在客观可比的基础上,必须根据各责任中心业务活动的具体特点,正确制定转移价格,对这些内部的业务往来进行计价转账。

一、内部转移价格的概念与作用

内部转移价格(Interdivisional Transfer Price)就是指企业内部各责任中心之间相互提供中间产品或劳务时的结算价格。从广义上说,内部转移价格包括间接费用的分摊、服务部门成本的分摊。但从狭义上来说,内部转移价格是指一个利润中心向另一个利润中心提供货物或劳务时所需要选用的一种价格标准。在本节,拟讨论有关狭义的内部转移价格的制定。

前已述及,利润中心可分为实际的利润中心和人为的利润中心。作为实际的利润中心,其产品或劳务直接对外销售,因此不存在内部结算价问题。人为的利润中心是企业最高管理部门为了管理上的需要人为"造成"的利润中心。因为把向其他部门提供货物或劳务的责任中心作为利润中心来组织,有更多的好处:

(1)管理部门评价其工作成绩时,有一个较好的依据;

(2)责任中心作为一个利润中心来经营,管理部门必然要给予其更多的自主权,可以进一步调动他们的积极性,激励他们更有效地经营;

(3)管理部门通过制订计划,分解目标利润,可以促进各部门、各层次与整个企业之间的目标一致性。

为了建立这样的利润中心,也必须制定内部转移价格。

在责任会计中,企业管理当局必须特别审慎、合理地制定内部转移价格,因为合理制定内部转移价格具有以下作用:

(1)有助于管理当局明确划清各责任中心的经济责任,借以充分调动各责任中心的工作积极性。内部转移价格作为确定中间转移产品价值量的计量手段,可以用来确定提供产品或劳务的责任中心的经营成果,也可以用来确定接受产品或劳务的责任中心的成本费用,因此制定正确、合理的内部转移价格是管理当局合理确定各责任中心应承担的经济责任的基础。而且合理的内部转移价格还可以发挥类似市场价格的辅助调节作用,在一定程度上影响各责任中心的工作,借以充分调动各责任中心的工作积极性。

(2)有助于管理当局对各责任中心的业绩考核与评价建立在客观、可比的基础上。合理的内部转移价格能客观地衡量和反映企业内部各责任中心的工作业绩。同时,合理的内部转移价格作为责任中心经济责任完成情况的客观标准,使管理当局可以按这一标准对各责任中心的工作业绩进行统一比较和综合评价。

(3)有助于管理当局正确地进行经营决策。运用内部转移价格,把各责任中心的经济责任、工作绩效数量化,使企业管理当局可以利用这些数据资料,正确地进行经营决策,选取有利于履行经济责任、完成责任预算、实现预定目标的最佳行动方案。例如,关于扩充、缩小或停止某一责任中心的业务经营的决策,从企业内部还是外部取得中间产品或劳务的决策等。

二、内部转移价格的确定

内部转移价格的制定从理论上说应同时满足以下三项要求:

(1)能为经营业绩的评价提供一个合理的基准;

(2)能激励基层经理更好地经营;

(3)能促进分权单位与企业整体之间的目标一致性。

然而,由于不同的定价方法适用于不同的情况和条件,而适用于某种情况和条件的定价方法又不可能适合各种使用目的,很难找到一种能适合各种条件、满足各种使用目的的最佳内部转移价格。因此,在同一企业组织内部转移价格的制定会因不同种类的产品和劳务、不同的内部责任单位及不同的使用目的而多样化。

常用的内部转移价格的制定方法有:

(1)以"成本"作为内部转移价格;

(2)以成本加成作为内部转移价格;

(3)以市场价格作为内部转移价格;

(4)以经过双方协商的市场价格作为内部转移价格;

(5)以双重价格作为内部转移价格。

凡是成本中心相互之间提供产品或劳务,或者转出单位是成本中心时,一般应按第一种方法,即以"成本"作为内部转移价格。在这种情况下,为了防止转出单位将低效率因素转嫁给转入单位,通常使用标准成本或预定分配率,标准成本和实际成本的差异表现为转出单位的"业绩",不过作为内部转移价格的标准成本不能太紧,应适当留有余地。总之,直接以标准成本或预定分配率作为内部转移价格,不仅简便易行,而且能激励内部供销双方降低成本的积极性。

凡是利润(或投资)中心之间产品或劳务的转移,都应以市场价格、协商价格、双重价格或成本加成作为内部转移价格,现分述如下:

(一)市场价格

市场价格(Market Price)是指利润(或投资)中心之间产品或劳务的转移,直接以产品或劳务的外部市场购销价格作为内部转移计价的基础。市场价格假定企业的这些内部部门都是立足于独立自主的基础之上。市场价格的理论基础是:对独立的企业单位进行评价,其标准是看它们在市场上买卖的获利能力;同时,内部供应部门将其产品或劳务放弃外销,转为内销,其应获得的收入(内部转移价格)至少应能弥补其全部支出和损失,即支出的变动成本和因放弃外销而丧失可获得的边际贡献(机会成本),用公式表示为:

最低内部转移价格=该产品或劳务的单位变动生产成本+放弃对外销售而丧失的单位边际贡献

放弃对外销售而丧失的单位边际贡献=该产品或劳务的外销市价-(单位变动生产成本+单位变动推销费用)

最低内部转移价格=单位变动生产成本+该产品或劳务的外销市场价-(单位变动生产成本+单位变动推销费用)=该产品或劳务的外销市场价-单位变动推销费用

当然,若直接以上述计算的最低内部转移价即以市场价格扣除对外的销售、广告费用作为内部转移价格,则对内销售节省的推销费用都将为使用者(内部购买方)获得,制造方(内部销售方)一无所得。为使利益分配更公平,这些可避免的费用应由内部购销双方共同获益,因此以市场价格为基础的内部转移价格通常应低于市场价格,高于上述所确定的最低内部转移价格,以鼓励中间产品内部转移。

因此,若中间产品外销,需支付推销费用,其中间产品的内部转移价格的确定应以低于市场价格但高于最低内部转移价格为宜;若中间产品外销无需支付推销等费用时,则可直接以市场价格作为内部转移价格。

以正常的市场价格作为内部转移价格,其最显著的优点是市场价格最能体现责任中心的基本要求,即在企业内部引进市场机制,造成一种竞争气氛,使其中每个利润(或投资)中心实质上都成为独立的机构,各自经营,相互竞争。最后再通过利润指标来评价和考核他们的经营成果。同时,市场价格比较客观,对买卖双方无所偏袒,以市价作为内部转移价格特别能促使卖方努力改善经营管理,不断降低成本,而且利用这种价格计算出来的各利润中心的净利能够作为评价其成果大小的真正依据,因而市场价格是一种较好的方法。

采用市场价格作为内部转移价格时,由于半成品在企业内部的转移会涉及利润(投

资)中心的经营自主权,因此企业内部的买卖双方一般应遵守以下规则:

(1)若卖方愿意对内销售,且售价与市价相符时,买方有购买的义务,不得拒绝。

(2)若卖方售价高于市价时,买方有改向外界市场购入的自由。

(3)若卖方宁愿对外销售,则应有不对内销售的权利。

(二)协商价格

协商价格(Negotiated Price)又称议价,是指购销双方以正常的市价为基础,定期协商,确定一个双方都可以接受的价格作为内部转移计价的基础。

由于中间产品对内销售一般不需支付推销费用,因此其内部转移价格一般低于市场价格,而高于最低内部转移价格(市价减推销费用)。由于价格的高低直接涉及利益在企业内部购销双方的分配问题,因此具体价格应由内部购销双方协商议定。此外,有些中间产品没有现成市价,有些中间产品只有不完全竞争性价格,在这种情况下,其内部转移价格也只能通过协商确定,即通过双方定期协商,确定一个双方都愿意接受的"公允市价"(Fair Market Value)作为内部转移计价的基础。

一般来说,协商过程包括内部销售方先给出报价资料和有关条件(如交货期、质量等),内部购入方据此选择接受转让,讨价还价,压低转让价格或获取更优惠的条件,向外部市场寻求相同产品,与外部供应商接触或拒绝接受等行动。也可以先由内部购入方向销售方提出转让意愿和条件,然后内部销售方据现有的外部市场情况,与购入方讨价还价,最后做出接受或拒绝的决定。无论协商过程程序如何,只要使用协商价格,转让双方实质上就是一个能够独立进行决策的利润(投资)中心。

企业内部购销双方能成功地确定各方均能接受的、公允的协商价格的条件是:

(1)有一个某种形式的外部市场,使双方经理可以自由地选择接受或拒绝某一价格。若根本无法从外部市场取得或销售中间产品,就会使一方处于垄断状态,而形成垄断价格,就不是协商价格。

(2)当协商双方发生矛盾不能自行解决,或双方协商结果可能导致企业整体非最优决策时,企业高一级管理阶层要进行必要干预。这样,作为利润(或投资)中心的独立性难免受到一定的影响,因此这种干预应是有限的、得体的,既要保证部门决策的独立性,又要对这种独立性进行适当干预,以维护企业的整体利益,这正是协议价格的矛盾和困难之处。

(三)双重价格

双重价格(Dual Price)是指企业内部购销双方分别采用不同的价格作为内部转移计价的基础。

当一种产品或劳务在市场上出现不同的价格时,可以同意内部购销双方分别选用对自己最有利的市价作为计价的基础,即内部购入单位采用最低市价或以内部供应单位的单位变动成本作为内部转移价格,内部供应单位则采用最高市价作为内部转移价格,这种方式称为"双重市场价格"。也可以对内部销售方按计价或议价作为内部转移的计价基础,而对内部购买方则按内部销售方的单位变动成本作为计价基础,称为"双重内部转移价格"。这是因为内部转移价格主要是为了对企业内部各责任中心的业绩进行考核和评价,故购销双方所采用的转移价格不需要完全一致。采用这种区别对待的方法,可以适应内部购销双方的不同需要,激励双方在生产经营上充分发挥其主动性和积极性,并可避免由于内部转移价格不当,而使有关责任中心"弃内就外",导致部分生产能力闲置的现象发生。但必须注意:在企业内部采用双重价格的情况下,根据各部门分别计算所确定的"成果"来确定全厂总成果时,不能作简单的汇总,而必须从中扣除由于双重价格之差所形成的"内部利润"。

(四)成本加成

成本加成(Cost-Plus)是指在产品或劳务的全部成本的基础上加上一个合理的利润率作为内部转移计价的基础。当中间产品在利润(或投资)中心之间转移,又没有现成的正常的市场价格可资利用时,可以成本加成作为内部转移价格。这种方法实质上是按中间产品成本比例来分配整个公司的利润,使有关部门能"分享"中间产品外销可得到的利润,而不致利润集中表现在最后向外界出售产品的部门。

成本加成按其所采用的成本不同,通常可分为实际成本加成和标准成本加成两种。

1. 实际成本加成

实际成本加成(Actual Cost-Plus)是指根据产品或劳务的实际成本,再加上一定的合理利润率作为内部转移计价的基础。按实际成本加成,其优点是能保证内部销售方有利可得,从而调动他们的工作积极性。但采用这种方法,把内部销售方的功过全部转嫁给内部购买方承担,削弱了双方(尤其是内部销售方)降低成本的责任感;而且加成利润率的确定带有很大的主观随意性,偏高或偏低都会影响对双方业绩的正确评价。

2. 标准成本加成

标准成本加成(Standard Cost-Plus)是指根据产品或劳务的标准成本,再加上一定的合理利润率作为内部转移计价的基础。按标准成本加成能克服上述按实际成本加成作为内部转移价格的缺点,分清内部购销双方的经济责任。

从理论上看,这种制定内部转移价格的方法,能促使内部供应单位降低成本。但采用标准成本加成,其加成利润率的确定仍与按实际成本加成一样,带有一定的主观随意性,管理当局必须慎重斟酌,妥善制定。

总之,制定科学、合理的内部转移价格,是一项非常重要的工作。这项工作不仅关系到责任会计制度的贯彻执行以及对各部门、各单位、各层次的经营成果进行评价和考核,而且关系到整个企业在什么地方实现利润,直接影响整个企业利润的高低。例如,跨国公司的总管理处在考虑对国外分公司的转移价格时,就很重视转移价格在提高整个公司利润方面的作用。当国外分公司所在国税率低于国内时,则降低对国外分公司的转移价格,以达到将利润转移给国外分公司的目的;反之,则提高对国外分公司的转移价格,将利润转移到国内,以达到减少纳税、增加整个公司利润的目的。因此,企业在制定内部转移价格时,一方面要考虑如何照顾购销双方的利益,有助于将各责任中心的经济责任用货币形式尽可能准确、合理地予以表现;另一方面又要考虑如何有助于增加整个企业的利润。同时,在企业内部还必须设置由主管人员、专业人员和职工代表参加的内部经济仲裁机构,专门对执行经济责任制过程中各责任中心之间的有关责、权、利方面的纠纷,以及制定内部转移价格方面的争议事项进行实事求是的调查研究和严肃、公正的仲裁处理。

第三节　内部结算

实行责任会计,必须分别考核各责任中心的经营业绩。为了分清各责任中心的经济责任,以控制和考核其业绩,需要对各责任中心之间的所有业务往来,包括互相提供产品或劳务以及责任结转,按照合理的内部转移价格进行结算。这是实施责任会计的基本要求。

二、成本中心责任成本核算与考核

(一)责任成本的概念

责任成本(Responsibility Cost)控制系统的产生和发展与西方企业管理理论的演变与发展密切相关。责任成本控制是企业内部进行成本管理的重要措施,是责任会计的重要组成部分。

成本中心(Cost Center)是成本发生的区域,只能控制成本,即只对成本负责。通常成本中心是没有收入的,因此无需对收入、收益或投资负责。

计算责任成本必须首先把成本按其可控性分为"可控成本"(Controllable Cost)与"不可控成本"(Uncontrollable Cost)两类。

可控成本必须符合以下三个条件:

(1)责任中心有办法知道将发生什么性质的耗费;

(2)责任中心有办法计量它的耗费;

(3)责任中心有办法控制并调节它的耗费。

凡不符合上述三条件的,即为不可控成本。属于某成本中心的各项可控成本之和,即构成该中心的责任成本。

应该指出,可控成本与不可控成本是相对的。一个成本中心的不可控成本往往是另一个成本中心的可控成本;下一级成本中心的不可控成本,对于上一级成本中心来说,则往往是可控的。例如,在材料供应正常的情况下,由于材料质量不好而造成的超过消耗定额使用的材料成本,就生产车间来说是不可控成本,而对供应部门来说则是可控成本。又如,直接用于生产的原材料、燃料、动力、生产工人工资,以及制造费用中的变动费用部分,对于生产班组来说是可控成本;至于制造费用中的固定费用部分,对生产班组虽属不可控,但对车间来说则是可控的。

（二）责任成本与产品成本的关系

明确了可控成本与不可控成本的区别和联系以后,就可以进一步探讨传统的"产品成本"与责任会计中的"责任成本"的区别和联系了。

（1）成本计算对象不同。责任成本是以责任单位或责任人为成本计算对象归集和分配费用的。产品成本是以产品为成本计算对象归集和分配费用的。

（2）成本计算原则不同。责任成本是按"谁负责,谁承担"的原则计算责任成本的。产品成本是按"按谁受益、谁承担"的原则计算产品成本的。这是两者显著的区别。

（3）成本计算的内容不同。责任成本计算只归集各责任单位的可控成本。产品成本计算则要归集为生产产品而发生的全部费用。但是就某一定时期来说,全厂的产品总成本(含期间费用)与全厂的责任成本的总和还是相等的。

（4）成本计算的归属期不同。责任成本是反映各责任单位的当月发生的责任成本。产品成本可能包括上期的费用(期初在产品成本),可能不完全包括本期的费用(本期未完工产品成本)。

（5）成本计算目的不同。责任成本是计算各责任单位可控制的成本,目的是考核各责任单位的责任预算执行情况,控制各项耗费,考核各单位的责任成本控制业绩。产品成本计算的目的是考核产品成本的计划完成情况,为确定利润、制定价格、计算税金提供重要的参考资料。

（三）责任成本的特点

根据产品成本与责任成本的比较,可以归纳责任成本控制的特点如下:

（1）以责任单位为成本计算对象,归集和分配各种耗费,计算和控制责任成本。这就把成本计算和控制与责任单位联系起来,从而使成本控制能够落到实处。

（2）以"谁负责,谁承担"为责任成本计算原则,建立责任成本中心,并按责任归属,传递成本信息,考核责任成本。

（3）以可控成本作为成本控制的内容,便于正确合理地评价各责任单位的成本控制业绩。

（4）以服务于内容经营管理为目的。责任成本控制是成本核算、成本控制与经济责任紧密联系起来,便于充分调动全体职员的积极性,促使企业不断降低成本,控制费用,提高经济效益。

（四）责任成本控制的步骤

进行责任成本控制一般分为四个步骤:确定责任成本中心,编制责任成本预算(分解责任成本指标),进行责任成本计算,实行责任成本考核。

1. 确定责任成本中心

进行责任成本控制,首要问题是合理划分责任层次,建立责任成本中心。一个企业是由许多部门或单位构成的。要进行责任成本控制,就必须在组织上划分责任层次,确定责任中心,使每一项成本责任都有一个具体的归属单位。

责任成本中心是核算责任成本的核算单位,也是成本管理的一级组织。成本中心的设置应以明确责任为出发点,以职责范围作为划分的依据,要便于成本指标的分解和责任成本的归集,一个成本中心必须能独立计算其耗费,否则就不能作为成本中心。成本中心可以按照横向责任和纵向责任划分。按纵向责任划分,可分为厂部、车间、工段(或班组)等各级成本中心。按横向责任划分,可将各责任层次中划分若干个成本中心,如厂部这一级可按各科室划分费用中心;在车间这一级,各车间还可将车间的管理部门划分为若干成本中心。成本中心的设置应尽量与企业行政组织统一起来。

2. 编制责任成本预算

成本中心确定之后,就要明确各成本中心的责任成本。各成本中心的责任成本包括的具体内容因企业特点不同而异。企业的生产类型、成本中心的权限、企业机构的设置以及成本管理的基础工作都会影响责任成本的内容。厂部这一级的责任成本为全厂的产品成本。具体地说,厂部应对全部产品成本降低任务负责。车间责任成本是车间成本中各自的可控成本部分。车间进行产品生产所耗用的材料、燃料、生产工人工资、各种物料消耗、设备的利用及折旧费、维修费等为车间责任成本。但材料、燃料、动力等物质耗费的价格不属于车间的可控内容,而应作为材料供应部门和辅助生产部门的控制成本。各科室根据各自的成本责任确定其责任成本。他们的责任包括自身的责任和分管责任。各科室在从事职责范围内的管理活动中也要发生一些费用。这些费用的高低与各科室主观努力有关,就作为各科室的责任成本。分管责任是指对部门分管的那一部分成本负责。例如,供应部门应对企业材料、燃料等物资采购成本负责;销售部门应对产品销售费用的发生负责;设计部门应对产品设计成本负责;劳资部门应对工资及劳保费负责;动力供应部门应对动力成本及机器设备维修费负责;质检部门应对"三包"损失负责;其他科室应对各自分管的责任负责。

确定责任中心、明确成本责任的过程实际上是我国过去一直执行的"成本归口分级管理"制度。成本归口分级管理就是把成本分解开来,按照发生的部门和地点下放给各责任单位进行管理。这样能充分调动全厂职工和责任部门加强成本控制和管理的积极性,促使成本不断降低。

3. 进行责任成本核算

因责任成本是以责任单位或责任者作为成本计算对象的,所以责任成本核算必须按照责任单位或责任者,即各责任中心设置账户,建立明细账,用于归集和计算各自的责任成本。

车间一级的责任成本明细账要按车间分别设置,每个车间各设一个账户。为了兼顾成本的完整性,便于与产品成本核算结合,可将产品生产明细账改成可控成本和不可控成本分别登记。其中,可控成本部分为各车间的责任成本。

科室一级的责任成本明细账按科室名称进行设置。各科室明细账可由各科室自己登记,也可由财务部门统一登记,实行费用预算控制。

班组一级的责任成本明细账可以设在班组,由班组自己登记,也可由车间统一登记。

企业内部成本核算的各种凭证,也要适应责任成本核算的要求,注明责任单位,并以责任单位为对象归集。

进行责任成本核算,需要分清各责任中心之间的责任界限,对各成本中心之间发生的经济往来,按照企业内部转移价格进行责任清算。责任清算就是对各成本中心之间互相提供的产品和劳务进行计价清算,以便达到结转费用的目的。为了正确组织企业内部各责任中心之间的责任清算,需要制定合理的内部结算价格及结算方式。因此,实行责任成本核算的前提条件或基础工作是制定出合理的内部转移价格,选择合适的内部结算方式。内部转移价格的确定一般有成本加成法、市场价格法和协商价格法等。结算方式一般采用货币结算方式、内部银行支票结算方式、内部转账结账方式。

责任转移是指将非自身责任造成的经济损失转移给责任单位或责任者,以确定责任的归属。责任转移的内容一般包括非自身责任造成的停工损失、非自身责任造成的废品、损失以及非自身责任造成的其他损失。

非自身责任造成的停工损失是指车间非自身原因造成的停产、停工带来的经济损失。如因材料供应不及时而待料造成的停工损失,应由供应部门负责,这部分损失应转移给供应部门。

非自身责任造成的废品损失是指由于材料质量原因、产品设计原因造成的废品损失,这些损失应分别由供应部门和产品设计部门负责。

非自身责任造成的其他损失是指除以上两种损失以外的其他非自身原因造成的损失。例如,工装设计不当造成加工效率降低而多耗生产工时的损失等,应分别转移给相关的责任单位或责任人。

4. 实行责任成本考核

责任成本考核是发挥责任成本控制作用的关键一环,因为责任成本考核是否得当直接影响企业职工加强成本管理的积极性。

责任成本的考核就是考核各成本中心所承担的各项成本指标是否完成了任务。主要以各成本中心的责任成本报告提供的资料作为考核的依据。责任成本报告是各责任成本单位在一定时期成本预算执行情况的系统概括和总结。各成本责任单位应定期编制,逐级上报,逐级汇总。这种报告的内容和编制方法有如下特点:

(1)成本责任报告的内容同责任单位承担的成本(费用)责任相一致,它以反映各成本责任单位所能控制的成本项目的执行情况为重点。

(2)成本责任报告应填列预算数、实际数及计算的差异数。

(3)成本责任报告必须注意及时性。过时的报告对于管理者来说是无任何价值的。报告的及时性要求包括编制报告的时间应尽量缩短和报告报送的时间应及时。

应该注意,责任业绩报告中的"成本差异"是评价与考核成本中心责任业绩完成情况的重要指标。凡实际数小于预算数,称为"有利差异"(Favorable Variance);实际数大于预算数,称为"不利差异"(Unfavorable Variance)。

由于各责任中心是逐级设置的,因而责任成本预算和责任业绩报告也应自下而上,从最基层的成本中心逐级向上汇编,直至最高管理层。每一级的责任成本预算和责任业绩报告,除最基层只有本身的可控成本外,都应包括下属单位转来的责任成本和本身的可控成本,这样就形成了一条"责任链"(Chain of Responsibility)。

【例11-1】W公司装配车间(成本中心)的责任业绩报告如表11-1所示:

表11-1　　　　　　　　W公司装配车间责任成本报告　　　　　　单位:元

摘要	预算	实际	差异
下属单位转来的责任成本:			
A工段	14 000	14 800	+800
B工段	12 000	11 900	-100
小计	26 000	26 700	+700
本车间的可控成本:			
间接人工	1 800	1 820	+20
管理人员工资	3 200	3 140	-60
设备折旧费	2 000	2 000	0
设备维修费	1 500	1 670	+170
机物料	900	1 080	+180
……			
小计	9 400	9 710	+310
本车间的责任成本合计	35 400	36 410	+1 010

责任成本报告可以提示各责任单位的责任成本完成情况。在此基础上,企业要将责任成本完成情况与物质利益挂起钩来,进行考核、评估和奖惩。只有这样,责任成本控制才能真正发挥作用。

在责任成本考核中,贯彻物质利益是非常重要的,同时还要加强职工的思想和道德教育,要求职工树立全局观念,培养敬业精神,提高管理意识。

三、利润中心责任利润的核算与考核

利润中心是既对成本负责,又对其收入及利润负责的责任中心。利润中心具有控制销售价格、销售数量和所有相关费用项目的权利。因此,对利润中心业绩进行核算和考核,应以创利额、税前净利和销售利润率作为重点,即将实际销售收入和销售成本同目标销售额和目标成本进行对比,集中核算、考核目标利润的完成情况。

边际贡献=销售收入-变动成本

税前净利＝边际贡献－固定成本

销售利润率＝税前净利销售收入×100%

评价和考核利润中心的基本步骤如下：

(1)确定预算数。各利润中心根据上级下达的责任利润指标,编制包括收入、成本、利润的责任预算。

(2)计算实际数。各利润中心应按上级规定的核算方法,进行独立、完整的会计核算,计算其实际销售收入、销售成本和销售利润。

(3)将实际数同预算数进行比较,分析、考核其责任预算的完成情况。

(4)编制业绩报告(成果报告)以利上级评价和考核各利润中心的工作业绩,以及汇总编制整个企业合并的成果报告,以反映本报告期整个企业的业务成果。

【例11-2】W公司利润中心的利润计算及报告表如表11-2所示：

表11-2 　　　　　　　　　　W公司利润中心报告表 　　　　　　　　单位:元

项目	预算	实际	差异
主营业收入	500 000	530 000	+30 000
减:变动成本			
变动性生产成本	350 000	365 000	+15 000
变动性销售及管理费用	20 000	22 000	+2 000
变动成本小计	370 000	387 000	+17 000
贡献毛利	130 000	143 000	+13 000
减:直接固定成本	40 000	41 000	+1 000
部门利润	90 000	102 000	+12 000
减:间接固定成本	30 000	28 000	-2 000
税前利润	60 000	74 000	+14 000

四、投资中心业绩的考核和评价

某些企业的内部单位不仅在产品的生产和销售上享有较大的自主权,而且能相对独立地运用其所掌握的资金,并有权购建或处理固定资产,扩大或缩减现有生产能力。对这样的内部单位,需要进一步将其获得的利润和所占用的资金进行对比,考核资金的利用效果。这一类责任中心通常为投资中心。前已述及,投资中心是更高一级的责任中心,它不仅要对成本、利润负责,而且要全面承担资金利用效果的责任。因此,投资中心的工作成果的评价与考核,比利润中心更复杂。通常以投资(资产)报酬率和剩余利润作为评价和考核其工作成绩的主要指标。现将其具体计算方法分述如下;

(一)投资(资产)报酬率

投资报酬率(Return On Investment,ROI)又称投资的"获利能力",是全面反映投资中心各项经营活动的质量指标。其基本公式如下：

ROI＝经营利润÷经营资产

上式中：经营利润（Operating Profit）是指未扣除利息及税捐之前的利息，即"息税前利润"（Earnings Before Interest & Taxes，EBIT）；经营资产（Operating Assets）是指经营总资产，按期初、期末余额平均计算。按经营总资产计算的投资报酬率主要用于评价和考核由投资中心掌握、使用的全部资产总体的盈利能力。为进一步分析影响投资利润率指标的基本因素，投资利润率的计算经常分为两部分，即经营资产周转率（或投资周转率）和销售利润率。用公式表示如下：

ROI＝经营资产周转率×销售利润率

以往经理人通常只重视销售利润率，而忽视资产周转率，即忽视对投资资金的控制。这一计算公式使管理人员认识到，要提高投资报酬，不仅应控制费用和提高销售利润率，还应控制经营资产的投资，加速资金周转。

【例11-3】W公司有A、B、C三个分厂（投资中心），该公司及各分厂的部分财务报表资料及投资报酬率的计算如表11-3所示：

表11-3　　　　　　　　　W公司投资报酬率计算表

项目	公司合计	投资中心		
		A分厂	B分厂	C分厂
税前利润（元）	60 000	25 000	15 000	20 000
营业资产平均占用额（元）	600 000	220 000	180 000	200 000
投资（资产）报酬率（%）	10	11.36	8.33	10

必须指出，有些经营资产是各投资中心可以直接支配的资产，而有些则不能直接追溯到某一投资中心（如各投资中心共同使用的固定资产），需要予以分摊。同时，在投资中心计算其税前净利的成本中，有一部分间接固定成本也是由上级分摊的，是该投资中心所不能控制的。因此，为了更好地评价和考核各投资中心的业绩，在计算其投资报酬率时，也可以采用排除这些分摊数字影响的计算方法，即以各投资中心的部门利润除以其可以直接支配的经营资产。

投资（资产）报酬率＝部门利润÷可追溯资产×100%

【例11-4】假设W公司有关利润和资产情况的资料如表11-4所示，计算有关投资报酬率指标（见表11-5）。

表 11-4 　　　　　　　　　　　W 公司有关利润和资产资料　　　　　　　　　　　单位:元

项目	公司合计	投资中心		
		A 分厂	B 分厂	C 分厂
主营业务收入	530 000	250 000	152 000	110 000
减:变动成本	387 000	190 000	110 000	87 000
直接固定成本	41 000	18 000	13 000	10 000
部门利润	102 000	42 000	29 000	12 000
减:间接固定成本	28 000	14 000	8 000	6 000
税前利润	74 000	18 000	21 000	6 000
可追溯资产	550 000	250 000	180 000	120 000
共同资产	150 000	80 000	40 000	30 000
资产合计	700 000	330 000	220 000	150 000

表 11-5 　　　　　　　　　　　W 公司投资报酬率计算表

项目	公司合计	投资中心		
		A 分厂	B 分厂	C 分厂
部门利润(元)	102 000	42 000	29 000	12 000
可追溯资产平均占用额(元)	550 000	250 000	180 000	120 000
投资(资产)报酬率(%)	18.55	16.80	16.11	10

同样,为了排除由于采用某种特定的折旧方法对净利和固定资产账面折余价值的影响,在计算投资(资产)报酬率时,也可以采用在分子中剔除折旧费的影响,分母采用经营资产的原始价值进行计算。总之,不论采用何种方法计算,为了对各投资中心的业绩进行正确的评价和考核,在计算时必须注意:各投资中心所占用的资产以及收入和成本都应建立在可比的基础上。

利用投资利润率作为评价投资中心业绩的指标,其优点如下:

(1)能反映投资中心的综合盈利能力。

(2)具有横向可比性,有利于比较各投资中心经营业绩的优劣。

(3)有利于引导投资中心的管理行为,鼓励充分利用现有资产增加盈利,积极处理、减少不能增加投资报酬率的资产。

但运用投资利润率作为投资中心的评价考核指标时,可能出现某一投资机会可使整个公司的投资报酬率提高,而会使该投资中心的投资报酬率降低,从而上下目标不一致的情况,可能使公司丧失有利的投资机会。

(二)剩余利润

评价和考核投资中心工作成果的另一个指标是"剩余利润"。剩余利润(Residual Income,RI)是指投资中心的经营利润扣减经营资产按规定的最低利润率计算的投资报酬后的余额。用公式表示为:

RI＝经营利润－投资额×最低报酬率

这一概念先是由美国奇异电器公司所倡导的。运用这一指标评价考核投资中心的业绩,可以避免由于上下目标不一致而使公司丧失有利的投资机会。只要投资报酬率大于公司要求的最低报酬率,就能产生剩余利润,投资中心就接受,对部门及整个公司都有益。

【例11-5】根据某企业有关投资与利润指标,计算剩余利润如表11-6所示:

表11-6　　　　　　　　　　　　　　　　剩余利润计算表

项目	部门 A	部门 B
经营资产平均占用额(元)	100 000	200 000
经营利润(元)	20 000	28 000
投资报酬率(%)	20	14
经营资产最低(15%)报酬额(元)	15 000	30 000
剩余利润(元)	5 000	-2 000

例如,企业部门 A 投资一项新装置需要 150 000 元,可获得18%的投资报酬,按照部门 A 的现有投资报酬率20%进行决策,是要放弃此项投资的,因为此项投资报酬率低于现有投资报酬率20%。但此项投资报酬率是高于企业最低报酬率15%的,根据计算,此项投资的剩余利润＝150 000×(18%-15%)＝4 500元。这说明部门 A 应该进行此项投资。

采用剩余利润作为投资中心的业绩考评指标也存在缺点:

(1)不具有横向可比性,即不能利用这一指标来比较各投资中心的业绩。

(2)不利于引导投资中心的管理行为。部门经理可能会为追求剩余利润而片面追求盈利额。

因此,对投资中心业绩进行评价、考核时必须将投资报酬率和剩余利润结合应用,以取长补短。

思考题

1. 什么是责任会计? 为什么要建立责任会计制度?

2. 什么是责任中心? 责任中心有哪几种? 它们之间有什么区别?

3. 责任成本与传统的产品成本有哪些区别和联系? 有人说:"可控成本就是责任成本。"这句话对不对? 为什么?

4. 对成本中心与利润中心的业绩进行评价和考核有什么不同?

5. 对投资中心的业绩进行评价与考核,重点应放在哪两个指标上? 这两个指标各有什么用途? 如何计算?

6. 有人说:"减少营业资产怎么能提高报酬率呢? 因为只有增加营业资产,才有扩大利润的可能。"你认为这句话对不对? 为什么?

练习题

1. 某投资中心的平均营业资产为 200 万元, 营业利润为 60 万元, 销售收入为 600 万元, 该企业的最低投资报酬率为 15%。计算该投资中心的投资报酬率、剩余利润、销售利润率和资产周转率。

2. 假设某投资中心的责任报告中的有关资料如下表所示:

单位:元

投资中心责任报告			
项目	预算	实际	差异
销售收入		180 000	+25 000
变动成本	96 000	100 000	
贡献毛利			
固定成本	26 000		−240
营业利润			
营业资产平均占用额	156 000	134 000	
销售利润率			
资产周转率			
投资报酬率			
剩余利润(要求最低报酬率为18%)			

要求:根据上述资料计算并填列该投资中心责任报告的空格项目。

3. 下表给出同一公司的两个分部的有关数据:

单位:元

	甲分部	乙分部
销售收入(元)	3 000 000	10 000 000
平均营业资产(元)	1 000 000	3 000 000
营业利润(元)	140 000	330 000
公司要求的最低投资报酬率(%)	8	8

要求:

(1)计算两个分部的剩余利润。通过比较剩余收益, 是否能够看出两个分部业绩的优劣? 为什么?

(2)计算两个分部的投资报酬率。运用这一指标, 是否能比较出两个分部业绩的优劣? 为什么?

第十二章
作业成本计算法

　　作业成本计算法是一种具有创新意义的成本计算方法,是适应当代高新科学技术的制造环境和灵活多变的顾客化生产的需要而形成和发展的。作业成本计算法改革了制造费用的分配方法,并使产品成本计算更加准确,大大提高了成本信息的真实性。

第一节　作业成本法的基本原理

一、作业成本计算法产生的时代背景

　　21 世纪的社会是一个高新技术迅速发展、由工业社会向知识经济社会迅速转化的社会,其中,以计算机技术、通信技术和网络技术为代表的信息革命为核心,它给人类社会的各个方面带来巨大的影响。作业成本计算(Activity-Based Costing,ABC)就是在这种背景下产生的,是自 20 世纪 90 年代以来在西方先进制造企业首先应用起来的一种全新的企业管理理论和方法。

　　近 20 年来,在电子技术革命的基础上,产生了高度自动化的先进制造企业。这些高度自动化企业能够及时满足客户多样化、小批量的商品需求,快速、高质量地生产出多品种、少批量的产品。在这种先进的制造环境下,许多人工已被机器取代,因此直接人工成本比例大大下降,固定制造费用大比例上升。产品成本结构的重大变化,使得传统的"数量基础成本计算"(以工时、机时为基础的成本分配方法)不能正确反映产品的消耗,从而不能正确核算企业自动化的效益,不能为企业决策和控制提供正确、及时的成本信息。这是因为面对高科技、产品品种的日趋多样化和小批量生产的内部制造环境,面对日益激烈的全球性竞争和贸易壁垒消除的新市场环境,继续采用早期大批量生产条件下的产品成本计算和控制的方法,用在产品成本中占越来越小比重的直接人工去分配占越来越大比重的制造费用,分配越来越多与工时不相关的制造费用,必然导致产品成本信息的严重失真,从而引起经营决策的失误。

　　作业成本计算法是一个以作业为基础的管理信息系统,以作业为中心,而作业是从产品的设计开始,到材料供应、生产工艺流程的各个环节、质量检验、包装,到发运销售的全过程,通过对作业及作业成本的确认、计量,最终计算出相对真实的产品成本。

　　作业成本计算法的产生最早可追溯到 20 世纪杰出的会计大师——美国人埃里克·

科勒(Eric Kohler)教授。他在 1952 年编著的《会计师词典》中首次提出作业、作业账户、作业会计等概念。1971 年,乔治·斯托布斯(George Staubus)教授在《作业成本计算和投入产出会计》(*Activity Costing and Input-Output Accounting*)中对"作业"、"成本"、"作业会计"、"作业投入产出系统"等概念进行了全面系统的讨论,这是第一部从理论上研究作业会计的著作。20 世纪 80 年代后期,随着以资源制造计划(MRP2)为核心的管理信息系统的广泛应用以及集成制造的兴起,美国实业界普遍感到产品成本信息与现实脱节,成本扭曲现象普遍存在。这时,芝加哥大学的青年学者罗宾·库珀(Robin Cooper)和哈佛大学教授罗伯特·S. 卡普兰(Robert S. Kalpan)在对美国公司调查研究后,发展了斯托布斯的思想,提出了以作业为基础的成本计算。随后,美国众多大学会计学者与公司联合起来,共同在这一领域开展研究。

作业成本法是为了改进成本核算信息的准确性而产生的,但其发展促使了成本管理的范围与企业经营管理范围的一致性,推动了企业整体管理水平的提高。这样不仅可以保证成本信息的准确性,而且还可使成本管理方法在较低层面获得相关的成本信息,大大提高了成本管理的有效性。从这个角度讲,作业成本法改变了成本管理方法的信息基础,在新的成本信息支持下对传统成本管理方法进行批判和继承,提供与企业管理和决策相关的成本信息,为企业改善经营管理提供非财务信息。作业成本法突破了"成本会计与生产相连"的传统观点,使成本会计在非制造行业或企业得到推广应用。

目前,ABC 作业成本计算的应用已由最初的美国、加拿大、英国迅速地向大洋洲、亚洲、美洲以及欧洲国家扩展,行业领域也由最初的制造行业扩展到商品批发、零售业,金融、保险机构、医疗卫生等公用品部门以及会计师事务所、咨询类社会中介机构等。

二、作业成本计算法与传统成本计算法的比较

这里所说的传统成本计算法,实际上是指传统的间接成本分配法。传统的间接成本分配法是指以直接人工工时、直接人工成本、机器台时等作为分配基础,分配间接费用的一种成本计算方法。按传统成本计算法,某产品的成本是由直接成本和间接制造成本两部分组成。一般情况下,间接成本的计算公式如下:

间接费用分配率=实际发生的间接费用/各种产品消耗工时之和

某种产品应分配的间接费用=某种产品消耗工时×间接费用分配率

在这种方法下,从总体看,生产的产品产量越多,消耗的生产工时或机器工时越多,决定间接成本费用分配率的公式中的分母越大,从而使间接成本分配率就越小。在间接费用总额和单位工时一定的情况下,产量越高,间接费用分配率就越低,单位产品成本就越低。这就导致许多企业为降低单位产品成本而进行大批量产品生产。当增加的产品销售不出去或不能马上销售出去时,就会增加存货成本。当产品由于积压变质而报废时,其损失将远远大于由于增加产量而形成的产品成本节约额。

再从各种产品分别看,各种产品分摊的间接费用又与产量成正比,而实际上间接费用并不与产量成正比。这种分配方法在几十年前是合理的,因为当时的大多数公司只生产少数几种产品,构成产品成本最重要的因素是直接人工成本和直接材料成本,且这两种成本占产品成本的很大部分,而制造费用的比重很小,因此用少量的制造费用构成产品成本主体的直接人工去分配,所导致的扭曲是非常小的,产品成本信息是比较准确的。然而,随着科学技术的快速发展和全球性竞争的加剧,公司及其生产环境发生了巨大的变化:生产成本中固定制造费用比重增大,直接人工比重下降,从而制造费用分配率很大,很容易造成产品成本失真;随着与工时无关费用的快速增加,用不具有因果关系的直接人工去分配这些费用,必定产生虚假的成本信息。这些虚假的、失真的成本信息导致经营决策失误、成本失控,降低财务报告的可靠性。

作业成本计算法正是为克服传统成本计算方法的弊端而产生的。作业成本计算法能够提供某种具体产品消耗间接费用的正确信息资料。运用作业成本法计算的成本,准确地反映了各种产品按其消耗的设施所付出的代价。因为作业成本计算法建立在这样的前提下:按各种产品实际消耗的与间接成本相关的作业量的多少来分配其应该负担的间接成本。按作业成本法计算的成本同样包括直接制造成本和间接制造成本两部分。两种方法对直接成本的处理是一样的,只不过这种方法在间接成本分配时,不是将所有的间接成本按同一分配标准(产品消耗人工工时或机器工时)进行分配,而是根据各种间接成本的作业性质和特点采取不同的分配标准(作业)。同时,分配基础不仅发生了量变,而且发生了质变:分配基础不再局限于传统成本计算所采用的单一数量分配标准,而是采用了多元的分配基准;分配基础不再局限于形式上的分配基准多元化,而是集财务变量与非财务变量于一体,并且非常强调非财务变量(产品的零部件数量、调整准备次数、运输距离、质量检测时间等)。由于这种分配方式提高了成本与产品实际耗费的相关性,从而使作业成本会计能提供相对准确的产品成本信息。通过对所有与产品相关的作业活动的追踪分析,为尽可能地消除"不增值作业"、改进"增值作业",优化"作业链"、增加"顾客价值"提供有用的信息,使损失减少到最低限度,提高决策、计划、控制的科学性和有效性,最终达到提高企业的市场竞争能力和盈利能力、增加企业价值的目的。

作业成本法与传统成本核算的区别主要表现为:

1. 成本核算对象不同

作业成本计算与传统成本计算最大的不同在于作业成本计算不是对最终产品成本进行控制,就成本论成本,而是把着眼点与重点放在成本发生的前因后果上。从前因看,成本由作业引起,形成一个作业的必要性如何则要追踪到产品设计环节。正是在产品的设计环节决定产品的作业组成和每一作业预期的资源消耗水平以及通过作业的逐步积累而形成的产品,最终可对顾客提供的价值的大小和由此可取得的顾客愿意支付的代价(企业收入)。从后果看,及时对作业的执行以至完成实际耗费了多少资源、这些资源的耗费对产品最终提供给顾客的价值有多大贡献进行动态分析,可以提供有效信息,促进企业改进产品设计,提高作业完成的效率和质量水平,在所有环节上减少浪费,并尽可能降低资源消耗,寻找最有利的产品生产以及相应的最有利的投资方向。

2. 成本计算程序不同

在传统成本核算制度下,所有生产成本都要分配到产品中去。与传统成本制度相比,作业成本制度要求先确认费用消耗从事了什么作业,计算每种作业所发生的成本;然后以这种产品对作业的需求为基础,将成本追踪分配到产品。作业成本法采用的分配基础是作业的数量化,是成本的动因。

3. 成本核算范围不同

在传统成本核算制度下,成本的范围是产品成本。在作业成本制度下,成本核算范围有所拓展,建立了三维成本模式:第一维是产品成本;第二维是作业成本;第三维是成本动因。作业成本法下产生的这三维信息不仅消除了传统成本核算制度扭曲的成本信息缺陷,而且信息本身能够使企业管理当局改变作业和经营过程。

4. 费用分配标准不同

在传统成本核算制度下,间接费用或间接成本的分配标准是工时或机器台时。在作业成本核算制度下,间接费用的分配采用的分配基础是作业的数量化,是成本动因。作业成本法对间接费用的处理解决了传统成本核算制度的不合理性:第一,缩小制造费用的分配范围,由全厂统一分配改为由若干个"成本库"分别进行分配。第二,增加分配标准,即按引起制造费用发生的多种成本动因进行分配。

三、作业成本法的基本概念

作业成本法是基于作业的成本计算法,是指以作业为间接费用归集对象,通过资源动因的确认、计量,归集资源费用到作业上,再通过作业动因的确认计量,归集作业成本到产品或顾客上去的间接费用分配方法。作业成本法为作业、经营过程、产品、服务、客户等提供了一个更精确的分配间接成本和辅助资源的分配方法。

作业成本计算系统认为组织的资源不只在产品的物质生产中消耗,在许多辅助作业中也同样被消耗,为不同顾客提供不同的产品往往需要消耗不同的辅助作业。作业成本法的目标是把所有为不同顾客和产品提供作业所耗费的资源价值测量和计算出来,并恰当地把它们分配给各位顾客和产品。

这里的资源是指支持作业的成本、费用来源。这是一定期间内为了生产产品或提供服务而发生的各类成本、费用项目,或者是作业执行过程中所需要花费的代价。制造行业中典型的资源项目一般有:原材料、辅助材料、燃料、动力费用、工资及附加费、折旧、办公费、修理费、运输费等。与某项作业直接相关的资源应该直接计入该作业。如果一项资源支持多种作业,那么应当使用资源动因基准将资源计入各项相应的作业中去。

(一)作业

作业(Activity)是指相关的一系列任务的总称,或指组织内为了某种目的而进行的消耗资源的活动。作业代表组织实施的工作,是连接资源与成本标的的桥梁。

成本标的是指经济组织执行各项作业的原因,是归集成本的终点。一般而言,成本标的与企业目标相联系。如果企业目标是优化产品组合,这个目标需要可靠的产品获利信息,那么产品就可定义为成本标的。典型的成本标的有产品、顾客、服务、销售区域和分销渠道等。一项作业是一个典型的作业成本计算模型中的最小成本归集单元,每个作业都有计算成本标的的作业动因。作业可以看成是由一系列的任务构成的。例如,"发出订货单"作业由以下步骤构成:从使用部门收到购买需求信息,索取供应商报价并评估价格,编制比较分析表,认定供应商,编制并发出订单。

作业中心(Activity Center)是一系列相互联系、能够实现某种特定功能的作业集合。原材料采购作业中,材料采购、材料检验、材料入库、材料仓储保管等都是相互联系的,并且都可以归类于材料处理作业中心。将相关的一系列作业(或任务)消耗的资源费用归集到作业中心(或作业),计入该作业中心(或作业)的作业成本库(Activity Cost Pool)。作业成本库是作业中心(或作业)的货币表现形式。

作业可以从不同的角度进行分类。库珀和卡普兰将作业分为以下四类:

(1)单位作业(Unit Activity)。这是指使单位产品和顾客受益的作业,如对每件产品的人力加工、机械加工等。这种作业的成本一般与产品产量或某种属性(产品重量、长度等)成比例变动。

(2)批别作业(Batch Activity)。这是指使一批产品或顾客受益的作业,如对每批产品的检验、机器调整准备、原料处理、生产计划等。这种作业的成本与产品的批数成比例变动。

(3)产品别作业(Product Activity),即品种别作业,是使某种产品或顾客的每个单位都受益的作业,如对每一种产品进行工艺设计,编制数控程序、材料清单等。这种作业的成本与产品产量和批数无关,但与产品种类数成比例变动。

(4)过程作业(Process Activity),即管理级作业,是指为了支持和管理生产经营活动而进行的作业,如生产协调、意外事件处理等。这种作业与产量、批次、品种数无关,而取决于组织规模与结构。

(二)成本动因

成本动因(Cost Driver)是指诱导成本发生的原因,是成本标的与其直接关联的作业和最终关联的资源之间的中介因素。作业和成本标的是其起因,资源的消耗是其结果。成本动因是成本形成的起因,是确定成本的决定性因素。成本发生的基础因子是资源,而成本基础因子并非形成产出成本的充要条件,还必须实施作业以驱动资源,因而作业是成本驱动因子。成本动因重在揭示具体的成本驱动因子,即作业的量化标准。

成本动因可分为资源动因(Resource Driver)和作业动因(Activity Driver)两类。

(1)资源动因是衡量资源消耗量与作业之间的关系的某种计量标准,反映了消耗资源的起因,是资源费用归集到作业的依据。在分配过程中,由于资源是一项一项地分配到作业中去的,于是产生了作业成本要素(Cost Element)。将每个作业成本要素相加,即形成作业成本库。通过作业成本库成本要素的分析,可以揭示哪些资源需要减少,哪些资源需要重新配置,最终决定如何改进和降低作业成本。

(2)作业动因是指作业发生的原因,是将作业成本库中的成本分配到成本标的去的依据,也是将资源消耗与最终产出联系起来的中介。通过作业动因分析,可以揭示哪些作业是多余的,应该减少,哪些作业是关键作业,应密切注意其变化等。

典型的作业动因:产品 X 比产品 Y 有更大的市场需求量,所以产品 X 有比产品 Y 更多的订购原材料、零部件的订货单。显然,产品 X 应从采购成本库中分配到更多的相关成本。其中,产品 X 与 Y 是成本标的,订单的数目就是作业动因,通过发出的 X 与 Y 产品的订货单数目,能够比较准确地把材料采购成本分配到 X 与 Y 产品上去。各层次作业及其成本动因如表 12-1 所示:

表 12-1　　　　　　　　　各次级作业及其成本动因

层级	代表作业	作业动因
单位级作业	每件产品质量检查 直接人工操作 机器耗用的动力	产品数量 直接工时 机器工时
批次作业	机器调试准备 每次产品质量检查 采购物料	准备小时 批次数或小时 采购次数
产品品种级作业	产品设计 零件管理 生产流程	产品种类 零件数量 产品种类
管理级作业	厂务管理 应收账款 会计人事	厂房面积 顾客数量 员工人数

四、作业成本法的基本原理和步骤

(一)作业成本法的基本原理

作业成本法认为,由于作业消耗了资源,产出消耗了作业,因此资源应该通过资源动因基准分配给作业,形成作业成本,而作业成本应通过作业动因基准分配给产出。这里的成本动因是重要的量化基准,即作业动因是产出消耗作业的量化基准,资源动因是作业消耗资源的量化基准。

作业成本法的基本原理是依据不同成本动因,分别设置成本库,再根据各种产品消耗的作业量分配其在该成本库中的作业成本,然后汇总各产品的作业总成本和单位成本。

作业成本法涉及两个阶段的制造费用分配过程:

(1)第一阶段,把有关生产或服务的制造费用(资源)归集到作业中心,形成作业成本。

(2)第二阶段,通过作业动因把作业成本库中归集的成本分配到产品或服务(成本标的)中去,最终得到产出成品的作业成本,即产品成本。

(二)作业成本法的基本步骤

作业成本计算的实质可归纳为"作业消耗资源,产品消耗作业"。因此,作业成本计算方法下成本计算程序就是把各资源库价值分解分配给各作业成本库,再将各作业成本库成本分配给最终产出。这一过程可以分为如下三个步骤:

(1)第一步:确认和计量各类资源耗费,将资源耗费价值归集到各资源库。这一步骤只是价值归集过程,资源被耗费后,直接将耗费价值计入各作业比较困难,因此资源耗费价值总是在一个比作业大的范围内按资源种类归集的。

价值归集范围一般视企业规模和作业状况而定。对小规模企业,若不分设制造中心,也不设作业中心,则直接在整个企业范围内按类别归集资源耗费。若不分设制造中心而设立作业中心,则应分别不同作业中心,以作业中心为范围归集资源耗费。对大规模制造企业,可能既要设制造中心,又要设作业中心,此时,即将各制造中心视同为小规模企业,在制造中心内分别以不同作业中心为范围收集资源耗费价值。

(2)第二步:确认作业,将特定范围内各类资源库汇集价值分解分配到各作业成本库中。作业确认后,一般不得轻易变动。这样,在对资源库价值进行分配时,面临的已是确定的作业,该步骤的成本计算就演化为如何将资源库价值结转到各作业成本库这一具体分配问题。解决这一分配问题要贯彻作业成本计算的基本规则是:作业量的多少决定着资源的耗用量,资源耗用量的高低与最终的产出量没有直接关系。这种资源耗用量与作业量的关系就是资源动因。资源动因反映了作业对资源的消耗状况。

在成本计算过程中,各资源库价值应根据资源动因一项一项分配到特定范围内的各作业成本库中去,将每个作业成本库中转入的各项资源价值相加,就形成了作业成本库价值。

(3)第三步:将各作业成本库价值分配计入最终产品或劳务成本计算单,计算出完工产品或劳务的成本。该成本计算步骤应遵循的作业成本计算规则是:产出量的多少决定着作业的耗用量,这种作业耗用量与产出量之间的关系也就是作业动因。

第二节 作业成本法的应用实例

一、资料

W公司生产甲、乙、丙三种产品。甲产品是三种产品中工艺最简单的一种,公司每年销售10 000件;乙产品工艺相对复杂一些,公司每年销售20 000件;丙产品的工艺最复杂,每年销量为 4 000 件。公司设有一个生产车间,主要工序包括零部件排序准备、自动插件、手工插件、压焊、技术冲洗及烘干、质量检测和包装。原材料和零部件均为外购。W 公司采用传统成本计算方法。有关成本资料如表 12-2 所示:

表 12-2　　　　　　　　　　　成本用产量资料

项目	甲产品	乙产品	丙产品	合计
产量(件)	10 000	20 000	4 000	
直接材料(元)	500 000	1 800 000	80 000	2 380 000
直接人工(元)	580 000	1 600 000	160 000	2 340 000
制造费用(元)				3 894 000
各产品所耗人工工时(小时)	30 000	80 000	8 000	

二、采用传统成本计算产品成本

用各产品所耗工时分配制造费用如表 12-3 所示:

表 12-3　　　　　　　　　　　制造费用分配表

项目	分配标准(小时)	分配率(%)	分配额(元)
甲产品	30 000		990 000
乙产品	80 000		2 640 000
丙产品	8 000		264 000
合计	118 000	33	3 894 000

分配率=3 894 000/118 000×100%=33%

根据制造费用分配表编制产品成本计算表,如表 12-4 所示:

表 12-4　　　　　　　　　产品成本计算表　　　　　　　　单位:元

项目	甲产品	乙产品	丙产品
直接材料	500 000	1 800 000	80 000
直接人工	580 000	1 600 000	160 000
制造费用	990 000	2 640 000	264 000
合计	2 070 000	6 040 000	504 000
产量(件)	10 000	20 000	4 000
单位产品成本	207	302	126

公司如果按照成本加成法(25%)确定销售价格,则三种产品的价格分别为:

甲产品的销售价格＝207×(1+25%)＝258.75(元)

乙产品的销售价格＝302×(1+25%)＝377.50(元)

丙产品的销售价格＝126×(1+25%)＝157.50(元)

近几年公司的销售情况如下:

(1)甲产品销售正常。

(2)乙产品按售价377.50元销售,将造成较大存货,因为市场价格只有328元左右。

(3)丙产品销售较旺,因为市场价格大大高于157.50元,大概在250元左右。

公司管理层认为传统的成本计算方法可能存在问题。财务部门决定改用作业成本法计算产品成本。

三、采用作业成本法计算产品成本

(1)财务人员对企业制造费用进行了分析,将公司发生的主要作业划分为几个同质作业库,然后将制造费用归集到作业成本库中。归集的结果如表12-5所示:

表12-5　　　　　　　　　　　　制造费用　　　　　　　　　　　单位:元

作业	费用金额
装配	1 212 600
采购材料	200 000
物料处理	600 000
启动准备	3 000
质量控制	421 000
产品包装	250 000
工序处理	700 000
其他管理	507 400
合计	3 894 000

(2)分析各种产品消耗作业的数量(成本动因),如表12-6所示:

表12-6　　　　　　　　　　　　成本动因

项目	成本动因	作业量			
		甲产品	乙产品	丙产品	合计
装配	机器小时(小时)	10 000	25 000	8 000	43 000
采购材料	订单数量(张)	1 200	4 800	14 000	20 000
物料处理	材料移动(次数)	700	3 000	6 300	10 000
启动准备	准备次数(次数)	1 000	4 000	10 000	15 000

表12-6(续)

项目	成本动因	作业量			
		甲产品	乙产品	丙产品	合计
质量控制	检验小时(小时)	4 000	8 000	8 000	20 000
产品包装	包装次数(次数)	400	3 000	6 600	10 000
工序处理	处理小时(小时)	10 000	18 000	12 000	40 000
其他管理	人工小时(小时)	30 000	80 000	8 000	118 000

(3)根据以上资料计算出单位作业成本,如表12-7所示:

表 12-7　　　　　　　　　　单位作业成本计算表　　　　　　　　　单位:元

项目	年制造费用	年作业量	单位作业成本
装配	1 212 600	43 000	28.2
采购材料	200 000	20 000	10
物料处理	600 000	10 000	60
启动准备	3 000	15 000	0.2
质量控制	421 000	20 000	21.05
产品包装	250 000	10 000	25
工序处理	700 000	40 000	17.5
其他管理	507 400	118 000	4.3

(4)将各作业成本库的制造费用按单位作业成本分摊给各产品,如表12-8所示:

表 12-8　　　　　　　　　　制造费用分配表

项目	单位作业成本(元)	甲产品		乙产品		丙产品	
		作业时(小时)	分配额(元)	作业量(小时)	分配额(元)	作业量(小时)	分配额(元)
装配	28.2	10 000	282 000	25 000	705 000	8 000	225 600
采购材料	10	1 200	12 000	4 800	48 000	14 000	140 000
物料处理	60	700	42 000	3 000	180 000	6 300	378 000
启动准备	0.2	1 000	200	4 000	800	10 000	2 000
质量控制	21.05	4 000	84 200	8 000	168 400	8 000	168 400
产品包装	25	400	10 000	3 000	75 000	6 600	165 000
工序处理	17.5	10 000	175 000	18 000	315 000	12 000	210 000
其他管理	4.3	30 000	129 000	80 000	344 000	8 000	34 400
合计			734 400		1 836 200		1 323 400

（5）汇总计算产品的作业成本（产品成本），如表 12-9 所示：

表 12-9　　　　　　　　　　作业（产品）成本汇总表　　　　　　　　单位：元

项目	甲产品	乙产品	丙产品
直接材料	500 000	1 800 000	80 000
直接人工	580 000	1 600 000	160 000
制造费用	734 400	1 836 200	1 323 400
合计	1 814 400	5 236 200	1 563 400
产量（件）	10 000	20 000	4 000
单位产品成本	181.44	261.81	390.85

（6）比较传统成本计算法与作业成本计算法计算的产品成本，如表 12-10 所示：

表 12-10　　　　　　两种成本计算方法计算的产品成本比较表　　　　　　单位：元

项目	甲产品	乙产品	丙产品
传统成本计算	209.00	302.00	126.00
作业成本计算	181.44	261.81	390.85
差异	27.56	40.19	-264.85

表 12-10 显示，作业成本法计算出的甲产品和乙产品的成本比传统成本计算出的产品成本分别低了 27.56 元和 40.19 元。特别是丙产品的成本相差太大，传统成本法计算的丙产品成本严重失真，这将会造成企业产品价格定得过低，影响企业的盈利水平。企业应该迅速调整丙产品的销售价格，否则丙产品将成为亏损产品。

四、对作业成本法的评价

作业成本法之所以日益为人们所重视，是因为它在间接制造成本的分配方面选择了合理的分配标准，成本的负担与分配标准存在因果关系，提供了一种较传统成本计算方法更为准确的产品成本信息。作业成本法有如下优点：

（一）提供较准确的成本信息，有助于管理者做出正确的经营决策

作业成本法能够比传统的成本制度提供更准确的关于经营行为与生产过程以及产品、服务和顾客方面的成本信息。作业成本法通过将企业的资源费用同使用这些资源的经营行为和生产过程相联系而把作业作为生产成本行为分析的主要因素，收集信息确定作业成本动因，然后再把作业成本分配到产品、服务和产生作业需求的（或受益于作业的）顾客中去。

作业成本法通过提供相对准确的产品成本和利润的信息，使管理当局可进一步了解企业进入低产量产品市场的可行性及如何赚取利润。作业成本信息由于对间接成本不

是均衡地在产品间进行分配,因而有助于改进产品的定价决策,并为是否停产老产品、开发新产品和指导销售提供准确的信息。除了定价、资源分配及优化产品结构决策外,作业成本信息也有助于对竞争对手价格——产量决策做出适当的反映。因此,有人说作业成本不仅仅是一种管理咨询服务工具,而且是提高企业发展能力、获利能力、工作效率的技术。

（二）有助于企业改善经营管理,提高工作效率

作业成本法把成本看成是"增值作业"和"不增值作业"的函数,并以"顾客价值"作为衡量增值与否的最高标准。在这里,作业成本要关注那些导致成本增加和使成本复杂化的因素,揭示在产品之间分配间接成本的不合理、不均衡所产生的后果。在评价作业时,要深入研究"不增值作业"。有人认为不增值作业可分为"维持性作业"和"无效作业",其中后者既不能给最终产品带来利益,也不能给整个组织带来利益。作业成本管理的宗旨就是利用具体而细致的作业信息,提高增值作业的效率,避免无效作业。

在评价作业的同时,还要评价资源的实际利用和需要利用之间的一致性,减少资源的不必要耗用,提高资源利用的效果。在评价指标上,作业成本管理除保留了那些有用的财务指标外,还引进了许多非财务指标,如劳动生产率、产品质量、市场份额、经营管理能力、人力资源管理等。

不过作业成本法并不是满足管理对成本信息需要的"万能药"。与现行方法相似,作业成本法的价值也取决于所处的环境条件。需要牢记的是:作业成本法提供的仍然是历史成本信息,仅间接地与管理决策相关,其发挥决策方面的作用有附加条件。此外,作业成本法虽然大大减少了现行方法在产品成本计算上的主观分配,但没有从根本上消除它们。也就是说,由于作业成本法的基础资料来自于现行的权责发生制成本计算,因此其计算的结果必然受诸如折旧和开发等成本期末分配中任意性的影响,这样,作业成本法成本归集库归集成本的正确性和客观性就会受到影响。另外,就作业成本法的最核心内容成本归集库和成本动因的选择而言,作业成本法也无法做到完美无缺。它主要表现在:对成本归集库来说,当成本按不同的作业性质分库时,虽然从理论上说只要把同质作业成本归在同一成本库中即可,但在实际操作中,由于有些制造费用可能为几个成本归集库所影响,但又缺少作业耗用的计量手段,因而仍然可能存在一些人为的成本分配;对成本动因的选择来说,作业成本归集到成本归集库后,就必须选择恰当的成本动因,将成本分配至个别的产品中,即使成本划分得相当细,再配以大量的成本归集库,每个成本库内作业成本的同质性仍然是有疑问的,这样用单个成本动因来解释成本归集库内全部作业成本的成本性态就存在问题,而且对诸如公司的广告、关系总体的高层管理活动、外部审计、财务费用和商誉摊销等公共性成本,事实上很难选择有意义的成本动因来加以分配。

思考题

1. 何为作业成本计算?

2. 作业成本法的产生背景是怎样的?

3. 作业成本计算与传统成本计算有何不同?

4. 作业成本法在成本计算方面解决的核心问题是什么?

5. 作业成本法对成本管理和控制有何意义?

6. 什么是成本动因? 如何确定成本动因?

练习题

1. 某超市采用的成本制度是仅有一类直接成本(进货成本)和一类间接成本(商品服务成本),服务成本按产品销售成本的30%分配给各产品。该超市一直以来以传统的成本计算方法计算各种产品的损益情况。相关人员经过仔细分析,认为采用作业成本法可以提供更准确的各种产品的成本信息,进而提供更准确的产品盈利能力分析。

要求:根据提供的数据,分别用传统的成本计算方法和作业成本法计算各种产品的损益情况。

各产品盈利能力表

单位:元

项目	软饮料	鲜活产品	罐装食品	小计
销售收入	26 450	70 020	40 330	136 800
成本				
产品销售成本	20 000	50 000	30 000	100 000
商场服务成本	6 000	15 000	9 000	30 000
成本合计	26 000	65 000	39 000	130 000
营业利润	450	5 020	1 330	6 800
营业利润/收入				

成本动因数量分析

作业链	成本分配基础	成本动因数量		
		软饮料	鲜活产品	罐装食品
订购	100 元/订单	12	28	13
运输	80 元/次	15	73	22
上架储存	20 元/小时	18	180	90
客户服务	0.2 元/售出产品	4 200	36 800	10 200

2. 长江公司生产 A 产品的成本资料如下:变动性的制造成本为 12 元/件,变动性销售费用为 1 元/件,固定性制造费用为 3 000 元/年,固定性销售与管理费用为 2 900 元。长江公司在年底收到一份订单,要求 A 产品定价 13 元,订购 100 000 件。由于长江公司目前有剩余的生产能力,因此该订单不会使长江公司的固定费用增加。按传统成本计算

法计算,是否应该接受这份订单?

为了确定特殊订单对成本的影响,长江公司决定采用作业成本计算法确定所发生的成本。经过仔细研究变动性制造成本,公司确认了两个重要的成本动因。其中,9元是随产品数量变化的,另外3元是随生产启动次数变化的。通常每生产1 000 000件A产品需要500次生产启动。由于这份100 000件的特殊订单只在产品规格上有微小的变化,长江公司只需5次生产启动。如果按作业成本法计算,是否应该接受这批订单?

第四篇
绩效评价系统与激励机制

现代管理会计的绩效评价系统主要以平衡计分卡和经济附加值为评价核心,从企业的价值链出发,运用平衡计分卡和经济附加值来合理、科学地评价企业的经营业绩,从而实现企业激励机制的有效运行。本篇将以平衡计分卡、经济附加值和激励机制作为主要的论述内容。虽然平衡计分卡和经济附加值在国内的运用还不是很普及,但是它们所提供的一些先进的、科学的思想和方法却值得国内企业学习和借鉴。

第十三章

平衡计分卡

平衡计分卡克服了单一财务指标评价存在的缺陷,融合了财务与非财务评价指标,从而帮助企业将长期战略与短期行为联系起来:运用财务指标对企业短期经营业绩进行考评,同时又通过非财务指标来揭示企业在保持长期财务业绩和竞争优势方面取得的成果。

第一节 平衡计分卡概述

一、平衡计分卡的概念及应用

1992 年,在《哈佛商业评论》上,罗伯特·S. 卡普兰与大卫·P. 诺顿发表了题为《平衡计分卡良好的业绩评价体系》的文章,第一次提出了平衡计分卡(Balance Score Card,BSC)。该文中提到:我们可以把平衡计分卡看成是飞机座舱中的标度盘和指示器,为了操纵和驾驶飞机,驾驶员需要掌握关于飞行的众多方面的详细的信息,如燃料、飞行速度、高度、方向、目的地以及其他能说明当前和未来环境的指标,只依赖一种仪器可能是致命的。同样的道理,在今天管理一个企业的复杂性要求经营者能同时从几个方面来考察业绩。而在原来的评价体系下,大部分公司的经营和管理体系都是在财务目标和财务指标的基础上建立起来的,这些目标的刚性和指标的滞后性,使其无法对公司的长期战略进行及时和有效的评价,更无法对战略的变革进行管理。因此,大部分公司的这种追求短期财务指标的局面与对公司战略的开发和实施之间产生了差距。为了解决这个问题,修正传统绩效评价体系的缺陷,平衡计分卡以组织的战略和远景为核心,从财务、顾客、内部运作过程、学习与成长四个方面说明公司的远景与战略。其中,财务是对过去业绩的评估,顾客、内部运作过程、学习与成长是用来驱动未来业绩的评估,与财务评估形成互补,这四个方面和一个核心提供了平衡计分卡的基本框架(见图 13-1)。正因为平衡计分卡以远景和战略为中心,因此解决了传统管理体系的一个严重缺陷——它们不能把公司的长期战略和短期行动联系起来,从而成为新的战略管理体系的基石。

平衡计分卡始终以战略为核心,自上而下地将企业远景与战略转变为一系列有形的目标和计量方法,将结果性的评价与动因性的评价综合起来,既包括对有关股东、客户和其他利益相关者的外部评价,又兼顾了有关的重要经营过程、技术革新和学习成长的内部评价,同时保留了结果性的财务评价,还将客观评价与带有一定主观性的评价结合在一起,从而不仅成为一个战术性或操作性的计量和评价绩效系统,而且还可以在宏观上被看成一个战略管理系统。

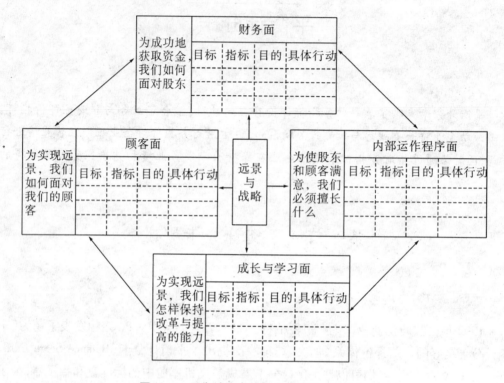

图 13-1　平衡计分卡的四个层面和一个核心

经过长期实践,平衡计分卡由于其独特的优势在美国和欧洲得到了广泛的推广和好评。战略管理理念和平衡计分卡思想传入我国的时间较晚,但在近年来,平衡计分卡在实践中的巨大成功已经引起了我国学术界和企业界的广泛关注,各大高校的经济管理专业纷纷开设相关课程,传播平衡计分卡知识。但是,我国真正实施战略管理的企业并不多,尽管在我国越来越多的企业已经开始制订长期规划,也越来越重视非财务指标,但如何量化这些非财务指标,以及如何将非财务指标和财务指标有效结合,还在不断地摸索与实践中。

二、平衡计分卡的核心思想

平衡计分卡的核心思想就是通过财务、客户、内部经营过程、学习与成长四个方面指标之间相互驱动的因果关系展现组织的战略轨迹,实现业绩评价以及促进战略实施的目标。这种方法在保留了传统的财务指标的同时清楚地表明了卓越而长期的价值和竞争业绩的驱动因素。财务指标描述了已经完成了的事情,而利用平衡记分卡却可以衡量如何为现在和未来的客户创造价值,如何建立和提高内部生产能力,以及如何为提高未来的经营而对员工进行投资。

(一)财务面的核心思想

平衡计分卡保留了财务面的内容,因为财务指标能提供可计量经济后果的整体性轮廓。财务指标能反映企业的战略、业绩对净利润的提高是否具有帮助。平衡计分卡对于财务面利益方的满足上,面临着由于在企业内部存在不同的利益主体(股东、债权人、员工、供应商等)而产生的财务面应满足哪个或哪些主体的问题,平衡计分卡的财务面从股东及出资人的角度出发。罗伯特·S.卡普兰指出:"股东的利益是通过财务方面的目标和指标体现的,由于顾客是达到财务目标的必要因素,顾客指标出现在每个计分卡上。"当员工、供应商或社区的目标与指标对顾客和股东的业绩产生促进作用时,这些目标和指标就会出现在平衡计分卡上。以财务为核心,就是在业绩评价过程中,要从股东及出资人的立场出发,树立"企业只有满足投资人和股东期望才能取得立足与发展所需的资本"的观念。

(二)顾客面的核心思想

以顾客为导向的思想,就是在考核企业业绩时应充分体现"顾客造就企业"的思想。因为企业成果的获得不取决于企业内部的任何人,也不取决于企业内部能够控制的任何事情,而是由企业外部条件所决定的。在市场经济条件下,企业的成果取决于顾客,即由顾客决定企业的努力是转化为成果还是白白地耗费资源。

平衡计分卡正是在这一指导思想下选择了顾客面作为平衡计分卡的一方面。在平衡计分卡的顾客面,管理者要确定将要面对的需通过竞争才能获得的顾客或市场份额,并计量企业在这个目标范围内的业绩情况。顾客面在平衡计分卡中占有重要地位,因为如果未能符合顾客的需求时,企业的远景及目标是很难达到的。

(三)内部运作程序面的核心思想

平衡计分卡的顾客面是和成果导向相连的,顾客是产生成果的直接领域。优异的顾客业绩来自企业中的业务流程、决策和行动等一系列过程。要获得成果,必须要有合理的过程。预期的计划未能达到,表示在过程上是失败的,这正是现在企业中价值链产生的根本原因。

企业平衡计分卡的内部运作程序面是与价值链分析结合在一起的。企业因资源有限,为有效地运用内部资源和发挥过程的有效性,首先需要以顾客和股东的需求为依据,重视价值链的每个环节,设法分析企业的优势在哪里,这样才能创造全面和长期的竞争优势。从切入点看企业价值链也是以顾客为导向的,它同平衡计分卡的顾客面是一脉相通的,正因为如此才被纳入到平衡计分卡中来。

(四)学习与成长面的核心思想

平衡计分卡中,顾客面和内部程序面确定了企业在市场竞争中取胜的至关重要的参数。不过,成功的指标是在不断变化的,激烈的全球性竞争要求企业不断改进现有产品和程序,有引入新产品的巨大潜力。企业创新、提高和学习的能力是与企业的价值直接相连的。只有通过持续不断地开发新产品,为顾客提供更多附加价值,并提高经营效率,企业才能打入新市场、增加收益,才能发展壮大。企业的学习和成长来自两个主要的资源:员工和信息系统。

对企业而言,唯有员工是运用知识的主体,让员工加强学习,提高知识水平,并使其将知识运用于为企业创造价值。信息系统提高企业传递信息的速度和效率,使知识的交流更加便利。信息系统在帮助企业分解总体性评价指标方面发挥了难以估量的作用。当平衡计分卡中出现了未预测到的信号时,管理者可以查询信息系统,指出问题的根本所在。如订货未能及时送到顾客手中,管理者可以通过信息系统查询在哪个环节上出的问题。

三、平衡计分卡各层面的相互关系

虽然平衡计分卡的主体思想是在学习和成长、内部运作程序、客户及财务四个方面取得平衡,但实际上这四个方面不是孤立存在的,而是相互联系和相互影响的(见图13-2)。从学习和成长面到财务面,它们之间存在着因果推动关系。学习创新与成长解决企业长期生命力的问题,是提高企业内部战略管理的素质与能力的基础。该指标提高有助于内部运作的改善和效率的提高,从而又可以更快更好地满足顾客的需求,使得顾客的满意度上升,最终导致市场份额增大,反映在财务指标的增长上,即实现企业的长期盈利水平的提高和股东的价值增长。因此,平衡计分卡中各项衡量指标不是孤立存在的,它们都是企业战略因果关系链中的一部分,并最终以某种直接或间接的形式与财务结果相关联。

企业战略的最终目标是追求公司价值的最大化,即长期利润的最大化。无论企业是否致力于使利润最大化,经济的“自然选择”将确保每一个生存下来的企业个体都表现出与“利润最大化”相一致的行为。所以,无论在经营过程中如何“平衡”,为了生存,企业战略的落脚点最终还是长期财务指标的提高。尽管顾客、内部过程、学习和成长三个方面都会影响财务指标,但它们的影响发生在不同的时期,并且影响的程度也不一样。顾客方面指标的改进一般会影响当期的财务指标,影响程度很低,作用期间最短。而内部运作程序方面不同部分的改进对财务指标的影响不一样,既可以影响短期收益,又可以影响长期收益。其中:运作效率的提高和过程的改进会提高短期的收益;顾客关系的改进会在改进期间带来收入的增长;创新的提高通常会增加长期收益和边际收益。学习和成长方面指标的提高,一般在短期内不会对财务指标产生影响,但会提高未来的财务指标,并且影响的时间最长。

因此,平衡计分卡追求的是一种动态平衡过程,是变不平衡为平衡的过程。使用平衡计分卡可以帮助企业找出战略实现过程的深层次驱动因素,它包含着促使强项更强、弱势改进的平衡发展的思想。

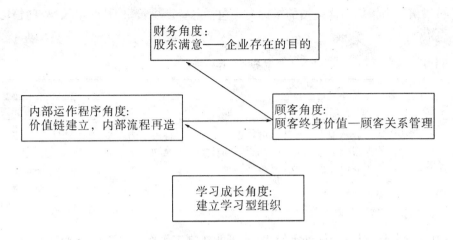

财务角度：
股东满意——企业存在的目的

内部运作程序角度：
价值链建立，内部流程再造

顾客角度：
顾客终身价值—顾客关系管理

学习成长角度：
建立学习型组织

图 13-2 平衡计分卡的因果关系

第二节 平衡计分卡指标体系设计

一、平衡计分卡指标体系分解

平衡计分卡最大的特点是可以化战略为行动的系统评价体系，把抽象的描述转化为具体行动的方法就是把构成平衡计分卡的系统指标，即财务、顾客、内部运作程序以及学习与成长四个大类指标体系具体细分为可操作的子指标。

（一）财务指标——实现股东利益最大化

财务指标包含资本报酬率、现金流、项目盈利性等指标。盈利性公司的最终目标是股东价值的最大化。而股东价值的增长主要是通过收入增长和生产率的提高来实现的。其中收入增长的战略包括来自于新产品、新顾客和新市场的收入，通过提供特殊服务来增进顾客关系，从而扩大对现有顾客的销售。生产率战略则通过降低直接和间接费用改进成本结构，在一定的产量下，提高资产使用效率，降低所需的流动资产和固定资产。尽管财务指标有诸多的局限性，但平衡计分卡仍保留了财务方面的指标，因为财务衡量方法是宝贵的——它概括了已经完成的经济事项的容易计量的经济结果，直接体现了企业各利益相关者的利益。

具体来讲，财务评价指标主要包括四类指标：

（1）偿债能力指标。这一类的指标主要包括流动比率、速动比率、现金比率、资产负债率、所有者权益比率、利息周转倍数、股利周转倍数、现金流动负债比等。

（2）盈利能力指标。这一类指标主要包括销售利润率、资本报酬率、经济附加值、每股盈余、市盈率、现金流量等。

（3）营运能力指标。这一类的指标主要包括应收账款周转率、存货周转率、流动资产周转率、固定资产周转率、总资产周转率等。

(4)增值能力指标。这一类的指标主要包括总资产增长率、利润增长率、销售增长率等(见表13-1)。

表 13-1　　　　　　　　　　　　　　财务方面评价指标

财务指标				
第二层指标	盈利能力	营运能力	偿债能力	增值能力
第三层指标	净资产收益率 总资产报酬率 经济附加值(EVA) 销售利润率 成本费用利润率	总资产周转率 流动资产周转率 存货周转率 应收账款周转率 不良资产比率	资产负债率 流动比率 速动比率 已获利息倍数 利息保障倍数	销售增长率 资本积累率 总资产增长率 利润增长率 投资增长率 固定资产更新率

需要注意的是,财务指标种类繁多,不可能在制定平衡计分卡时都囊括在内,必须要选择那些与企业的发展战略密切相关的,能集中体现企业的战略目标及其实现的情况,并与非财务的业绩动因之间构成一条垂直的因果关系链,使其成为其他三个非财务方面的最终结果和衡量标准。

(二)顾客价值方面——培育忠诚顾客

从顾客的方面评价企业经营状况的指标包括客户获得率、客户保持率、客户满意度指数、市场份额、价格指数、客户排名调查等。这些指标使得组织创造了一个清晰的顾客远景,在这个远景中能识别顾客的需要及其对公司的期望。公司顾客方面的战略核心是顾客价值主张,它不但描述了企业提供给顾客的独特的产品组合、价格、服务、关系和形象,并且界定了战略所选择的目标细分市场。顾客价值主张能使公司区别于其他竞争者,吸引顾客并且维持和加强与目标市场顾客的关系,提高顾客满意,从而获得新顾客,保留原有顾客,增加市场份额,最终实现收益的增长。

顾客是实现企业财务的源泉。在平衡计分卡的客户方面,管理者们确认其经营目标市场和细分顾客群、将这些目标部分与本公司业绩联系在一起的衡量方法。客户方面一般包括客户的满意程度、对客户的挽留、招徕新的客户、获利能力和在目标市场上所占的份额。(见图13-3和表13-2)

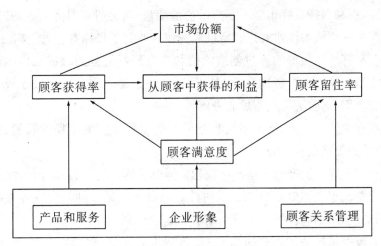

图 13-3 平衡计分卡中顾客关系指标体系分解

表 13-2 顾客角度评价指标

	第二层指标	第三层指标
顾客指标	成本	销售成本 安装成本 售后服务成本
	质量	产品达标率 废品率 退货率
	及时性	准时交货率 产品生命周期
	顾客忠诚度	老顾客保持率 顾客满意度 挽留顾客成本
	吸引新顾客能力	新顾客增长率 新顾客开发成本/吸引新顾客成本
	品牌	品牌认知度 品牌美誉度
	盈利能力	以顾客数量计算的顾客占有率 以销售额计算的市场占有率 顾客盈利能力

企业只有树立了正确的客户观,做到真正地了解客户,不断满足客户的需要,才能使企业的产品适应市场需要,顺利实现产品的价值,从而在复杂多变的经营环境中生存和发展下去。将客户方面作为平衡计分卡业绩评价系统的一个重要组成部分,可以促使企业在制定市场战略和策略时将自己主要客户的需求考虑进来,以便保证市场战略和策略制定的正确性,进而产生良好的财务成果。

(三)内部运作程序指标——渐进无止境地改进

从内部运作程序层面来看,内部运作程序代表了使企业能够完成下列任务的处理过程:交付能够吸引和保持目标市场上客户的价值变量;满足股东财务回报的需求。因此,内部运作程序指标应该关注对客户满意度和完成企业财务目标有重大影响的流程。

每个企业都有一套独特的客户创造价值和产生超额财务回报的运作程序。企业内部的价值链模型提供了一个帮助企业制定目标与内部运作程序的衡量手段。一般的价值链包含创新流程、运营流程和售后服务流程。

创新流程作为第一部分,管理者对市场的调研主要是定义市场的容量、客户偏好的特点、目标市场的价格敏感度等。

运营流程则代表了生产与发送产品流程。运营流程从客户订单开始,结束于产品发送主客户。这些流程强调效率、连贯、及时性。可以从质量、时间、成本等方面制定相关的衡量指标,如产品的周转时间、制造周期率等。

售后服务流程是售后的客户服务,主要包括售后保证、保修和退还、账款回收管理等。企业的战略目标中包括为客户提供良好的售后服务,以提升企业的形象和市场占有率。

平衡计分卡中评估企业内部运作程序与传统的衡量指标有很大的差异。传统的方法希望监控和改善现有的业务流程。这些方法不但包括财务指标,还有一些质量和时间尺度,但是这些改进主要还是集中于现有流程。平衡计分卡则可以建立全新的流程使企业能够满足客户与股东的需要。例如,通过平衡计分卡,企业可以实现开发一个新的流程来预测客户需求从而为客户提供新的服务项目。平衡计分卡还可以将创新流程融合到内部运作流程中。创新流程对大部分企业来说是一个强大的未来利润驱动器。平衡计分卡的内部运作程序可以将创新流程和运营流程的目标与衡量方法结合起来。

表 13-3　　　　　　　　平衡计分卡的内部运作程序指标分解

内部运作程序指标体系	时间性指标	订货时间	顾客从订货到收到产品或服务的时间
		产品的周转时间	企业从接到订单开始到顾客收到订单上的产品或服务的时间
		制造周期率	为生产时间与经营周转期的比率
	过程成本指标	生产或者服务差错率	生产或服务差错累计次数/产品服务顾客的总人次
		一次服务成功率或退货率	
		顾客满意率	针对服务性行业
	创新指标	生产过程中的成本预算	
		生产过程中的成本控制 预定成本控制指标的修正制度 新产品(新服务)开发周期 新产品销售收入百分比	从开始研究到上市的时间 新产品销售收入/销售收入
		收支平衡时间	产品从开发上市到产生利润偿付开发成本所需时间

(四)学习与成长指标——全员参与

1. 员工能力

随着信息技术的发展,现代制造企业和服务企业的大部分常规工作已自动化了,机器控制代替了工人劳作,如果企业想超越目前的财务和客户业绩,必须提高控制内部运作的员工或面对客户的员工的能力,这个转变需要对主要的员工进行重新培训使他们能符合企业的需求。

一般来讲,企业对员工的目标可以从员工满意度、员工流动率、员工生产效率三个核心结果评价反映。员工满意度、员工流动率和员工生产效率构成了学习与成长的主要评价框架。员工满意度的目标确认了员工对现有工作的满意程度。满意的员工是提高生产力、责任心、质量和客户服务的一个决定性条件。员工流动率显示了留住对企业有长远利益的员工的目标。这种评价的理论是:企业在员工上做了长期的投资,一些员工的辞职会引起企业无形资产的流失,忠诚的员工承担了创造企业的价值、企业的运作过程和满足客户需求的责任。员工流动率经常用核心员工更新程度来评价。员工生产效率是对增强员工的技能、士气、创造力、提高内部运作和满足客户的结果的评价。这个目标是把员工生产的产量和生产那些产量的员工的数量联系起来。企业常用员工收入的增长来反映员工价值的增加。

2. 信息系统能力

在激烈的竞争环境中,企业若想使员工高效工作,必须获得有关客户、内部运作和财务及时、准确的信息。第一线的员工需要获得有关客户与企业总体关系的准确信息,企业内部的员工需要迅速及时地提交对产品和服务的反馈信息,企业只有拥有了如此的反馈信息,才能期望员工维持发展的项目。

3. 激励、授权和联系

企业训练了员工,提高了及时获得信息的能力,但如果员工的行动不能被激励,员工没有决定和采取行动的权利,那么员工就不能为组织做出贡献,因此员工需要被激励、授权。评价员工被激励、授权的程度主要有两个指标:一个是评测每个员工的建议数量,这种评价指标反映员工参与组织活动的频繁程度;另一个是建议的贯彻情况,可以检验建议的质量。企业需要把企业、部门和员工个人的业绩联系起来,考察部门、个人是否把他们的目标与企业的目标结合在平衡计分卡中,对这方面的评价可用员工的个人目标结合到平衡计分卡中的百分比和完成个人目标的员工的百分比评价(见图13-4、表13-4)。

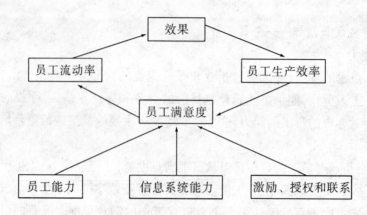

图 13-4　学习与成长指标体系

表 13-4　　　　　　　　　　学习与成长角度的评价指标

学习与成长指标	员工素质	员工的知识结构/层次 人均脱产培训费用 人均在岗培训费用 年培训小时数 技能改进
	员工生产力	人均产出 人均专利/专有技术 新的专利/专有技术数量/员工顾客认知度
	员工士气	核心员工流动率 员工抱怨数量
	员工满意度	员工满意度 员工获得提升比率 管理者的内部提升比率
	组织结构能力	评价和建立沟通机制费用 协调各部门行动费用 有效沟通评价 团队工作有效性评价 信息传递的平均时间
	信息系统	软硬件系统的投入成本 拥有个人计算机的员工比例 软硬件系统更新周期

二、平衡计分卡的设计原则

(一) 系统全面性原则

企业业绩评价指标体系必须能全面、系统并相互联系地评价企业的经营业绩。业绩评价指标体系不仅应包括影响企业战略目标和竞争优势形成的内外部各个主要因素,而且指标项目的不同层面之间还应具有因果关系,以便于使用者从不同的角度对企业经营业绩做出全面系统的、相互联系的综合评价。

（二）重要性原则

重要性原则应当和系统全面原则相结合。我们强调业绩评价指标体系的系统全面性是因为它有助于从不同侧面和不同方面显示企业的经营业绩。然而,过于面面俱到的指标体系会使企业的经营业绩评价变得模糊不清,不利于围绕核心问题展开评价。因此,指标体系的建立应选择那些影响企业经营业绩的主要方面而非所有方面。

（三）相关性原则

企业经营业绩评价指标体系应与企业战略经营目标、战略管理要求、核心竞争力的形成与保持的评价相关。业绩评价指标体系不仅应充分体现企业战略经营目标的实现状况,为企业经营管理提供所需的信息,而且应可以预测企业的发展趋势和综合体现企业的创新能力。

（四）灵活可操作性原则

这里的可操作性主要是指指标项目有关数据收集的可行性以及指标体系本身的可行性,这是设置业绩评价指标体系必须考虑的一项重要因素。离开了可操作性,业绩评价指标体系再科学合理、系统全面也是徒劳。同时,指标体系的设立应有足够的灵活性,使企业能够根据实际情况进行运用。

（五）适应性原则

一个有效的业绩评价系统的设计必须反映公司的特征,这也是权变管理理论的要求。业绩评价系统的重要目的不仅在于评价企业的经营业绩,更重要的在于战略管理,不同行业、不同性质以及处于不同发展阶段的企业,其经营特点不同,战略目标也不尽相同,因此业绩评价指标体系的设置应有较强的针对性,应适应不同企业的环境要求和经营特征。

（六）可比较性原则

业绩评价指标的选择应有可比性,如在同一指标内对各期间分别加以比较,或同一期间内各有关部门之间的比较,或部门与外界同业的相互比较等。如此经过分析比较后,可使业绩评价充分发挥激励的功能,并能为代理人做出决策提供所需的信息。

三、平衡计分卡中权重的设计

在企业平衡计分卡指标体系中,各指标对于公司的战略和目标的重要性程度是不同的,当衡量各指标对战略目标的贡献时,应赋予不同的权值,重要的赋予较大的权值。为了提高综合评价的可信度,正确地确定各指标权重是非常重要的。权重的确定主要有以下几种:

（一）主观经验法

当我们对于某一考评客体非常熟悉而有把握时,可以直接凭自己的主观经验加权。但要注意以下几个方面:

（1）权重分配的合理性,权重分配要反映考评课题及对象的内部结构与规律;

(2)权重分配的变通性,权重分配要符合客观实际的需要,可以根据考评的目的与具体要求,适当变通分配;

(3)权重系数的模糊性,对权重的分配不必太精确,可以为考评操作的方便而模糊一点;

(4)权重系数的归一性,各考评指标的权重系数之和应该为1或100%。

（二）专家调查加权法

这种方法是先聘请一些专家,要求他们各自独立地对考评指标加权,然后按每一个考评指标统计,取其平均值作为权重系数。

（三）德尔菲加权法

这种方法通过分发加权咨询表,要求每位专家独立地就每个考评指标的权重系数做出评判,然后将专家意见集中做统计处理。统计内容有两个:

(1)每一考评指标权重系数的平均值的计算;

(2)每一专家的估计值与平均估计值的偏差分析。

（四）层次分析法（AHP）

层次分析法强调人的思维判断在决策科学中的作用,通过一定模式使决策思维过程规范化,适用于定性定量因素相结合,特别是定性因素起主导作用的决策问题。层次分析法是在把复杂系统中的各种因素化为相互联系的有序层次,在形成一个多层次的分析结构模型的基础之上,把多层次指标的权重赋值化为各指标重要性的两两比较,弥补了人的大脑难以在两维以上空间进行全方位扫描的弱点,便于专家对各层次各指标进行较客观的赋值,并把专家的判断加以量化,利用数学方法确定表达出各个层次各指标相对重要性权值。具体做法是:选择一定的专家群体,每个专家根据分级标准对所有指标相对重要性根据评价战略目标进行判断,填写评定表（即判断矩阵）,然后利用数学方法确定各层次各指标的权重并进行一致性检验。

第三节　平衡计分卡的实施

一、平衡计分卡的实施内容

（一）绩效沟通

绩效沟通是管理者和员工共同工作,以分享有关信息的过程。绩效沟通的目的在于:保持工作过程的动态性、工作的柔和性和敏感性,以利于及时调整目标和任务,便于管理者全面准确地掌握信息,便于向员工提供反馈。在平衡计分卡绩效系统管理系统中,沟通变得尤为重要,沟通的强度和频度也大为增加。过去采用书面报告方法的结果是,经理的办公桌上每个月都有几厘米厚的报告,不仅阅读起来费时、费力,而且还容易导致信息滞后。为了提高管理效率,充分发挥平衡计分卡简洁、透明、适应性强的特点,建立管理信息系统势在必行。通过管理信息系统,管理者能够及时跟踪工作进展情况,并予以反馈,员工也能随时掌握自己的绩效状况。借助管理信息系统,可使信息在整个组织内达到共享,如果环境变化,战略调整,可上下一致及时对指标进行调整。

(二)绩效数据的收集和分析

数据的收集是为绩效考核做准备,数据必须真实、准确、可靠,才能反映员工的真实绩效。由于平衡计分卡的所有指标都是数量化的,因此数据的收集工作比较繁重,有一些指标(特别是非财务指标)的数据收集起来还会有一定的难度。平衡计分卡经过详尽设计以后,每一项指标都代表了关键的战略绩效,如果某项指标的数据资料目前不存在,则说明是某项关键管理流程尚未被妥善执行。这时要有耐心,按部就班建立起新流程,以取得这些欠缺的指标数据,而不能放弃这项指标或寻找别的指标来替代。绩效数据的收集过程也是我们理顺管理流程、加强基础管理的过程,其中还会伴随着变革和流程重组。

二、平衡计分卡的实施过程及步骤

(一)平衡计分卡的实施过程

我们以美国国民保险企业的平衡计分卡的实施过程为例来了解如何在企业实施平衡计分卡。美国国民保险企业在30个月的时间内一步一步地建立了新的战略管理体系,每一步都代表着一次渐进的提高,周而复始的行动顺序使企业能够在该体系逐步稳定下来,最终成为企业整体管理体系的一个组成部分。通过平衡计分卡的实施,改造了企业并使每个人都集中精力实现长期战略目标,而这是单纯的财务框架所做不到的,其具体实施过程为:

第一步:第1到第3个月,阐明远景。新组建10个管理团一起工作3个月,平衡计分卡把总体远景转化为可被理解和沟通的战略,这一程序有利于对战略达成共识并投入战略之中。

第二步:第4至第5个月,与中层经理进行沟通,最高层的三层管理层聚集在一起学习和讨论新战略平衡计分卡的沟通工具。

第三步:第6至第9个月,开发经营单位的平衡计分法,以公司的平衡计分法作为范例,各经营单位把自己的战略转化为自己的平衡计分卡。

第四步:首先取消非战略投资,公司的平衡计分卡在阐明战略上需要优先考虑的事项之后,识别出许多对战略不起作用的正在实行中的方案;然后提出公司变革方案,公司平衡计分卡确认实行跨业务的变革方案的必要性,在各经营单位准备自己的平衡计分卡的同时提出这些方案。

第五步:第9至第11个月,考察经营单位的平衡计分卡。总经理和高级管理团队考察每个经营单位的平衡计分卡,这一考察使总经理能带着丰富知识去参与塑造各经营单位的战略。

第六步:第12个月,重新定义远景。在考察经营单位的平衡计分卡之后发现起初公司战略未能包括的跨业务问题,进而对公司平衡计分卡进行更新。

第七步:从第12个月月末开始并持续进行向全公司阐明平衡计分卡。一年后当管理团队适应战略方法后,平衡计分卡向整个公司推广,然后建立个人业绩目标,最高的三层管理层把个人目标和鼓励性报酬与平衡计分卡联系起来。

第八步:第15到17个月,更新长期规划和预算。为每个评价指标建立五年期目标,确定为实现这些目标所需要的投资,并提供资金五年计划中的第一年预算即为年度预算。

第九步:从第18个月开始持续进行月度和季度考查。公司批准各经营单位的平衡计分卡后,开始的月度考查程序改用以更尊重战略问题的季度考查。

第十步:第25到第26个月,进行年度战略考查。在第二年年初已完成原定战略之后,需要对公司战略进行更新,管理小组提出10个战略问题,要求每个经营单位对这些问题一一阐明立场,作为对自己的战略和平衡计分卡进行更新的序曲。

第十一步:第25到第26个月,把个人的平衡计分卡与公司平衡计分卡联系起来。要求所有员工把个人目标与平衡计分卡联系起来,整个企业的鼓励性报酬是与平衡计分卡相联系的。

(二)平衡计分卡的实施步骤

我们可以总结平衡计分卡的实施可以通过以下七个步骤来完成:

(1)建立企业的远景与战略。企业的远景与战略要简单明了,并对每一部门均具有意义,使每一部门可以采用一些业绩衡量指标去完成企业的远景与战略。

(2)成立平衡计分卡小组或委员会去解释企业的远景与战略,并建立财务、顾客、内部程序、学习与成长四类具体的目标。

(3)从四类具体的目标中找出最具有意义的业绩衡量指标。

(4)企业内部沟通与教育。利用各种不同沟通渠道,如定期或不定期的刊物、信件、公告栏、标语、会议等,让各层管理人员知道企业的远景战略目标与业绩衡量指标。

(5)确定每年每季每月的业绩衡量指标的具体数字,并与企业的计划和预算相结合,注意各类指标间的驱动关系。

(6)将每年的报酬奖励制度与平衡计分卡挂钩。

(7)经常采用员工意见修正平衡计分卡衡量指标,并改进企业战略。

三、平衡计分卡的适用条件

(一)面临竞争压力较大的企业,并且企业能够感知这一压力

平衡计分卡是在对美国12家企业进行为期一年的研究之后的结果,要想发挥它应有的作用,应具备一定的前提条件。并非任何企业引入平衡计分卡都能成功,即使在美国也有一些不成功的例子存在。当今经济全球化的一个直接影响就是使所有企业面临

着不断加剧的竞争,竞争促使企业不断改变自我,这是企业谋求发展的内在动力,这正好是平衡计分卡得以实施的内在原因。但采取行动必须以企业能感知竞争为前提条件,如果虽然竞争压力较大,但企业尚未感知,这种竞争也是不会形成发展动力的。竞争的压力能够使企业形成借助先进管理手段摆脱困境的原动力,而缺乏这种压力就不会有应用平衡计分卡的积极性,从而也就很难达到预期目标。

(二)以目标战略作为导向的企业

目标是企业在未来要实现的结果。通常意义上和战略相关的目标是指企业的长远目标。只有在找到了正确的目标后,企业才能确定前进的方向。平衡计分卡的成功之处就是将企业战略置于管理的中心,所以企业要应用平衡计分卡,首先必须以战略作为企业的导向,即使企业还没有制定出有效的战略,引入平衡计分卡正好可以帮助企业重新认识和制定企业的战略。

(三)具有或准备建立协商式或民主式领导体制的企业

在激烈的竞争中,采用平衡计分卡要求企业采取"四轮驱动","前轮"是员工的积极参与,"后轮"是管理者的管理模式。只有这样,才能使企业机动、灵活、反应快速地运行于市场经济之中。平衡计分卡必须在民主式管理风格的企业平台上运行,使员工能够充分参与企业战略的制定与实施。如果一个企业尚不是民主式管理风格,则在实施平衡计分卡的过程中,随着员工参与度的提高可以将其转变为民主式的管理风格。从这一意义上来说,平衡计分卡不仅具有业绩评价功能,还具有改变企业文化的作用。

(四)成本管理水平较高的企业

作为平衡计分卡的四个方面之一的顾客面,是基于以下的管理思想的:对于企业来说真正的利润中心在顾客那里,在企业内部只有成本中心;是顾客造就企业,而非企业本身造就企业。因此,平衡计分卡要求衡量出一位顾客给企业带来的利润是多少,这个要求在传统的成本管理方法下是不能实现的。只有引入新的成本管理方法——作业成本法,才能真正发现每一位顾客所能给企业带来的利润情况。当然除了成本之外,企业还需要注重产品的质量等其他一些影响顾客的因素。

(五)能建立配套的信息系统的企业

企业必须建立起自己的信息系统,以更快的速度和更低的成本来传播、分析、储存更多的信息。信息系统框架是伞状结构的,能使信息层层向上汇总,它包括管理一家企业所必需的所有信息分类、产生这些信息的方法以及信息流动的有关规定。设计一个企业新的信息框架时,首先需要有助于企业推行其战略的数据,尤其是顾客、服务、创新、质量以及人员素质等以往企业关注不够充分的数据;其次信息系统必须使企业能够得到所需要的业绩数据;最后必须制定出信息流动管理的制度,如谁对如何评价业绩负责、谁负责生成数据、谁负责接收数据。

四、平衡计分卡的优越性及其不足

（一）平衡计分卡的优越性

平衡计分卡不仅是一个指标评价系统，而且还是一个战略管理系统，通过四套指标对绩效进行全面衡量，既强调了绩效管理与企业战略之间的紧密关系，又提出了一套具体的指标框架体系。同许多传统的企业绩效管理工具相比，平衡计分卡的优越性主要体现在以下几个方面：

1. 平衡计分卡包含财务指标和客户、内部运作程序、学习和成长三个层面的非财务指标

平衡计分卡的最大贡献在于引入了非财务评价指标而成为有效的企业绩效综合评价的框架和工具。平衡记分卡超越了传统的仅从财务层面对企业绩效进行评价的方法缺陷。传统企业绩效评价只注重财务指标评价，而财务指标揭示的只是企业过去的绩效水平，并不能从全方位和战略角度对企业的绩效进行综合评价，不能把企业的长期战略和企业的短期行动联系起来。非财务指标能够立足于企业的整体角度进行评价。平衡计分卡指标体系通过对企业在财务、客户、内部运作程序、学习与成长四个层面的共同绩效进行评价，将财务指标和非财务指标有机地结合起来，在运用财务指标保持对短期经营绩效关注的同时，又通过非财务指标揭示企业在保持长期财务绩效和竞争优势方面取得的成果，能够对企业的经营绩效和竞争能力进行系统完整的评价。

2. 平衡计分卡易于沟通反馈

平衡计分卡指标体系能够将企业整体的战略目标分解为具体的、可操作的目标和指标，使各个层次的管理人员和员工都能更好地理解企业的目标和战略，设置评价指标，可以激励管理人员和员工朝着企业所设定的总体方向努力。对于各个层次的员工而言，平衡计分卡指标体系中的具体指标都是清晰的、易于沟通的，企业上下能够在平衡计分卡的设计、评价及考核过程中，达到相互交流和学习的目的，有助于个人目标、部门目标和企业目标之间实现一致。

3. 平衡计分卡注重多方面的平衡

平衡计分卡不同于以往单一的评价方法，它建立了能够反映多个方面的评价指标，同时对多个方面进行检查和考评。平衡计分卡的"平衡"概念的实际含义是指由于每个层面对企业的价值创造都是必不可少的，所以在进行企业综合绩效的评价时不能忽略了任何一个层面。平衡计分卡兼顾了长期目标与短期目标、财务与非财务、外部与内部、现实和未来的平衡等各个方面，能够多角度地为企业提供信息，综合地反映企业绩效，帮助企业实现长远的目标。同时，这也是它独特的实用价值和优越性的体现。

（二）平衡计分卡的不足

平衡计分卡尽管有上述诸多优点，也并非尽善尽美，其不足之处在于：

1. 平衡记分卡忽视了其他重要外部利益相关者的重要性

平衡记分卡所包含的四个层面主要是关注财务(股东)、客户、内部运作程序以及学习和成长(员工),没有包括公司实际经营活动的所有方面,忽视了其他重要外部利益相关者如债权人和政府的重要性。

2. 平衡记分卡对于指标权重以及评价标准的设定尚未明确

平衡计分卡权重的设定没有一个客观标准,带有较强的主观色彩。由于不同企业不同时期各项指标对企业经营绩效的重要性不同,因此按权重计算得出的评价难以准确反映不同企业不同时期的绩效。

3. 平衡记分卡指标数量过多,建立指标体系的工作量大

平衡计分卡的考核与数据收集是一个不轻的负担,有些指标需要收集大量信息,并且要经过充分的加工后才有实用价值,这就对企业信息传递和反馈系统提出了很高的要求。非财务指标难以用货币来衡量,其量化标准难以把握。

4. 平衡记分卡的目标多元化不利于企业果断地制定决策

平衡计分卡涉及财务、客户、内部业务流程、学习与成长四个层面的多个评价指标,如果每个层面下面的评价指标都被评价的话,企业就有众多的目标同时去追求和实现。管理者往往就会失去行为准则而茫然无措。但是,如果有的指标不进行评价,那它可能又起不到引导员工行为的作用。非财务指标之间的关系错综复杂。有些联系得很紧密,不易分别确定重要性;有些甚至存在冲突,企业不易做出正确的取舍。

虽然平衡记分卡存在一定的局限性,但实践证明,它依然是一个有效的企业绩效评价工具。企业运用平衡记分卡作为企业绩效评价工具,必须扬长避短,结合企业实际,构建科学、适用的企业绩效评价指标体系,并坚持在实践中不断发展与完善。

思考题

1. 平衡计分卡是什么?
2. 平衡计分卡四个层面的核心思想是什么?
3. 平衡计分卡的适用条件有哪些?
4. 试述平衡计分卡的不足之处。

第十四章

经济附加值

经济增加值是一种剩余收益型的业绩评价指标,在企业管理实践中有广泛的用途。经济附加价值以价值为基础,优于其他会计指标如每股收益、投资回报率,在保证股东与经理目标一致或差异极小化的基础上,为企业的业绩评价、经理激励机制的设立起到积极的指导作用。

第一节　经济附加值概述

EVA 是经济附加值(Economic Value Added)的英文缩写,这一概念是由美国思腾·思特(Stern Stewart)管理咨询公司在 20 世纪 90 年代初提出的,同时在 1993 年 9 月《财富》杂志上被完整地表述出来。

一、经济附加值概念

经济附加值概念的逻辑前提是企业所运用的所有资本,其来源无论是借贷资金还是募股资金都是有成本的,即使是捐赠资金也有机会成本,也就是说无论是股权投资还是债权投资都有成本。只有企业创造的利润超过所有成本,包括股权和债务成本之后的结余才是创造的价值,这个值就叫经济附加值(EVA)。经济附加值可以帮助投资者了解目标公司在过去和现在是否创造了真正的价值,实现了对投资者高于投资成本的超额回报。在数值上,经济附加值等于税后经营利润减去所使用的资金成本(包括债务和股权成本)后的余额。用公式表示为:

$$EVA = NOPAT - WACC \times CAP \tag{14.1.1}$$

其中:

NOPAT——经过调整后的税后净经营利润;

WACC——企业加权平均资本成本;

CAP——企业使用的资产总额,包括股权资本和债务资本两部分。

由公式 14.1.1 可知,经济附加值的计算从经营利润开始,首先对经营利润进行一系列的调整,得到税后净营业利润,然后用资本总额乘以加权平均资本成本得到占用资本的资金成本,最后用税后净营业利润减去占用资本的资金成本就得到了经济附加值。

由于经济附加值全面考虑了公司资产负债表和损益表的管理,改变了报表上无资本成本的缺陷,使管理者开始关注资本运行的有效性、资本收益性,从而提高资本配置效率。通过经济附加值方法,人们可以判断企业是在创造价值还是在毁灭价值,企业经理人是价值的创造者还是毁灭者。

值得注意的是企业当期会计净利润的上升未必就会使得经济附加值也上升,有时经济附加值反而下降,这就说明企业经营者在表面创造当期会计利润的同时,实质上却减少了股东的投资价值。而经济附加值指标强调企业任何资源的使用都必须考虑所有投入资本包括债务资本和权益资本的使用成本,从而改变许多管理者认为权益资本是无本之源的思想。并且由于经济附加值充分考虑了企业资本成本等相关信息,因此经济附加值能够全面正确地反映企业的获利能力。虽然经济附加值是一个相对比较简单的概念,但是站在不同的角度我们可得出不同的含义:

(1)从企业的角度出发,公式14.1.1可以变形为:

EVA=投入资本×(投入资本收益率-加权平均资本成本)　　　　14.1.2

从公式14.1.2可以看出:企业的经营成本与资本成本一样合并成一个货币指标,经济附加值囊括了所有生产要素的综合生产率,并意识到资本的机会成本,即投资者由于持有现有的公司证券而放弃了在其他风险相当的股票和债券上的投资所带来的回报。

(2)从股东的角度出发,公式14.1.1可以变形为:

EVA=所有者权益×(净资产收益率-股权资本成本)　　　　14.1.3

由公式14.1.3可以看出:对于股东而言,当所获得的净资产收益率不低于股权资本成本时,其财富才得以保值和增值,此时可以把经济附加值作为股东计量回报的指标。

二、经济附加值的意义

经济附加值在20世纪90年代首次被提出后,在不到10年的时间内就得到了包括公司、投资机构和管理咨询专家的广泛认可。经济附加值的有效性并非偶然的,而是因为经济附加值建立在一定的理论基础上。马克思在《资本论》中关于资本家生产目的的阐述就揭示了经济附加值的本质思想。资本家的生产目的是为了获得尽可能多的剩余价值,实现资本最大限度的增值。为了达到这个目标,资本家们都会将资本投向利润率更高的部门。他们会展开激烈的竞争,资源也在不断地进行重新配置,直至利润率趋于平均化。平均利润率就是指将社会总资本看成一个总体时所要求的最低预期报酬率,它就是在计算经济附加值时的资本要求收益率,只有当资本家获得超过社会平均利润率的收益时,才能获得超额利润,若低于它,就会被市场淘汰。公司在竞争中可以通过采取如改进技术、降低成本、提高管理水平等措施不断地获得超出资本成本的利润,实现资本的增值。

实际上,经济附加值与西方经济学中的"利润"概念也是一致的。一个公司要为股东创造财富,就必须获得比其债务资本成本和权益资本成本更高的报酬。企业在任意期间内所创造的价值,即经济利润,不仅要考虑会计核算中的费用支出,还要考虑经营活动中所用资本的机会成本。经济利润和超额利润都体现了这样一个原则,即衡量资本的收益必须要考虑到所有资本的成本,在经济利润中是机会成本,在《资本论》中是平均利润率。

与早期的经济利润这个概念相比,经济附加值有如下三个显著特征:

(1)经济附加值吸收了早期利用经济利润思想的人们所不具备的各种资本市场理论,建立了公司权益资本的可靠计算方法。这是基于金融经济学的最新发展,尤其是借助于资本资产定价模型(CAMP)推导出了体现行业风险特征的资本成本,从而扩展了传统的经济利润方法。

(2)经济附加值是在对因财务报告的需要而被公认会计准则曲解的信息做出调整后计算得出的,在计算经济附加值时对税后利润和权益两个要素进行了改进。经济附加值考虑到了不同会计政策选择对收益计算的影响,它以会计利润为基础进行调整,从而减弱了会计利润容易被人为操纵、容易导致短期行为等缺点,从而提供了比未经调整的经济利润更为可靠的业绩计算方法。

(3)在将业绩、薪酬和管理结合方面,将经营者的薪酬和 经济附加值相联系,经济附加值增长时,表明经营者为不参与管理的股东们创造了更多的财富,所以经营者也可以得到更多报酬。正因为这样,经济附加值还能够成为战略执行过程的中心,企业财务管理的各方面如战略计划、资本配置、经营预算、业绩评价、薪酬激励等都可以用统一的指标联系沟通。

经济附加值体系的形成突破了经济利润作为业绩评价的狭隘角度,使得公司由上而下地意识到资本成本的概念,强化了为股东创造财富的理念。

第二节　经济附加值的计算方法

尽管经济附加值来源于经济利润,但不完全是经济利润,因此在计算经济附加值时就首先需要对企业的会计利润进行调整,以调整后的会计利润作为经济附加值计算的基础。

一、经济附加值的会计调整

从经济附加值的计算公式 14.1.1 可知,在计算一个公司的经济附加值时,都要对其净利润进行一定的调整,并在扣除了公司的资本成本后,才能得出如上节所描述的经济利润,即该公司的经济附加值。

(一)会计调整的原因

传统指标是根据会计报表信息计算出来的,而会计报表编制的稳健性原则可能使报表低估了企业的业绩。这是因为稳健性原则要求公司确认收入和费用时采取保守的态度,尽量多确认费用、少确认收入,这样就有可能低估公司的资产和利润。会计准则从债权人和监管者的角度出发,要求公司在编制报表时遵循稳健性原则,这一点无可厚非。但站在公司股东和管理者的角度,则需要更精确、更客观地评价公司的经营业绩。无论是低估资本还是低估利润,都会使经营者的行为发生畸变,偏离为股东创造最大价值的正确方向。因此,用经济附加值方法进行计算时需要进行会计调整,而这些调整都有利于改进对所用资本和税后净经营利润的计量。这使得所用资本包括所有经济学意义上的资产,税后净经营利润真实反映了企业运用所用资本产生的收益,从而使得经济附加值可更客观、准确地反映企业的经营业绩水平和投资价值。

首先,经济附加值方法对常规会计极端保守的倾向进行了调整。例如,从股东和经营管理人员的角度看来,研究开发费用是企业的一项长期投资,有利于企业在未来提高劳动生产率和经营效益,因此应该和其他长期投资一样列为企业的资产项目。同样,市场开拓费用对于企业未来的市场份额也会产生深远的影响,从性质上讲也属于长期资产,而长期资产应该在受益年限内分期摊销。根据会计制度稳健性原则的规定,企业必须在研究开发费用和市场开拓费用发生的当年列作期间费用一次性核销,这种处理方法实际上否认了这两种费用对企业未来发展的作用,而把它们同一般期间费用等同起来。这种处理方法的最大弊端就是诱使经营管理人员为了使利润表更好看而减少对这两项费用的投入,这将会极大地影响企业的长远发展。又如,出于谨慎性原则,会计制度要求提取坏账准备,这部分被提取的坏账准备从资产总额中消失,也相应减少净利润。而实际上,在大多数情况下,这部分坏账准备仍然是企业资产总额的一部分,占用企业的资产成本。类似的调整还包括重组费用、商誉摊销费用、存货计价方法、递延税款等。

其次,经济附加值方法对利润表中不能反映企业运用所用资本所产生的经营业绩的部分进行了调整,比如营业外收支项目。对资产负债表中不占用企业资本成本的资产部分也进行了调整,比如企业负债中的商业信用负债是无息负债,不占用资本成本,在计算资本成本时要去掉这一部分,而资产负债表外用于企业实际经营、占用企业资本成本的部分则应加入到所用资本中去,计算资本成本,如经营性租赁资产。

最后,经济附加值方法还要对由于采用经济附加值方法带来的不良影响进行处理。比如新添一项固定资产,当采用平均折旧法进行折旧计算时,初期由于累计折旧少,计算出来的资本成本很高,后期由于累计折旧多,计算的资本成本低,从而影响不同时期企业的经济附加值,这显然不能反映企业经营业绩变化的结果。采用这种计算方法的后果是企业不愿购置新资产。经济附加值方法对此的处理方法是,对固定资产采用沉淀资金法进行折旧,使提取的累计折旧与经济附加值方法扣除的资本成本每年保持不变。此外,经济附加值方法对于有些初期经济附加值为负但长远效益良好的新投资(战略性投资)的处理方法为:在没有收益的年份不计算资金成本,暂时用一个临时账户"搁置"起来,待有收益时再考虑资金成本。这样做也避免了经营管理人员的短视行为。

(二) 会计调整的原则

常规会计由于会计制度极端保守的偏向及一些不尽合理的核算方法,扭曲了真实的利润,只有消除了权责发生制和会计谨慎性原则对经营业绩评价所造成的扭曲性影响后,经济附加值才能真实地反映企业的经营业绩。企业在选择调整项目时应遵循的原则有:

(1)重要性原则,即调整的项目涉及金额较大,如果不调整,会严重扭曲企业的真实情况。

(2)可控制性原则,即经营管理人员可以通过自己的努力,控制这些项目的水平,以提高股东利益。

(3)可获得性原则,即进行调整所需的有关数据可以获得。

(4)现金收支原则,即尽量反映企业现金收支的实际情况,避免经营管理人员通过会计方法的选取调节利润。

(5)易理解性原则,即非财务人员和经营管理人员能够理解,企业向广大员工、董事和股东解释比较容易。

(6)一贯性原则,即每一个企业根据自己的实际情况设定相应的调整项目后,应尽量保持前后各期的一致,不要随意更改。

二、经济附加值的计算方法

在我们实际计算经济附加值时,需按照会计调整原则对常规会计进行一系列调整,这些调整应尽可能简单,便于理解和执行。对于每一家企业来说,需要根据自身情况,考虑本企业的组织结构、业务、战略和会计政策来计算自己的经济附加值,以便在简单和精确之间实现最佳的平衡。其中,简单是指能够比较容易地计算和理解,精确是指能够准确反映企业真正的经济利润。企业可按自己定义的方法计算整个企业的经济附加值,从整个企业的角度衡量股东价值的增长。

(一)税后净经营利润的计算

将上市公司财务报表中的净利润项目进行调整,计算税后净经营利润。调整时应考虑以下这些因素:净利润中包含了营业外收支等非正常经营收支,应从净利润中去除这些非正常经营因素;另外,应消除会计谨慎性原则对利润的扭曲;最后还要调整资本成本的重复计算。根据上述调整思路并考虑财务数据的可获得性,对净利润进行以下项目的调整(见表14-1)。

表14-1　　　　　　　　　　　　净利润调整项目表

调整项	加(减)项	调整项	加(减)项
交易性金融资产收益	–	存货跌价准备	+
营业外收入	–	当期摊销的商誉	+
营业外支出	+	财务费用	+

表14-1(续)

调整项	加(减)项	调整项	加(减)项
补贴收入	－	长期负债中除借款和债券外的其他项目的隐含利息	＋
坏账准备	＋	递延税款贷项增加额	－
长期投资减值准备	＋	递延税款借款增加额	＋

表14-1中每个项目的调整目的、原因和方法介绍如下:

1. 交易性金融资产调整

(1)调整目的:从净利润中去掉非正常营业收入部分。

(2)调整原因:"交易性金融资产"科目核算企业购入能随时变现并且准备持有时间不超过一年的投资。通常持有的交易性金融资产是作为剩余资金形式存放的,并要求保持其流动性和获利性。因此,作为剩余资金的一种形式,该资产项目并没有投入企业正常生产经营,并不是能用来产生经营利润的资本,不应包括在进行正常业务经营所用资本的范围内。而长期投资从经营角度看,其目的或是为了控制其他企业,确保企业经营处于有利地位;或是为创造更大"利润基础",取得规模效益;或是实行多元化投资,分散经营风险;或是化零为整,积累资金,以供特定之需。长期投资虽然没有直接参与企业的主要业务,却间接地为主营业务服务。因此,长期投资应包括在所用资本范围内,相应地,交易性金融资产所获得的收益当然也不应包括在正常业务的经营利润范围内,而长期投资收益则包括在内。

(3)调整的方法:从财务会计报告中取当期交易性金融资产收益值,从净利润中减去它的税后值。

2. 营业外收入

(1)调整目的:从净利润中去掉非正常营业收入部分。

(2)调整原因:营业外收入是反映企业在生产经营活动以外的其他活动中取得的各项收入。这些其他活动取得的各项收入,与企业的生产经营活动及投资活动没有直接关系,不能反映经营管理人员的正常的经营业绩。因此,在计算税后净经营利润时,营业外收入不应计入经营利润中。

(3)调整方法:从利润表中取当期营业外收入值,从净利润中减去它的税后值。

3. 营业外支出

(1)调整目的:从净利润中加上非正常营业支出部分。

(2)调整原因:营业外支出反映企业在生产经营活动以外的其他活动中发生的各项支出。这些其他活动发生的各项支出与企业的生产经营活动及投资活动没有直接关系,它们的特征是具有边缘性、偶发性和不确定性,而且该项支出容易被有关人员利用以掩盖不应发生的非正常损失。因此,在计算税后净经营利润时,营业外支出不应计入经营利润。

(3)调整方法:从利润表中取当期营业外支出值,把它的税后值加入税后净经营利润中去。

4. 补贴收入

(1)调整目的:从净利润中去掉非正常营业收入部分。

(2)调整原因:对于企业亏损中政策性亏损的部分,由政府下达亏损额度,在限额内的亏损额由政府财政予以补贴的收入为补贴收入;政府对一些关系到国计民生的商品限价出售,从而给予企业的一部分补贴均为补贴收入;退回的增值税,即按现行会计政策的规定,政府给予企业减免的增值税亦为补贴收入。这些补贴在实际收到时计入"补贴收入"科目。因此,从它的定义看,该部分补贴收入不属于经营管理人员的经营所得,在计算时不应计入经营利润。

(3)调整方法:从利润表中取当期补贴收入值,从净利润中减去它的税后值。

5. 坏账准备

(1)调整目的:消除谨慎性原则造成的不良影响。

(2)调整原因:根据谨慎性原则,向客户提供信用的企业应提取一部分利润,作为新贷款的坏账准备金。当然,有些借款者可能拖欠,但大多数不会。在衡量企业业绩时,应当关注的是这部分利润的用途,将其作为可能的贷款损失注销掉或将其列为盈余都不是合理的,实际上前者比后者更不可取。因此,在计算税后净经营利润时,建议加上坏账准备部分。

(3)调整方法:从资产负债表中取当期坏账准备值,把它的税后值加入税后净经营利润中去。

6. 长期投资减值准备

(1)调整目的:消除谨慎性原则造成的不良影响。

(2)调整原因:根据谨慎性原则,长期投资在期末根据实际情况提取一部分减值准备,但这种减值准备的提取往往缺乏客观根据,也比较容易被会计人员所操作。因此,在计算税后净经营利润时,建议加上长期投资减值准备部分。

(3)调整方法:从资产负债表中取当期长期投资减值准备值,把它的税后值加入税后净经营利润中去。

7. 存货跌价准备

(1)调整目的:消除谨慎性原则造成的不良影响。

(2)调整原因:同上述长期投资减值准备。

(3)调整方法:从资产负债表中取当期存货跌价准备值,把它的税后值加入税后净经营利润中去。

8. 当期摊销商誉

(1)调整目的:消除谨慎性原则造成的不良影响。

(2)调整原因:如果一家企业收购了另一家企业,并且采用购买法来进行会计核算,当购买价格高于被收购企业净资产总额时,超过部分在资产负债表下计为"商誉"。商誉在经济意义上可能包括专利价值、正在进行的研发项目或技术秘密或被购企业的声誉、品牌、市场地位等。商誉近似于永久性无形资产,而且在整个经济寿命期内发挥作用,因此对其合理的经济处理方法是,在商誉的整个经济寿命期内逐步将其注销掉。但由于大多数商誉的寿命是无限期的,因此最好让商誉留在资产负债表上,永远不注销。

(3)调整方法:从财务报告中取当期商誉摊销值,将其税后值加入到税后净经营利润中去。

9. 财务费用

(1)调整目的:避免资产成本和费用的重复计算。

(2)调整原因:为简单起见,债务成本常用财务费用代替。"财务费用"科目用来反映企业为筹集经营所需资金而发生的财务费用。它属于综合费用项目,包括利息净支出、汇兑净损失、支付银行或其他金融结构的手续费等。由于资本成本的计算包括了债务部分的成本,因此在计算税后净经营利润时,发生的利息费用等融资费用不计入期间费用。而作为财务费用减项的利息收入、汇兑收益不属于经营收益,不应计入税前经营利润。因此,在计算税后净经营利润的时候,建议整个财务费用科目均不计入期间费用。

(3)调整方法:从利润表中取当期财务费用值,将其税后值加入到税后净经营利润中去。

10. 长期应付款、专项应付款、住房周转金及其他长期负债的隐含利息

(1)调整目的:避免资本成本和费用的重复计算。

(2)调整原因:这几项长期负债项目的成本费用虽然不像债券、借款那样表现为明显的利率形式,但是它们本身的数额中已隐含了利息费用。因为这些长期负债项目参加资本成本的计算,所以它们隐含的利息费用应视同财务费用加到税后净经营利润中去。

(3)调整方法:从资产负债表中取这些长期负债的期初值,乘以当年的一年期贷款利率,得到隐含利息费用,再将这部分隐含利息费用的税后值加入到税后净经营利润中去。

11. 递延税款

(1)调整目的:消除权责发生制原则的不良影响。

(2)调整原因:当企业的所得税采用纳税影响法核算时,常规会计损益表中的所得税款项与企业实际支付的现金税额不相等,当前者大于后者时,即企业没有真正支付的税款计入负债下,被称为"递延税款贷项"(反之为"递延税款借项"),企业的纳税义务向后推迟,这对企业是有利的,而且只要企业持续发展并不断更新设备,递延税款实际上会一直保持一个余额,因此它实际上就是企业永久性占用的资本,和其他股本资本一样是可以用于生产经营的;而递延资产借项也不构成一项真正意义上的资产。企业应该从当前利润中扣除的唯一税款就是当前缴纳的税款,而不是将来可能(或不可能)缴纳的税款。因此,为了在企业层次上计算税后净经营利润和经济附加值,企业所应扣除的现金税额只应是在计量期内他们所缴纳的税款。相应的,为了计算资金和资金成本,从过去的利

润中扣除的递延税款应该从资产负债表中的负债项下移出,加到股权中去。

(3)调整方法:从资产负债表中分别取递延税金借项、贷项的期末、期初值,从净利润中减去递延税金贷项本期增加额,而将递延税金借项本期增加额加到税后净经营利润中去。

(二)资产总额的计算

现行资产负债表中的资产总额的定义是指由过去交易事项形成并由企业拥有或控制的资源,该资源预期会给企业带来经济利益。但资产负债表中的资产总额却不能代表企业实际可用于生产经营的所有资产,也不能直接作为企业经营管理人员可以控制的投入资本用于评价经营管理人员的业绩。因为前面这些资产项目并不能够完全反映企业当期正常生产经营实际所占用的资本,资产负债表中可能包括那些实际没有投入生产经营的资产,而没有包括实际投入生产经营但会计上视为费用的经济学上的资产。另外有些会计核算方法可能导致经济附加值信息失真。为了使计算出的经济附加值更加客观真实地反映企业的经营业绩,企业的资产总额应包括所有当期投入企业的正常经营并产生经营利润所用的资本。且资产总额应该是期初值,因为期末值中已包含本期创造的一部分利润,不符合配比原则,故表 14-2 调整项目中如没有特殊说明,均取期初数。

表 14-2　　　　　　　　　　资产总额调整项目表

调整项	加(减)项	调整项	加(减)项
流动负债中的商业信用负债	−	存货跌价准备	+
交易性金融资产	−	长期投资减值准备	+
待处理财产损溢	−	固定资产减值准备	+
固定资产清理	−	无形资产减值准备	+
其他长期资产	−	以前期间商誉摊销费用	+
工程物资、在建工程	−	递延税款借项	−
坏账准备	+	递延税款贷项	+

1. 无息负债

(1)调整目的:去掉不占用资本成本的负债。

(2)调整原因:资产来源于负债和股东权益,有一部分负债为无息负债,比如流动负债中除短期借款和一年内到期的长期负债为有息负债之外,其他项目比如应付账款、应付票据等都是商业信用负债,均为无息流动负债,由于这部分负债不占用资本成本,因此在计算所用资本时应扣除这部分无息流动负债。

(3)调整方法:无息负债等于期初流动负债总和减去短期借款与一年内到期的长期负债之和,该部分无息负债从资产总额中减去。

2. 交易性金融资产

(1)调整目的:去掉非正常营业投资。

(2)调整原因:同利润调整中"交易性金融资产收益"部分。

(3)调整方法:取交易性金融资产期初值,从资产总额中减去。

3. 待处理财产损溢、固定资产清理、其他长期资产

(1) 调整目的：去掉不能投入实际生产经营的资产。

(2) 调整原因："待处理财产损溢"科目核算企业在清理财产过程中查明的各种财产物资的盘盈、盘亏和毁损。待处理财产损溢包括待处理流动资产净损失和待处理固定资产的净损失。"待处理财产损溢"科目期末借方余额，反映企业尚未处理的各种财产物资的净溢余。显然，企业的待处理财产损溢不能作为经营资产的加项或减项，待处理财产损溢的借项余额更不能作为资本参与企业经营。而且，"待处理财产损益"科目在实际应用中很容易被财务人员操纵和利用，以此来达到他们自身的目的，向投资者传递错误失真的信息。因此，待处理财产损溢不应包括在所用资本内。

"固定资产清理"科目核算企业因出售、报废和毁损等原因转入清理的固定资产净值及其在清理过程中所发生的清理费用和清理收入等。"固定资产清理"科目期末余额，反映尚未清理完毕固定资产的净值以及清理收入。由于固定资产一旦出售、报废和毁损，就不再为企业的生产经营服务，固定资产清理的清理收入和费用也属于营业外支出，不计入税后净经营利润内。因此，"固定资产清理"科目期末余额也不能算真正的经营资本，不能包括在所用资本内。

"其他资产"科目一般包括国家批准储备的特种物资、银行冻结存款以及临时设施和涉及诉讼中的财产等。由于这些资产不参与企业的生产经营活动，因此在计算资本成本时不计入所用资本内。

(3) 调整方法：从资产负债表中取这些资产项目额期初数，从资产总额中减去。

4. 工程物资、在建工程

(1) 调整目的：消除经济附加值方法核算对企业固定资产投资的不良影响。

(2) 调整原因：这两个资产项目在当期均不能给企业创造实际的经济利润，甚至可能造成当期经济附加值为负，这可能会误导经营管理人员的投资决策，因此建议将这些资产暂不计入当期所用资本内，当投资按计划开始产生税后净经营利润后，经济附加值的计算才考虑其资本成本。

"工程物资"科目核算企业库存的用于建造或修理本企业固定资产工程项目的各种物资的实际成本。"在建工程"科目核算企业为建造或修理固定资产而进行的各项建筑和安装工程、改扩建工程、大修理工程等所发生的实际支出以及改扩建工程等转入的固定资产净值。企业的工程物资和在建工程均是企业实际拥有的长期资产，为企业的经营业务服务，它们占用企业的资金成本。但是固定资产尚未竣工交付使用时，它并未给企业创造实际的经营利润，如果将工程物资、在建工程计入所用资本计算资金成本，必然会造成固定资产建设期间经济附加值偏低，而这种偏低却不是由于经营管理人员错误的决策导致的，相反这样的决策对企业长远发展会有深远的影响。所以，如果将这两项计入所用资本，计算资本成本，采用经济附加值业绩指标的企业的经营管理人员为了自己的短期业绩，将会减少建造新的固定资产，虽然这项新的工程对企业长期的发展是有利的。为了避免这种情况

的发生,建议在计算所用资本时不计入工程物资和在建工程这两个项目。

(3)调整方法:从资产负债表中取这两个资产项目的期初数,从资产总额中减去。

5. 资产减值准备

(1)调整目的:消除谨慎性原则的不良影响。

(2)调整原因:同利润调整中有关减值准备的调整原因。

(3)调整方法:坏账准备、存货跌价准备、长期投资减值准备、固定资产减值准备、无形资产减值准备等减值准备的数值取自资产负债表期初数,将它们作为股东权益加到所用资本中去。

6. 商誉摊销费用

(1)调整目的:消除谨慎性原则的不良影响。

(2)调整原因:同利润调整中有关商誉摊销的调整原因。

(3)调整方法:从财务报告中获取以前年度累计商誉摊销之和,作为股东权益加到所用资本中去。

7. 递延税项

(1)调整目的:消除权责发生制原则下的不良影响。

(2)调整原因:同利润调整中有关递延税项的调整原因。

(3)调整方法:递延税项借项和递延税项贷项数值取自资产负债表期初数,将递延资产借项从资产总额中减去,将递延资产贷项作为股东权益加入到所用资本中去。

8. 非正常营业收支引起的资本调整

(1)调整目的:消除非正常营业收支对股东权益的累计影响。

(2)调整原因:在利润表调整中,营业外收支、补贴收入、短期投资收益都作为非正常营业收支从利润表中删除掉,这些非正常营业收支项目税后数值对于股东权益也有影响,因此资本的调整中也应考虑这些项目的影响。

(3)调整方法:计算企业上市后这些收支的税后数值,分别加到所用资本中或从中减去,其中,税后短期投资收益、税后营业外收入、税后补贴收入为减项,税后营业外支出为加项。

(三)加权平均资本成本的计算

在对会计报表进行一系列调整,得出了较为准确的税后净经营利润和所用资本后,唯一需要确定的就是加权平均资本成本。加权平均资本成本等于债务和股权的加权平均成本,即:

加权平均成本 = 税后债务成本率×债务比重+股本成本率×股权比重   (14.2.1)

1. 债务成本率

与国外公司大量发行短期票据和长期债券不同,我国上市公司的负债主要是银行贷款,贷款利率由中国人民银行统一规定,商业银行只能在很小的幅度内进行相应的调整,也就是说不同企业贷款利率基本相同,因此我国企业的债务成本率主要根据银行贷款利率来确定。由于我国上市公司的短期债务占总债务的 90% 以上,因此取一年期贷款利率作为债务成本率。

2. 股权成本率

股权成本率的计算相对要复杂得多。对于权益成本,思腾·思特公司是采用资本资产定价模型(CAPM)来计算的。资本资产定价模型是现代财务理论的重要部分,其观点是股票投资的风险分为两类:一类是市场风险,它源于公司之外,所有公司都受其影响,表现为整个股市平均报酬率的变化。这类风险无论购买何种股票都不能避免,不能通过多元化投资来回避,而只能靠更高的报酬率来补偿,称为市场风险或系统风险、不可分散风险。另一类风险是每个公司特有的,它源于公司自身的商业活动和财务活动,这类风险可以通过多元化投资来分散,称为非系统风险或分散风险。模型的前提是目标在考察期前后的风险特征相差不大。这个模型量化了风险与收益之间的联系。计算公式为:

$$E(R_i) = R_f + \beta \times [E(R_m) - R_f] \tag{14.2.2}$$

式中,R_f代表无风险收益率,可以采用 5 年期以上流通国债的收益率或者银行存款的收益率。国外一般是以国债收益作为无风险收益。我国的流通国债市场规模虽然小于银行存款,但是由于国家多次调低银行存款利率,相对较高的收益率使居民进行无风险投资时更愿意购买国债,因此 R_f 取当年发行的 5 年期国债的年收益率。β 系数反映公司股票相对于整个市场(一般采用股票市场指数来代替)的系统风险。β 系数越大,说明该公司股票相对于整个市场而言风险越高,波动越大。它的值是用 100 周该公司股票的周收益率与相对应的股票市场指数的周收益率作线性回归后得到的斜率。$[E(R_m) - R_f]$代表市场组合的风险溢价,它反映了整个证券市场相对于无风险收益率的溢价。

3. 债务比重

计算债务比重时,因为公司的流动负债中有很大一部分是无息负债(即商业信用负债部分,用流动负债中减去短期借款和一年内到期的长期负债得到),这些无息负债应不参与资金成本加权的计算。

调整后的负债总额 = 短期借款+一年内到期的长期负债+长期负债合计　(14.2.3)

4. 股权比重

对资产负债表中的股东权益合计进行调整可以计算更精确的股权比重,调整项目如表 14-3 所示:

表 14-3　　　　　　　　　　　股东权益合计调整项目表

调整项	加(减)项	调整项	加(减)项
少数股东权益	+	无形资产减值准备	+
以前期间商誉摊销费用	−	递延税款贷/借项	+/−
坏账准备	+	税后短期投资收益	
存货跌价准备	+	税后营业外收入	
长期投资减值准备	+	税后补贴收入	
固定资产减值准备	+	税后营业外支出	

　　需要说明的是,如果前面已经对资产总额进行调整得到了所用资本,那么这里就不需要再对股东权益合计进行反复的调整来得到股东权益总额,而可以直接用所用资本减去调整后的负债总额得到。如果这里按照表 14-3 中的项目对股东权益合计进行调整来得到股东权益总额,那么前面的资产总额就不必再调整了,所用资本可以直接用调整后的负债总额加调整后的股东权益总额得到。另外,如果这里对股东权益合计的调整比重不大,股东权益总额可以直接取期初少数股东权益与股东权益合计的和。

思考题

1. 分析经济附加值与会计净利润之间的关系。
2. 与经济利润相比,经济附加值有哪些显著特点?
3. 计算经济附加值时为什么要进行会计调整?
4. 经济附加值与股价之间的关系如何?

第十五章

激励机制

　　企业实行激励机制的最根本目的是正确引导员工的工作动机,使他们在实现组织目标的同时实现自身的需要。激励机制运用的好与坏在一定程度上是决定企业兴衰的一个重要因素,如何建立有效的激励机制也成为各个企业面临的一个重要问题。

第一节　激励机制概述

一、激励机制的概念

　　激励理论随着美国的管理运动形成,并在 20 世纪 40 年代至 60 年代有长足的发展。在这期间,很多管理学者和管理实践者对企业中的个人需求与激励的问题进行了深入的实践和研究,逐步形成了完整的激励理论体系,其中包括马斯洛的需要层次论、斯金纳的强化理论、麦格雷戈的 XY 理论、亚当斯的公平理论、赫茨伯格的双因素理论等。每一种激励理论都从不同的角度研究分析了在企业中雇员最关心的价值因素及激励因素,以及如何利用这些价值因素和激励因素来促进雇员更好地工作,以实现企业运营的总体目标。虽然各个理论的侧重点各不相同,但在基础上却有共通之处。例如,对于满足基本生活需要的保障因素的认识,衣、食、住、安全等属于低层次的需求,友爱、归属、受尊重、自我实现、成就感、公平感等属于高层次的需求等。激励理论都试图从企业实践的表象中发现规律,总结出共性的理论,再将这些理论返回到企业实践中论证。被证实有效的理论可以应用于企业的实践,从而指导企业建立起有效的激励制度。

　　在企业激励制度的实际建设过程中,由于企业的发展阶段、竞争环境、业务特点、雇员特点以及雇员个人所处的环境、地位、资历、拥有的权限、经济条件等各不相同,呈现出千姿百态的变化,不能只靠一两种措施。真正有效的激励措施是一个完整良性的系统工程,这个过程的实现依赖于基础性管理的制度化、智慧和创新。

　　激励一般指一个有机体在追求某些既定目标时的愿意程度。它含有激发动机、鼓励动机、形成动机的意义。早在我国西汉时期司马迁所著的《史记·范雎蔡泽列传》中,就有"欲以激励应侯"之语,意思是激发使其振作。

　　一个企业的人力资源在运营过程中的使用效率或利用效益如何,是许多复杂因素综合作用的结果,但其中通过制度设计和管理操作实现"激励相容",无疑是最具决定性的重要因素。关于激励机制的一般意义和运作原理,管理学家们有各自的理论视角和方法论。一般地说,所谓"激励",就是强化与组织目标相契合的个人行为。换句话说,就是引导个人行为最大限度地开发和运用其人力资源去实现组织目标。

激励的实质,就是通过设计一定的中介机构,使个人与组织目标最大限度地一致起来,调动个人的精神动力,让他们有能动性、积极性和创造性去开发利用其人力资源,在劳动工作过程中发挥应有的作用。

人的行为是受外界动力或吸引力影响的。个体通过消化和吸收这种推动力,受到激发产生出一种自动力,从而使个体由消极的"要我做"转化为"我要做"。在一般情况下,这种自动力与行为的积极性是成正比的。自动力越大,行为越积极,反之亦然。因此,有效地激励机制无论对企业组织还是不同岗位的经营者和员工来说都是极其重要的。

二、激励机制的作用

激励是人力资源管理区别于非人力资源管理的根本特征,激励的有效性是检验人力资源管理绩效的基本标尺。以激励为核心构建企业人力资源管理系统,既顺乎管理科学逻辑,又符合实践操作要求。激励是人力资源的核心内容,它是心理学的一个术语,指激发人的行为的心理过程。"激励"这个概念用于管理,是指激发员工的工作动机,调动员工的积极性,发挥员工的创造力,培养员工的责任感和使命感。也就是在分析员工需要的基础上,不断激发、引导员工沿着企业所希望的方向去行动,用各种有效的方法去调动员工的积极性和创造性,使员工努力去完成组织的任务,实现组织的目标。企业实行激励机制的最根本目的是正确地诱导员工的工作动机,使他们在实现组织目标的同时实现自身的需要。激励机制运用的好坏在一定程度上是决定企业兴衰的一个重要因素。

激励的作用是巨大的,对群体成员的激励是提高群众活动效率的根本前提。但是,由激励所激发的自动力即积极性是一个内在的变量,是内部的心理过程。积极性不能直接被观察,只能从行为表现来衡量和推断。综合而论,有效的激励机制主要有如下作用:

(一)有效的激励机制能够充分开发利用企业经营者和员工的潜能,发挥其积极性,主动为企业的目标服务

美国哈佛大学教授威廉·詹姆士在对职工激励的调查研究中发现:按时计酬的职工一般仅需发挥20%~30%的能力就能保住饭碗,如果受到充分激励,职工的能力可以发挥80%~90%,这一差距就是激励所致。每当企业出现困难,影响生产绩效与任务完成时,大多数企业的领导者和管理人员总是首先想到设备和工艺的改进,企图通过延伸负荷、强化负荷来渡过难关。殊不知在他们周围有如此巨大的潜力未被利用,如果他们能把注意力放在运用激励手段以开发人力资源上,那么在同样的设备和工艺条件下,必将取得难以想象的巨大效果。

(二)有效的激励机制可排除各种"搭便车"现象

有效的激励机制可帮助企业建立和完善企业内部的基础信息系统及各种相应的财

务管理系统,减少因信息非对称导致的"搭便车"现象。有效的绩效考核机制和人才选拔机制可最大限度地限制和约束企业内部员工的"搭便车"现象和条件,使员工"搭便车"的可能性降低到最低水平上。

(三)有效的激励机制是企业建立人力资源优势的基础

世界许多优秀企业已经把人才视为比物质资源、技术资源更重要的资源,是企业的巨大财富。某家大公司总裁甚至假设,即使把公司现有的一切全部毁掉,只要保留现有的人才队伍,仍可以很快创造一个世界一流的企业。为了吸引和留住人才,企业领导者不仅提供丰厚的薪水和福利等物质条件,而且用各种管理职位和技术职位的快速提升使能者得其所,不仅使各类员工得到不同的培训和发展的机会,而且用企业文化来感染全体员工,提高其对企业的向心力。深圳华为集团把员工的可持续贡献能力作为能否获得股权的条件,以吸引优秀人才不断加盟,留住现有人才。吸引和留住优秀人才,是一个企业形成独有竞争力的基本前提。美国《幸福》杂志每年都要组织专家评选美国的"500强公司",过去的评价指标主要是表明公司经营成果的财务指标,最近则把一些软指标,包括企业吸引、留住人才的能力作为重要指标,来衡量企业的竞争力,预测其发展的前景。

(四)有效的激励机制是企业生存和发展的关键

一个企业要生存和发展,就要追求组织效率,而管理和技术是企业效率的两大支柱。由于技术因素发挥作用要受到管理的配置和制约,所以一般认为,管理是决定组织效率更为重要的因素,是一个企业活力的源泉。"高质量的产品是由高质量的人生产出来的,而高质量的人是由高质量的管理艺术组织起来的。先进的技术不能弥补落后的管理,而先进的管理可以弥补落后的技术。"美国著名管理学家德鲁克指出,有效的管理可能是发达国家的主要资源,也是发展中国家的主要资源。在现代企业中,管理的核心就是对人的激励过程。诺贝尔经济学奖获得者西蒙指出:"组织问题不在组织本身,而在有关的人。"人的问题说到底是人的积极性如何充分调动的问题,是激励的问题。所以,对一个企业来说,激励是企业管理的核心问题,也是关系到企业生存和发展的关键环节。

第二节 激励机制的内容

一、激励的形式

激励主要包括内在激励与外在激励两种形式。内在激励产生于个人的内心,体验内在激励不需要其他人的介入。例如,某个人出色地完成了一项工作,他就有一种成就感,实现了个人的人生价值。他对这种成就感的体验或者内心的喜悦没有其他人介入的必要。他完全可以自娱自乐,独享这份工作的成就感。企业应该通过工作设计、企业文化和管理风格为个人创造体验内在激励的条件。外在激励则是一个单位或某个人给予另一个人的激励,包括物质奖励和精神奖励。

客观地说,内在激励与外在激励同样重要。然而在实践中,有时候内在激励比外在激励更为有力,而有时候则外在激励更为重要。即便都是外在激励,物质激励与精神激励的重要性也随着环境变化而有所不同。有时候物质激励更为有效,而有时候则精神激励更为有效。问题的关键在于行为人所处的需求层次。企业应该根据马斯洛需求层次理论深入分析行为人的需求层次,然后再确定应该采取的激励形式。我们这里主要探讨的是外在激励。

二、激励机制的内容

外在激励包括物质激励和精神激励。物质激励采用物质鼓励的手段调动人们的积极性,精神激励采用精神鼓励的手段调动人们的积极性。两者有机结合,就构成了激励的完整内容。精神激励需要借助一定的物质载体,而物质激励则必须包含一定的思想内容,两者缺一不可,只有把它们结合起来,才能有效地发挥激励机制的作用。

（一）物质激励

具有激励性的薪酬体系是企业激励机制的核心,可以吸引、留住和激励企业所需的人力资源。因此,高竞争力和高激励性的薪酬能帮助员工工作并保持较高的业绩水平,增强员工的工作动力和责任心。薪酬就是企业对员工为企业所做的贡献而付出的相应的报酬。广义的薪酬包括以下内容:

1. 基本年薪

基本年薪又称固定年薪,是薪酬中相对固定和稳定的部分,它主要根据员工的工作性质、工作级别、工作责任大小等因素而确定。基本年薪为员工提供了一个稳定的收入来源,以满足员工的生活需要。一般而言,企业员工都有规避风险的倾向,一项稳定收入比一项期望值更大但不稳定的收入给员工带来的效用更大。换言之,因为员工不希望承担收入不稳定的风险,在一定的范围内,他们宁愿接受一个较低但稳定的报酬,而不愿意接受一个稍高但不稳定的报酬。

2. 奖金

奖金是根据员工超额完成任务或业绩的优良程度而给予的薪酬。奖励薪金可与员工个人业绩挂钩,也可与企业效益结合,其作用在于鼓励员工的工作积极性,激发员工的上进心。

3. 津贴

津贴是为了补偿和鼓励员工在特殊岗位和特殊工作环境下的劳动而给予的薪酬,比如特殊岗位津贴、高层经营者的通信津贴、技术开发人员的书报津贴,超时或超工作量补贴或津贴属于面向基层岗位员工较为常见的激励模式。

4. 福利

福利是为了吸引员工到企业工作或维持企业骨干人员稳定而支付的作为基本薪酬的补充的若干项目,如失业金、养老金、误餐费、医疗费、退休金以及利润分红等。从本质上讲,福利是企业给予员工的一种保障性质的薪酬。

(二)精神激励

精神激励主要包括以下几个方面:

1. 内部鼓励

工作本身所具有的激励性表现为:技能多样性、任务完整性、价值重要性、决策自主性、反馈灵敏性。

员工对工作是否感兴趣,一般取决于三种层次的心理判断:首先看工作是否有意义,即技能多样性、任务完整性和价值重要性;其次看工作是否具有挑战性,即工作所具有的决策自主性;最后看工作能否带来成就感。为了强化这种对工作特性的主观判断,应对工作进行相应的再设计。但究竟激励效果是大是小,还看员工个人对成长和内在价值的需要强度如何。

工作丰富将使得员工的工作兴趣较高,因此企业经营者要尽量将工作的丰富度提高。工作丰富化的基本措施有:

(1)重组任务。将零散的工作任务组合起来,使之成为一种新的、内容更多的工作单元,以增加工作技能的多样性。

(2)加大责任。使工作内容扩展到"自然边界",让员工负责有独立意义的整个工作单元,以强化"主人翁"责任感。

(3)面向客户。重建员工—客户关系,使员工直接面对客户,这样可以提高员工工作的应变性、自主性和绩效反馈的灵敏性。

(4)纵向扩权。将以前高层经营者的责任和控制权下移给员工,扩大授权范围,以增强员工工作的自主控制能力。

(5)直接反馈。保证员工本人在工作过程中就能够直接得到有关工作绩效的信息反馈,而无须通过上司间接评估。

2. 职业培训

培训是企业有计划地对员工进行旨在提高工作绩效的知识传授、技能训练和行为引导活动,它是企业激励机制的核心内容和关键环节。

企业之间的竞争归根到底是人才的竞争,企业获取高质量、高素质的人力资源只有两条途径:一条途径是从企业外部招聘高素质的人才;另一条途径是对企业内部员工进行培训,提高他们的素质。培训是企业获得高质量人才资源的重要手段。

3. 职业生涯规划与开发

企业职业生涯规划与开发的基本任务是:从每个员工个人职业发展出发,使之与企业组织的战略目标和人力资源战略规划相衔接,为员工个人提供不断成长和发展的机会,使之最大限度地实现自己职业生涯目标和自我价值,从而获得员工的长期信任、忠诚和支持,最终实现企业整体的发展目标。

4. 沟通

沟通是组织成员通过信息传递而达成相互理解、认可的一种组织行为。在群体或组织中,沟通具有信息和情感交流、行为控制及指导激励等多种管理功能,它既是企业控制员工行为、激励员工努力、传递工作信息的重要手段,也是员工发泄不满情绪和表达意见必不可少的渠道。

5. 塑造团队精神,增强企业凝聚力

团队精神是组织成员共同认可的一种集体意识、心理状态和共同意愿。相互信任、志同道合、积极进取、情趣高雅、敬业奉献、精诚合作的团队精神,是企业凝聚力和竞争力的精神源泉。积极塑造团队精神是企业精神化整合管理的核心内容。企业作为一种社会经济组织,其凝聚力和整体绩效取决于员工个人行为组成的群体行为关系,高效工作团队的最高境界是形成有高度凝聚力的团队精神。

6. 企业文化建设

企业文化是一个企业在长期的生产经营过程中形成的,为组织成员所认可、接受、传播和遵从的基本信念、共同价值观、道德规范、行为准则、社会角色和人文模式等的总称。企业文化其实是一个企业经营管理过程中的精神凝聚力,是企业组织行为社会形式、群体心理层面和战略性运作方式,是企业人力资源整合管理的精神实质和灵魂。

三、激励的方法

每个人都是一个特别的个体,人与人之间有着大相径庭的追求和需要,由于每个人的经验和对激励的预期水平不同,因而对奖励的期望水平也不同。激励是一个系统合力的过程,每个激励的方法都起着不同的作用,不可能通过某个单独的方法奏效。激励的方法主要有目标激励法、情感激励法、组织的事业愿景激励法、员工参与和授权激励法。

(一)目标激励法

管理思想家彼得·德鲁克认为:"所谓目标管理,就是管理目标,也是依据目标进行的管理。"目标管理就是把经理人的工作由控制下属变成与下属一起设定客观标准和目标,让他们靠自己的积极性去完成目标,起到对下属的激励作用。

1. 目标与梦想

目标是什么? 简单地说,目标就是个人、群体或组织要努力达到的未来结果。这个未来结果一旦确定,就会成为引导个人行为、组织行为的一个重要的激励力量。对个体而言,目标是一个人的脊梁与灵魂;对企业而言,目标是企业发展的持久动力。因此,领导者的首要任务是给集体成员设定具有意义的目标。

2. 目标的激励作用

目标的激励作用可以用图 15-1 来表示:动机引发行为,行为指向目标的实现,目标反过来又激励和影响行为。而明确的目标则是激励员工的重要手段。目标对员工激励的意义主要表现在以下方面:

（1）用目标来引导行为,建立目标体系可以使每个人、群体和组织的角色更清晰,有助于减少日常活动的不确定性。

（2）目标体系为个人、群体和组织明确工作绩效的挑战性和考核标准。

（3）目标是评判各种活动和资源利用的规范。

（4）目标决定了组织的结构,包括群体的构造、沟通方式、责任和权利关系、人力资源的组合等,这样就把组织的各方面力量集中到实现企业目标上来。

（5）目标反映了目标设置者所重视的工作,也为计划和控制活动提供了基本框架。

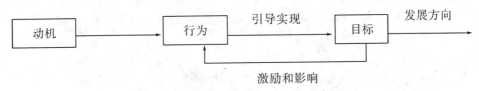

图 15-1　动机、行为与目标关系图

3. 如何通过目标激励员工

通过目标激励员工,应该把握以下几个关键点:

（1）让个人目标与组织目标有机结合。

（2）让目标充满乐趣。

（3）目标一定要有期限。

（二）情感激励法

满足人的需求、学会感情投资日益成为成功经营者的必备素质。只有善于感情投资,才能发挥人际关系对员工的激励作用。通过情感激励员工,应该把握以下几个关键点:

（1）对员工诚挚关心。

（2）对员工热情。

（3）经常赞扬员工。

（4）从员工的角度思考问题。

（5）信任员工。

（6）理解员工的需要。

（三）组织的事业愿景激励法

彼得·德鲁克认为,一个持续发展的企业必须具备组织的共同愿景。组织愿景能够极大规范员工的思想认识、价值观念和精神风貌,对企业形成强大的激励效果。

1. 共同愿景的含义

"共同愿景"的英文是 Shared Vision,指企业全体员工共同分享、共同拥有的愿望景象。组织愿景是组织中所有成员发自内心的共同愿望,这种意愿不是抽象的东西,而是具体的能够激发所有成员为组织这一愿景而奉献的任务、事业或使命,它能创造巨大的凝聚力。

共同愿景由景象、价值观、使命和目标组成,四个组成部分是相互关联、有机结合的,其具体结合方式如图 15-2 所示:

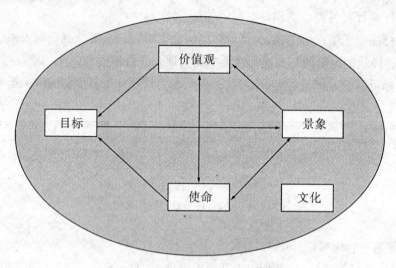

图 15-2 共同愿景的四个组成部分图

2. 共同愿景对员工的激励

共同愿景是通过向组织内成员灌输组织的价值观和理想来培育组织成员一致的目标和愿望,激发他们为这些共同目标和愿望不断追求、积极进取。组织的共同愿景能使不同个性的员工凝聚在一起,朝着组织的共同目标前进。这就是现代企业强调利用组织愿景激励员工的意义所在。组织的共同愿景的激励作用表现在:

(1)孕育无限创造力。

(2)激发巨大驱动力。

(3)创造未来发展机会。

(四)员工参与和授权激励法

员工对企业的责任感和认同感是员工工作积极性的源泉。大多数人都有这种心理需要:能够主动支配自己的日常生活,而不是当危机到来的时候被动地、无助地应对。尊重员工,相信他们能够抓住至少某些方面的机会,不仅可以激励员工,而且可以减轻他们的压力。

1. 员工参与激励

员工参与是指在不同程度上让员工参加组织的决策过程及各种管理工作。让员工与企业的高层经营者共同参与组织的决策,可以他们感到上级主管的信任,从而产生一种强烈的责任感和成就感。参与管理既对员工产生激励,又为组织目标的实现提供了保证。

2. 授权激励

授权不仅仅是一个权力下放的过程,还涉及其他许多方面。企业管理层将相应的权力授予下属的同时还要做到以下几点：

（1）信任下属。

（2）接受他人的方式。

（3）选择合适的人。

（4）循序渐进。

（5）进行监控。

总之，良好的授权管理是一项艰难的工作，良好的授权管理要求经营者相当自信并对下属充分信任。敢于授权并善于授权，既是一个经营者成熟的表现，又是他取得成就的基础和条件。

第三节　激励机制的设计

激励机制要成为切实可行的绩效管理手段，在设计过程中要遵循一定的原则，并要根据员工的职位和个性的不同而采用不同的激励模式。

一、激励机制的原则

每个企业所有者和经营者都可成为企业激励机制的设计者。企业激励机制的设计过程中应遵循以下原则：

（一）激励机制应满足"奖勤罚懒"的原则

在激励机制设计中，贯彻"奖勤罚懒"原则的基本做法是"奖励清楚，惩罚明白"。对于违反规则或由于主观原因没有达到预期目标的员工，企业的奖罚结果是非常明确的，不能含糊其辞。

（二）激励机制应满足最大可参与性原则

所谓可参考性，指激励机制设计中应当强调将所有愿意与激励机制相关的企业员工都包括进来。企业激励机制应鼓励员工只要愿意就有机会参与企业激励机制的体系，并为员工提供一个公开的竞争环境，但同时也给竞争中的胜出者更大的压力。

（三）激励机制应满足企业经营者领导并参与的原则

企业经营者一般亲自管理两类事情：一类是财权，涉及财务部门和审计部门；另一类是人权，涉及人力资源部门或人事部门。企业激励机制设计恰好与企业经营者的这两类事情有着密切的联系，甚至本身就属于其管理的范围。因此，企业激励机制设计必须在企业经营者的领导下进行，否则制度设计成功乃至被成功操作的希望是非常渺茫的。

（四）激励机制满足有效地分层激励原则

所谓分层性，就是在激励机制设计中应当明确制度激励的对象。针对不同的激励对象，需要设计出不同的激励目标和操作框架，甚至有不同的激励模式。此外，激励机制需要对激励对象作严格的细分,从而保证激励机制的定向性和效用最大化。

（五）激励机制应满足有效性原则

对于企业各级员工来说,设计出来的激励机制必须是简洁有效的,做到制度目标明确、实施措施明确、操作的预期结果明确,这是提高激励机制有效性的信息透明度规则。

有效的激励机制设计中需要包含必要的威慑因素,保持对违反激励导向的行动的威慑,就是对顺应激励导向的行动的激励。

（六）激励机制应避免过度激励

企业激励机制设计和操作得好,它可能是提高企业生产率的有效工具;如果设计或操作出现偏差,则可能是使企业得不偿失。在激励机制设计中应当避免出现过度激励的倾向。所谓过度激励,就是激励超过了雇员能够承受的最大心理限度。

二、激励机制的设计模式

根据激励机制适用对象层次的不同,我们可以将各种激励机制的设计模式划分为主要面向基层职员的模式、主要面向管理层职员的模式以及无定向的激励机制模式三种。无定向激励机制指在激励对象上没有什么限制,或近似适用于不同层次对象的激励机制模式。

（一）主要面向基层职员的模式

1. 等级工资制

企业基层职员的工资等级可以按照各种工种技术水平的高低来划分。在每个等级中,根据工种的不同可以划分出若干个级差。一般的职员主要实行岗位工资制。国外某些企业推行半浮动工资制。企业职员岗位工资中的 2/3 为固定工资,1/3 与企业的总体、利润水平挂钩,以此激励工人关心企业利润的总体成长状况。

企业基层职员等级和岗位工资率的决定因素主要包括以下三个方面:

（1）对劳动技能的要求,如教育程度、工作经历、从事专业的资历和实际能力等;

（2）对岗位劳动责任、劳动强度和劳动条件的要求;

（3）工作绩效等。

企业在确定基层职员的工资水平时主要综合考虑如下因素:市场工资率、生活费用、劳动生产率、企业支付能力、政府的有关法律法规等。

等级工资制或岗位工资制是企业应用最广泛的激励模式之一,它不仅在企业生产线或销售网中得到使用,而且在企业综合职能部门中也得到普遍的使用。在设计和制定职员的等级、岗位或联系工资制时,企业通常的做法是采取交错位置的方式来平衡不同等级、不同岗位和不同职务系列的差别,统一职务系列的上下等级之间与不同职务系列等级之间的重叠。

2. 计时、计件工资制

（1）计时工资制。计时工资制是根据职员工作时间的长短来确定其工资报酬的激励模式。计时单位可以是小时、日、周、月与年。不少服务企业对基层职员执行时薪制、日薪制或周薪制。这样做的好处是可以较好地动态控制职员的服务质量,限制职员在提供服务时的随机行为,以保证其向客户提供优质服务。

(2)计件工资制。根据《美国管理百科全书》介绍,一个工业企业的雇员,在不统计产品数量的条件下劳动 1 天,其产量往往只能达到进行数量统计时一个正常工作日产量的50%~70%。计件工资制是直接物质奖励的最古老的形式之一,它主要应用于生产标准化、程序化高、能通过有效设施或管理手段对产品质量进行严格控制的岗位上,如自动化的生产流水线等岗位。

3. 超时、超工作量补贴或津贴

超时或超工作量补贴或津贴也属于面向基层岗位职员较为常见的激励模式。超时补贴或津贴指职员工作时间超过正常工作或法定工作时间后,企业给予职员一定数量或经过谈判获得的超时加班补贴或津贴。超时工作量补贴或津贴指职员超过岗位要求的正常工作或法定工作量后,企业给予职员议定数额的超时工作量补贴或津贴。

4. 利润、成本分享计划

企业内部针对职员个体的激励模式的弊病是容易导致企业内部职员之间的过度竞争,甚至可能形成互相敌意的局面。针对这种情况,企业可以引入或建立鼓励团队合作的集体激励模式,以弥补个体激励模式的缺陷。企业团队激励模式包括有利润分享计划、成本计划等。

(二)主要面向管理层的模式

在美国企业中,以首席执行官(Chief Executive Officer ,CEO)为代表的高级管理人员的收入一般由五部分组成:基本薪酬或底薪,即基本工资;职工福利,如医疗保险、退休金等;津贴,如企业免费提供的高级轿车、飞机、游艇和俱乐部会员证等;短期激励收入,即根据一年企业业绩指标的完成情况获得的收入;长期激励收入,如根据 3~10 年业绩指标的完成情况获得的收入。由此可见,经理人获得高额报酬的具体操作方式多种多样。

1. 年薪制

年薪制是以年度为单位确定和支付职工薪金的工资制度。企业的年薪制大体有两种情况:一种情况是企业经营者对企业一般职工、工程技术人员和管理人员实行的年薪制;另一种情况是由企业资产所有者对企业经营者实行的年薪制。

报酬结构:基本薪酬+津贴+养老计划

报酬数量:取决于所管理企业的性质、规模以及高层管理人员的行政级别,一般基本薪酬为职工平均工资的 2~4 倍,正常退休后的养老金水平应该为平均养老水平的 4 倍以上。

考核指标:政策目标是否实现,当年任务是否完成。

适用对象:所有达到一定级别的高层管理人员,包括董事长、总经理等。

适用企业:承担政策目标的大型、特大型国有企业,尤其是对国民经济具有特殊战略意义的大型集体公司、控股公司。

激励作用:这种报酬方案的职业升迁机会、较高的社会地位和稳定体面的生活保证是主要的激励力量来源,而退休后更高生活水准的保证起到约束其短期行为的作用。

2. 股票期权

股票期权(Stock Option,SO)就是在非对称信息条件下,企业董事长(委托人)给予企业经营者(代理人)在未来某一时间以已经确定的执行价格购买一定数量股票的权利,以满足委托—代理均衡合同中的激励相容原则。股票期权就是让企业经营者拥有一定的剩余索取权并承担相应的风险,是现代企业制度中用于激励经营者长期化的常见手段之一。

3. 管理层收购

经营者收购或经理层融资收购简称 MBO。西方的 MBO 是企业进行重整或反收购的一种特殊方式,而在中国,MBO 更重要的是它的激励作用和产权制度变革意义。通过企业管理层职员融资贷款以及现有职工的认购,设立职工持股会,职工持股会因此取得对公司的控股权,实现了对原有企业的收购和控制,使企业管理层人员转变为企业真正的所有者,将经营者群体个人的长期利益和风险与企业的长期发展联系在一起,做到一荣俱荣、一损俱损、风险共担,形成企业利益共同体。

MBO 的基本模式有如下三种:

(1)企业经营者为唯一的投资收购者;

(2)企业经营者、企业外投资者以及并购专家共同组成投资集团,完成 MBO;

(3)企业经营者收购与职工持股计划或职工控股收购计划相互结合起来,通过向企业全体或部分员工销售股权进行融资收购。

操作 MBO 的一般程序分为如下三个阶段:

(1)第一个阶段是 MBO 规划或策划阶段,组建收购集团,或在经理层职员中进行相关的组织活动;

(2)第二个阶段是 MBO 执行或实施阶段,进行与收购相关的一系列活动;

(3)第三阶段是 MBO 完成后的公司治理阶段,对 MBO 后的企业资产、资源和组织流程等进行整合,力图创造绩效后上市或包装后重新上市。

MBO 的主要特征如下:

(1)MBO 的主要投资者是公司内部的经理和管理人员,即我们所说的中层以上管理干部,企业中层经营者既是经营经营者,也是公司的所有者。

(2)MBO 主要通过借贷融资来实现,这样,MBO 的财务结构由优先债(先偿还的债务)、次级债(后偿还的债务)和股权三者构成。

(3)操作 MBO 的公司一般是具有巨大发展潜力和可以进一步操作提高其效率的企业,投资者通过努力来实现投资回报。

(4)MBO 完成后,企业可能由上市公司转变为非上市公司,然后再次成为上市公司,或者经过操作 MBO,将现有资源进行整合,在取得绩效后上市。

(三)无定向的激励机制模式

无定向激励机制模式指对基层职员和管理层职员都较为合适的激励模式。这些激励模式包括职工持股计划、延期收入、分成制或效益计提制、在职消费等。

1. 职工持股计划

企业职工持股计划(ESOP)主要有两种情况:一种是企业经营不景气,濒临倒闭,通知职工购买本企业部分或全部股份,以拯救公司而保住自己的职位。这时,职工持股计划成为对付企业经营发生危机的一种手段。另外一种是企业采取积极的激励计划,有计划地组织或动员职员购买本企业的股份,使职员分享企业一定比例的财产所有权,从而促进企业的竞争活力。这时,职工持股计划是作为一种激励机制来体现的,它增强了职工与企业在利益上的认同感,促进了企业利益共同体的形成。

2. 延期收入

所谓延期收入激励,就是为了激励企业经营者行为长期化,将他们的部分收入延迟到若干时期后再分期兑现。延期收入激励方案设计的基本思路是使企业经营者在任期内甚至任期后都与企业利益形成所谓的利益共同体。这样,企业经营者在做出决策时,不仅需要考虑任期内的企业绩效指标,而且需要为他离任后的企业长期绩效贡献力量。这就是所谓的"金锁链条款"。

3. 分成制或效益计提制

在现阶段,无论是在生产销售型企业中,还是在贸易流通企业中,或者在高科技产品及服务企业中,分成制或效益计提制都是普遍而有效的激励机制模式之一。分成制或效益计提制重视对个人的激励,它无论对于基层业务员或销售人员还是对于中高层经营者都具有较为明显的激励效果。在产品销售代表、客户服务代表、保险代理人、证券经纪人、外贸业务员等职业中,效益计提或销售提成被看成是最简单、最有效地激励模式之一。

4. 在职消费

在职消费指企业给予内部员工不同水平的岗位消费,如部门经理级的职员每月可以凭发票报销 1 000 元,公司副总经理级别的职员每月可以凭发票报销 2 000 元等。需要指出的是,企业试行或推行在职消费制度应该循序渐进,有的放矢,严格审核,防止过度在职消费,损害股东利益或国家利益。

思考题

1. 激励的实质是什么?
2. 物质激励主要包括哪些内容?
3. 激励机制的原则有哪些?
4. 共同愿景激励方法的主要作用表现在哪些方面?

复利终值系数表

n \ i	1%	2%	3%	4%	5%	6%	7%	8%	9%	10%	11%	12%	13%	14%	15%
1	1.010	1.020	1.030	1.040	1.050	1.060	1.070	1.080	1.090	1.100	1.110	1.120	1.130	1.140	1.150
2	1.020	1.040	1.061	1.082	1.102	1.124	1.145	1.166	1.188	1.210	1.232	1.254	1.277	1.300	1.323
3	1.030	1.061	1.093	1.125	1.158	1.191	1.225	1.260	1.295	1.331	1.368	1.405	1.443	1.482	1.521
4	1.041	1.082	1.126	1.170	1.216	1.262	1.311	1.360	1.412	1.464	1.518	1.574	1.630	1.689	1.749
5	1.051	1.104	1.159	1.217	1.276	1.338	1.403	1.469	1.539	1.611	1.685	1.762	1.842	1.925	2.011
6	1.062	1.126	1.194	1.265	1.340	1.419	1.501	1.587	1.677	1.772	1.870	1.974	2.082	2.195	2.313
7	1.072	1.149	1.230	1.316	1.407	1.504	1.606	1.714	1.828	1.949	2.076	2.211	2.353	2.502	2.660
8	1.083	1.172	1.267	1.369	1.477	1.594	1.718	1.851	1.993	2.144	2.305	2.476	2.658	2.853	3.059
9	1.094	1.195	1.305	1.423	1.551	1.689	1.838	1.999	2.172	2.358	2.538	2.773	3.004	3.252	3.518
10	1.105	1.219	1.344	1.480	1.629	1.791	1.967	2.159	2.367	2.594	2.839	2.106	3.395	3.707	4.046
11	1.116	1.234	1.384	1.539	1.710	1.898	2.105	2.332	2.580	2.853	3.152	3.479	3.836	4.226	4.652
12	1.127	1.268	1.426	1.601	1.796	2.012	2.252	2.518	2.813	3.138	3.498	3.896	4.335	4.818	5.350
13	1.138	1.294	1.469	1.665	1.886	2.133	2.410	2.720	3.066	3.452	3.883	4.363	4.898	5.492	6.153
14	1.149	1.319	1.513	1.732	1.980	2.261	2.579	2.937	3.342	3.797	4.310	4.887	5.535	6.261	7.076
15	1.161	1.346	1.558	1.801	2.079	2.397	2.759	3.172	3.642	4.177	4.785	5.474	6.254	7.138	8.137
16	1.173	1.373	1.605	1.873	2.183	2.540	2.952	3.426	3.970	4.595	5.311	6.130	7.067	8.137	9.358
17	1.184	1.400	1.653	1.948	2.292	2.693	3.159	3.700	4.238	5.054	5.895	6.886	7.986	9.276	10.76
18	1.196	1.428	1.702	2.026	2.407	2.854	3.380	3.996	4.717	5.560	6.554	7.690	9.024	10.58	12.38
19	1.208	1.457	1.754	2.107	2.527	3.026	3.617	4.316	5.142	6.116	7.263	8.613	10.20	12.06	14.23
20	1.220	1.486	1.806	2.191	2.653	3.207	3.870	4.661	5.604	6.727	8.062	9.646	11.52	13.74	16.37
25	1.282	1.641	2.094	2.666	3.386	4.292	5.427	6.848	8.623	10.83	13.59	17.00	21.23	26.46	32.92
30	1.348	1.811	2.427	3.243	4.322	5.743	7.612	10.06	13.27	17.45	22.89	29.96	39.12	50.95	66.21
40	1.489	2.208	3.262	4.801	7.040	10.29	14.97	21.73	31.41	45.26	65.00	93.05	132.8	188.9	267.9
50	1.645	2.692	4.384	7.107	11.47	18.42	29.46	46.90	74.36	117.4	184.6	289.0	450.7	700.2	1084

续表

n \ i	16%	17%	18%	19%	20%	21%	22%	23%	24%	25%	26%	27%	28%	29%	30%
1	1.160	1.170	1.180	1.190	1.200	1.210	1.220	1.230	1.240	1.250	1.260	1.270	1.280	1.290	1.300
2	1.346	1.369	1.392	1.416	1.440	1.464	1.488	1.513	1.538	1.563	1.588	1.613	1.638	1.664	1.690
3	1.561	1.602	1.643	1.685	1.728	1.772	1.816	1.861	1.907	1.953	2.000	2.048	2.097	2.147	2.197
4	1.811	1.874	1.939	2.005	2.074	2.144	2.215	2.289	2.364	2.441	2.520	2.601	2.684	2.769	2.856
5	2.100	2.192	2.288	2.386	2.488	2.594	2.703	2.815	2.932	3.052	3.176	3.304	3.436	3.572	3.713
6	2.436	2.565	2.700	2.840	2.986	3.138	3.297	3.463	3.635	3.815	4.002	4.196	4.398	4.608	4.827
7	2.826	3.001	3.185	3.379	3.583	3.797	4.023	4.259	4.508	4.768	5.042	5.329	5.629	5.945	6.275
8	3.278	3.511	3.759	4.021	4.300	4.595	4.908	5.239	5.590	5.960	6.353	6.768	7.206	7.669	8.157
9	3.803	4.108	4.435	4.785	5.160	5.560	5.987	6.444	6.931	7.451	8.005	8.595	9.223	9.893	10.60
10	4.411	4.807	5.234	5.695	6.192	6.727	7.305	7.926	8.594	9.313	10.09	10.92	11.81	12.76	13.79
11	5.177	5.624	6.176	6.777	7.430	8.140	8.913	9.749	10.66	11.64	12.71	13.86	15.11	16.46	17.92
12	5.936	6.580	7.288	8.064	8.916	9.850	10.87	11.99	13.21	14.55	16.01	17.61	19.34	21.24	23.30
13	6.886	7.699	8.599	9.596	10.70	11.92	13.26	14.75	16.39	18.19	20.18	22.36	24.76	27.39	30.29
14	7.988	9.007	10.15	11.42	12.84	14.42	16.18	18.14	20.32	22.74	25.42	28.40	31.69	35.34	39.37
15	9.226	10.54	11.97	13.59	15.41	17.45	19.74	22.31	25.20	28.42	32.03	36.06	40.56	45.59	51.19
16	10.75	12.33	14.13	16.17	18.49	21.11	24.09	27.45	31.24	35.53	40.36	45.80	51.92	58.81	66.54
17	12.47	14.43	16.67	19.24	22.19	25.55	29.38	33.76	38.74	44.41	50.85	58.17	66.46	75.86	86.50
18	14.46	16.88	19.67	22.90	26.62	30.91	35.85	41.52	48.04	55.51	64.07	73.87	85.07	97.86	86.50
19	16.78	19.75	23.21	27.25	31.95	37.40	43.74	51.07	59.57	69.39	80.73	93.81	108.9	126.2	146.2
20	19.46	23.11	27.39	32.43	38.34	45.26	53.36	62.82	73.86	86.74	101.7	119.1	139.4	162.9	190.0
25	40.87	50.66	62.67	77.39	95.40	117.4	144.2	176.9	216.5	264.7	323.0	393.6	478.9	581.8	705.6
30	85.85	111.1	143.4	184.7	237.4	304.5	389.8	497.9	634.8	807.8	1026	1301	1646	2078	2620
40	378.7	533.9	750.4	1052	1470	2048	2847	3946	5456	7523	10374	14195	19427	26521	36119
50	1671	2566	3927	5989	9100	13781	20797	31279	46890	70065	104358	154948	229350	338442	497929

复利现值系数表

n＼i	1%	2%	3%	4%	5%	6%	7%	8%	9%	10%	11%	12%	13%	14%	15%
1	0.990	0.980	0.971	0.962	0.952	0.943	0.935	0.926	0.917	0.909	0.901	0.893	0.885	0.877	0.870
2	0.980	0.961	0.943	0.925	0.907	0.890	0.873	0.857	0.842	0.826	0.812	0.797	0.783	0.769	0.756
3	0.971	0.942	0.915	0.889	0.864	0.840	0.816	0.794	0.772	0.751	0.731	0.712	0.693	0.675	0.658
4	0.961	0.924	0.888	0.855	0.823	0.792	0.763	0.735	0.708	0.683	0.659	0.636	0.613	0.592	0.572
5	0.951	0.906	0.863	0.822	0.784	0.747	0.713	0.681	0.650	0.621	0.593	0.567	0.543	0.519	0.497
6	0.942	0.888	0.837	0.790	0.746	0.705	0.666	0.630	0.596	0.564	0.535	0.507	0.480	0.456	0.432
7	0.933	0.871	0.813	0.760	0.711	0.665	0.623	0.583	0.547	0.513	0.482	0.452	0.425	0.400	0.376
8	0.923	0.853	0.789	0.731	0.677	0.627	0.582	0.540	0.502	0.467	0.434	0.404	0.376	0.351	0.327
9	0.914	0.837	0.766	0.703	0.645	0.592	0.544	0.500	0.460	0.424	0.391	0.361	0.333	0.308	0.284
10	0.905	0.820	0.744	0.676	0.614	0.558	0.508	0.463	0.422	0.386	0.352	0.322	0.295	0.270	0.247
11	0.896	0.804	0.722	0.650	0.585	0.527	0.475	0.429	0.388	0.350	0.317	0.287	0.261	0.237	0.215
12	0.887	0.788	0.701	0.625	0.557	0.497	0.444	0.397	0.356	0.319	0.286	0.257	0.231	0.208	0.187
13	0.879	0.773	0.681	0.601	0.530	0.469	0.415	0.368	0.326	0.290	0.258	0.229	0.204	0.182	0.163
14	0.870	0.758	0.661	0.577	0.505	0.442	0.388	0.340	0.299	0.263	0.232	0.205	0.181	0.160	0.141
15	0.861	0.743	0.642	0.555	0.481	0.417	0.362	0.315	0.275	0.293	0.209	0.183	0.160	0.140	0.123
16	0.853	0.728	0.623	0.534	0.458	0.394	0.339	0.292	0.252	0.218	0.188	0.163	0.141	0.123	0.107
17	0.844	0.714	0.605	0.513	0.436	0.371	0.317	0.270	0.231	0.198	0.170	0.146	0.125	0.108	0.093
18	0.836	0.700	0.587	0.494	0.416	0.350	0.296	0.250	0.212	0.180	0.153	0.130	0.111	0.095	0.081
19	0.828	0.686	0.570	0.475	0.396	0.331	0.277	0.232	0.194	0.164	0.138	0.116	0.008	0.083	0.070
20	0.820	0.673	0.554	0.456	0.377	0.312	0.258	0.215	0.178	0.149	0.124	0.104	0.087	0.073	0.061
25	0.780	0.610	0.478	0.375	0.295	0.233	0.184	0.146	0.116	0.092	0.074	0.059	0.047	0.038	0.030
30	0.742	0.552	0.412	0.308	0.231	0.174	0.131	0.099	0.075	0.057	0.044	0.033	0.026	0.020	0.015
40	0.672	0.453	0.307	0.208	0.142	0.097	0.067	0.046	0.032	0.022	0.015	0.011	0.008	0.005	0.004
50	0.068	0.372	0.228	0.141	0.087	0.054	034	0.021	0.013	0.009	0.005	0.003	0.002	0.001	0.001

n\i	16%	17%	18%	19%	20%	21%	22%	23%	24%	25%	26%	27%	28%	29%	30%
1	0.862	0.855	0.847	0.840	0.833	0.826	0.820	0.813	0.806	0.800	0.794	0.787	0.781	0.775	0.769
2	0.743	0.731	0.718	0.706	0.694	0.683	0.672	0.661	0.650	0.640	0.630	0.620	0.610	0.601	0.592
3	0.641	0.624	0.609	0.593	0.579	0.564	0.551	0.537	0.524	0.512	0.500	0.488	0.477	0.466	0.455
4	0.552	0.534	0.516	0.499	0.482	0.467	0.451	0.437	0.423	0.410	0.397	0.384	0.373	0.361	0.350
5	0.476	0.456	0.437	0.419	0.402	0.386	0.370	0.355	0.341	0.328	0.315	0.303	0.291	0.280	0.269
6	0.410	0.390	0.370	0.352	0.335	0.319	0.303	0.289	0.275	0.262	0.250	0.238	0.227	0.217	0.207
7	0.354	0.333	0.314	0.296	0.249	0.263	0.279	0.235	0.222	0.210	0.198	0.188	0.178	0.168	0.159
8	0.305	0.285	0.266	0.249	0.233	0.218	0.204	0.191	0.179	0.168	0.157	0.148	0.139	0.130	0.123
9	0.263	0.243	0.225	0.209	0.194	0.180	0.167	0.155	0.144	0.134	0.125	0.116	0.108	0.101	0.094
10	0.277	0.208	0.191	0.176	0.162	0.149	0.137	0.126	0.116	0.107	0.099	0.092	0.085	0.078	0.073
11	0.195	0.178	0.162	0.148	0.135	0.123	0.112	0.103	0.094	0.086	0.079	0.072	0.066	0.061	0.056
12	0.168	0.152	0.137	0.124	0.112	0.102	0.092	0.083	0.076	0.069	0.062	0.057	0.052	0.047	0.043
13	0.145	0.130	0.116	0.104	0.093	0.084	0.075	0.068	0.061	0.055	0.040	0.045	0.050	0.037	0.033
14	0.125	0.111	0.099	0.088	0.078	0.069	0.062	0.055	0.049	0.044	0.039	0.035	0.032	0.028	0.025
15	0.108	0.095	0.084	0.074	0.065	0.057	0.051	0.045	0.040	0.035	0.031	0.028	0.025	0.022	0.020
16	0.093	0.081	0.071	0.062	0.054	0.047	0.042	0.036	0.032	0.028	0.025	0.022	0.019	0.017	0.015
17	0.080	0.069	0.060	0.052	0.045	0.039	0.034	0.030	0.026	0.023	0.020	0.017	0.015	0.013	0.012
18	0.069	0.059	0.051	0.044	0.038	0.032	0.028	0.024	0.021	0.018	0.016	0.014	0.012	0.010	0.009
19	0.060	0.051	0.043	0.037	0.031	0.027	0.023	0.020	0.017	0.014	0.012	0.011	0.009	0.008.	007
20	0.051	0.043	0.037	0.031	0.026	0.022	0.019	0.016	0.014	0.012	0.010	0.008	0.007	006	0.005
25	0.024	0.020	0.016	0.013	0.010	0.009	0.007	0.006	0.005	0.004	0.003	0.003	0.002	0.002	0.001
30	0.012	0.009	0.007	0.005	0.004	0.003	0.003.	002	0.002	0.001	0.001	0.001	0.001	0.000	0.000
40	0.003	0.002	0.001	0.001	0.001	0.000	0.000	0.000	0.000	0.000	0.000	0.000	0.000	0.000	0.000
50	0.001	0.000	0.000	0.000	0.000	0.000	0.000	0.000	0.000	0.000	0.000	0.000	0.000	0.000	0.000

附表三

年金终值系数表

n＼i	1%	2%	3%	4%	5%	6%	7%	8%	9%	10%	11%	12%	13%	14%	15%
1	1.000	1.000	1.000	1.000	1.000	1.000	1.000	1.000	1.000	1.000	1.000	1.000	1.000	1.000	1.000
2	2.010	2.020	2.030	2.040	2.050	2.060	2.070	2.080	2.090	2.100	2.110	2.120	2.130	2.140	2.150
3	3.030	3.060	3.091	3.122	3.152	3.184	3.125	3.246	3.278	3.310	3.342	3.374	3.407	3.440	3.472
4	4.060	4.122	4.184	4.246	4.310	4.375	4.440	4.506	4.573	4.641	4.710	4.779	4.850	4.921	4.993
5	5.101	5.204	5.309	5.416	5.526	5.637	5.751	5.867	5.985	6.105	6.228	6.353	6.480	6.610	6.742
6	6.152	6.308	6.468	6.633	6.802	6.975	7.153	7.336	7.523	7.716	7.913	8.115	8.323	8.536	8.754
7	7.214	7.434	7.662	7.898	8.142	8.394	8.65 4	8.923	9.200	9.487	9.783	10.09	10.40	10.37	11.07
8	8.286	8.583	8.892	9.214	9.549	9.897	10.26	10.64	11.03	11.44	11.86	12.30	12.76	13.23	13.73
9	9.369	9.755	10.16	10.58	11.03	11.49	11.98	12.49	13.02	13.58	14.16	14.78	15.42	16.09	16.79
10	10.46	10.95	11.46	12.01	12.58	13.18	13.82	14.49	15.19	15.94	16.72	17.55	18.42	19.34	20.30
11	11.57	12.17	12.81	13.49	14.21	14.97	15.78	16.65	17.56	18.53	19.56	20.65	21.81	23.04	24.35
12	12.68	13.41	14.19	15.03	15.92	16.87	17.98	18.98	20.04	21.38	22.71	24.13	25.65	27.27	29.00
13	13.81	14.68	15.62	16.63	17.71	18.88	20.14	21.50	22.95	24.52	26.21	28.03	29.98	32.09	34.35
14	14.95	15.97	17.09	18.29	19.60	21.02	22.55	24.21	26.02	27.97	30.97	32.39	34.88	37.58	40.50
15	16.10	17.29	18.60	20.02	21.58	23.28	25.13	27.15	29.36	31.77	34.41	37.28	40.42	43.84	47.58
16	17.26	18.64	20.16	21.82	23.66	25.67	27.89	3032	33.00	35.95	39.19	42.75	46.67	50.98	55.72
17	18.43	20.01	21.76	23.70	25.84	28.21	30.84	33.75	36.97	40.54	4450	48.88	53.74	59.12	65.08
18	19.61	51.41	23.41	25.65	28.13	30.91	34.00	37.45	41.30	45.60	50.40	55.75	61.73	68.39	75.84
19	20.81	22.84	25.12	27.67	30.54	33.76	37.38	41.45	46.02	51.16	56.94	63.44	70.75	78.97	88.21
20	22.02	24.30	26.87	29.78	33.07	36.79	41.00	45.76	51.16	57.27	64.20	72.05	80.95	91.02	102.4
25	28.24	32.03	36.46	41.65	47.73	54.86	63.25	73.11	84.70	98.35	114.4	133.3	155.6	181.9	212.8
30	34.78	40.57	47.58	56.08	66.44	79.06	94.46	113.3	136.3	164.5	199.0	241.3	293.2	356.8	434.7
40	48.89	60.40	75.40	95.03	120.8	154.8	199.6	259.1	337.9	442.6	581.8	767.1	1014	1342	1779
50	64.46	84.58	112.8	152.7	209.3	290.3	406.5	573.8	815.1	1164	1669	2400	3460	4995	7218

续表

n＼i	16%	17%	18%	19%	20%	21%	22%	23%	24%	25%	26%	27%	28%	29%	30%
1	1.000	1.000	1.000	1.000	1.000	1.000	1.000	1.000	1.000	1.000	1.000	1.000	1.000	1.000	1.000
2	2.160	2.170	2.180	2.190	2.200	2.210	2.220	2.230	2.240	2.250	2.260	2.270	2.280	2.290	2.300
3	3.506	3.539	3.572	3.606	3.640	3.674	3.708	3.743	3.778	3.812	3.848	3.883	3.918	3.954	3.990
4	5.066	5.151	5.215	5.291	5.368	5.446	5.524	5.604	5.684	5.766	5.848	5.931	6.016	6.101	6.187
5	6.887	7.014	7.154	7.297	7.442	7.589	7.740	7.893	8.048	8.207	8.368	8.533	8.700	8.870	9.043
6	8.977	9.207	9.442	9.683	9.930	10.18	10.44	10.71	10.98	11.26	11.54	11.84	12.14	12.44	12.76
7	11.41	11.77	12.14	12.52	12.92	1 3.32	13.74	14.17	14.62	15.07	15.55	16.03	16.53	17.05	17.58
8	14.24	14.77	15.33	15.90	16.50	17.12	17.76	18.43	19.12	19.84	20.59	21.36	22.16	23.00	23.86
9	17.52	18.28	19.09	19.92	20.80	21.71	22.67	23.67	24.71	25.80	26.94	28.13	29.37	30.66	32.01
10	21.32	22.339	23.52	24.71	25.96	27.27	28.66	30.11	31.64	33.25	34.94	36.72	38.59	40.56	42.62
11	25.73	27.20	28.76	3 0.40	32.15	34.00	35.96	38.04	40.24	42.57	45.03	47.64	50.40	53.32	56.41
12	30.85	32.82	34.93	37.18	39.58	42.14	44.87	47.79	50.89	54.21	57.74	61.50	65.51	69.78	74.33
13	36.79	39.40	42.22	45.24	48.50	51.99	55.75	59.78	64.11	68.76	73.75	79.11	84.85	91.02	97.63
14	43.67	47.10	50.82	54.84	59.20	63.91	69.01	74.35	80.50	86.95	93.93	101.5	109.6	118.4	127.9
15	51.66	56.11	60.97	66.26	72.04	78.33	85.19	92.67	100.8	109.7	119.3	129.9	141.3	153.7	167.3
16	60.93	66.56	72.94	79.85	87.44	95.78	104.9	115.0	126.0	138.1	151.4	165.9	181.9	199.3	218.5
17	71.67	78.98	87.07	96.02	105.9	116.9	129.0	142.4	157.3	173.3	191.7	211.7	233.8	258.1	285.0
18	84.14	93.41	103.7	115.3	128.1	142.4	158.4	176.2	196.0	218.0	242.6	269.0	300.3	334.0	371.5
19	98.60	110.3	123.4	138.2	154.7	173.4	194.3	217.7	244.0	273.6	306.7	343.8	385.3	431.9	484.0
20	115.4	130.0	146.6	165.4	186.7	210.8	238.0	268.8	303.6	342.9	378.4	437.6	494.2	558.1	630.2
25	249.2	292.1	342.6	402.0	472.0	554.2	651.0	764.6	898.1	1055	1239	1454	1707	2003	2349
30	530.3	647.4	790.9	966.7	1182	1445	1767	2160	2641	3227	3942	4831	5873	7163	8730
40	2361	3135	4163	5530	7344	9750	12937	17154	22729	30089	39793	522572	69377	91448	120393
50	10436	15090	21813	31515	45497	65617	94525	135992	195373	280256	401374	573878	819103	1167061	1659761

附表四

年金现值系数表

n \ i	1%	2%	3%	4%	5%	6%	7%	8%	9%	10%	11%	12%	13%	14%	15%
1	0.990	0.980	0.971	0.962	0.952	0.943	0.935	0.926	0.917	0.909	0.901	0.893	0.885	0.877	0.870
2	1.970	1.942	1.913	1.886	1.859	1.833	1.808	1.783	1.759	1.736	1.713	1.690	1.688	1.647	1.626
3	2.941	2.884	2.829	2.775	2.723	2.673	2.624	2.577	2.531	2.487	2.444	2.402	2.361	2.322	2.283
4	3.902	3.808	3.717	3.630	3.546	3.465	3.387	3.312	3.240	3.170	3.102	3.037	2.974	2.914	2.885
5	4.853	4.713	4.580	4.452	4.329	4.212	4.100	3.993	3.890	3.791	3.696	3.605	3.517	3.433	3.352
6	5.795	5.601	5.417	5.242	5.076	4.917	4.767	4.623	4.486	4.355	4.231	4.111	3.998	3.889	3.784
7	6.728	6.472	6.230	6.002	5.786	5.582	5.389	5.206	5.033	4.868	4.712	4.564	4.423	4.288	4.160
8	7.652	7.325	7.020	6.730	6.463	6.210	5.971	5.747	5.535	5.535	5.146	4.968	4.799	4.639	4.487
9	8.556	8.162	7.786	7.435	7.108	6.082	6.515	6.247	5.995	5.759	5.537	5.328	5.321	4.946	4.772
10	9.471	8.983	8.530	8.111	7.722	7.360	7.024	6.710	6.418	6.145	5.889	5.650	5.426	5.216	5.019
11	10.37	9.787	9.253	8.760	8.306	7.887	7.499	7.139	6.805	6.495	6.207	5.938	5.687	5.453	5.234
12	11.26	10.58	9.954	9.385	8.863	8.384	7.943	7.536	7.161	6.814	6.492	6.194	5.918	5.660	5.421
13	12.13	11.35	10.63	9.986	9.394	8.853	8.358	7.904	7.487	7.103	6.750	6.424	6.122	5.842	5.583
14	13.00	13.11	11.30	10.56	9.899	9.295	8.745	8.244	7.786	7.367	6.982	6.623	6.302	6.002	5.724
15	13.87	12.85	11.94	11.12	10.38	9.712	9.108	8.559	8.061	7.606	7.191	6.811	6.462	6.142	5.847
16	14.72	13.58	12.56	11.65	10.84	10.11	9.447	8.851	8.313	7.824	7.379	6.974	6.604	6.265	5.954
17	15.56	14.29	13.17	12.17	11.27	10.48	9.763	9.122	8.544	8.022	7.549	7.120	6.729	6.373	6.047
18	16.40	14.99	13.75	12.66	11.69	10.83	10.06	9.372	8.756	8.201	7.702	7.250	6.840	6.467	6.128
19	17.23	15.68	14.32	13.13	12.09	11.16	10.34	9.604	8.950	8.365	7.839	7.366	6.938	6.550	6.198
20	18.05	16.35	14.88	13.59	12.46	11.47	10.59	9.818	9.129	8.514	7.963	7.469	7.025	6.623	6.259
25	22.02	19.52	17.41	15.62	14.09	12.78	11.65	10.67	9.823	9.077	8.422	7.843	7.330	6.873	6.464
30	25.81	22.40	19.60	17.29	15.37	13.76	12.41	11.26	10.27	9.427	8.694	8.055	7.496	7.003	6.566
40	32.84	27.36	23.12	19.79	17.16	15.05	13.33	11.93	10.76	9.779	8.951	8.244	7.634	7.105	6.642
50	39.20	31.42	25.73	21.48	18.26	15.76	13.80	12.23	10.96	9.915	9.042	8.304	7.675	7.133	6.661

续表

n＼i	16%	17%	18%	19%	20%	21%	22%	23%	24%	25%	26%	27%	28%	29%	30%
1	0.862	0.855	0.847	0.840	0.833	0.826	0.820	0.813	0.806	0.800	0.794	0.787	0.781	0.755	0.769
2	1.605	1.585	1.566	1.547	1.528	1.509	1.492	1.474	1.457	1.440	1.424	1.407	1.392	1.376	1.361
3	2.246	2.210	2.174	2.140	2.106	2.074	2.042	2.011	1.981	1.952	1.923	1.896	1.868	1.842	1.816
4	2.798	2.743	2.690	2.639	2.589	2.540	2.494	2.448	2.404	2.362	2.320	2.280	2.241	2.203	2.166
5	3.274	3.199	3.127	3.058	2.991	2.926	2.864	2.803	2.745	2.689	2.635	2.583	2.532	2.483	2.436
6	3.685	3.589	3.498	3.410	3.326	3.245	3.167	3.092	3.020	2.951	2.885	2.821	2.759	2.700	2.643
7	4.039	3.922	3.812	3.706	3.605	3.508	3.416	3.327	3.242	3.151	3.083	3.009	2.937	2.868	2.802
8	4.344	4.207	4.078	3.954	3.837	3.726	3.619	3.518	3.421	3.329	3.241	3.156	3.076	2.999	2.925
9	4.607	4.451	4.303	4.163	4.031	3.905	3.786	3.673	3.566	3.463	3.366	3.273	3.184	3.100	3.019
10	4.833	4.659	4.494	4.339	4.192	4.054	3.923	3.799	3.682	3.571	3.465	3.364	3.269	3.178	3.092
11	5.029	4.836	4.656	4.486	4.327	4.177	4.035	3.902	3.776	3.656	3.543	3.437	3.335	3.239	3.147
12	5.197	4.988	4.793	4.611	4.439	4.278	4.127	3.985	3.851	3.725	3.606	3.493	3.387	3.286	3.190
13	5.342	5.118	4.910	4.715	4.533	4.362	4.203	4.053	3.912	3.780	3.656	3.538	3.427	3.322	3.223
14	5.468	5.229	5.008	4.802	4.611	4.432	4.265	4.105	3.962	3.824	3.695	3.573	3.459	3.351	3.249
15	5.575	5.324	5.092	4.876	4.675	4.489	4.315	4.153	4.001	3.859	3.726	3.601	3.483	3.373	3.268
16	5.668	5.405	5.162	4.938	4.730	4.536	4.357	4.189	4.033	3.887	3.751	3.623	3.503	3.390	3.283
17	5.749	5.475	5.222	4.990	4.775	4.576	4.391	4.219	4.059	3.910	3.771	3.640	3.518	3.403	3.295
18	5.818	5.534	5.273	5.033	4.812	4.608	4.419	4.243	4.080	3.928	3.786	3.654	3.529	3.413	3.304
19	5.877	5.584	5.316	5.070	4.843	4.635	4.442	4.263	4.097	3.942	3.799	3.664	3.539	3.421	3.311
20	5.929	5.628	5.353	5.101	4.870	4.657	4.460	4.279	4.110	3.954	3.808	3.673	3.546	3.427	3.316
25	6.097	5.766	5.467	5.195	4.948	4.721	4.514	4.323	4.147	3.985	3.834	3.694	3.564	3.442	3.329
30	6.177	5.829	5.517	5.235	4.979	4.746	4.534	4.339	4.160	3.995	3.842	3.701	3.569	3.447	3.332
40	6.233	5.871	5.548	5.258	4.997	4.759	4.544	4.347	4.166	3.999	3.846	3.694	3.654	3.448	3.333
50	6.246	5.880	5.554	5.262	4.999	4.762	4.545	4.348	4.167	4.000	3.846	3.704	3.571	3.448	3.333

参考文献

1. 龚曼君. 管理会计 [M]. 广州：暨南大学出版社，2002.

2. 布拉米奇·M. Bromwich，比姆尼·A. Bhimani. 管理会计——发展的方向 [M]. 徐经长，杨轶，等，译. 北京：中国人民大学出版社，2003.

3. 罗伯特·S. 卡普兰，安东尼·A. 阿特金森. 高级管理会计 [M]. 吕长江，译. 大连：东北财经大学出版社，1999.

4. 罗伯特·西门. 战略实施中的绩效评价和控制系统 [M]. 张文贤，译. 大连：东北财经大学出版社，2002.

5. 迈克尔·E. 波特. 竞争优势 [M]. 陈小悦，译. 北京：华夏出版社，1997.

6. 余绪缨，蔡淑娥. 管理会计 [M]. 北京：中国财政经济出版社，2002.

7. 余绪缨. 管理会计学 [M]. 北京：中国人民大学出版社，1999.

8. 余绪缨，王怡心. 成本管理会计 [M]. 上海：立信会计出版社，2004.

9. 葛家澍，余绪缨. 会计学 [M]. 北京：高等教育出版社，2000.

10. 胡玉明. 高级管理会计 [M]. 厦门：厦门大学出版社，2002.

11. 王平心. 管理会计应用与发展的典型案例研究——ABC/ABM 在中国典型企业的应用研究 [M]. 北京：经济科学出版社，2002.

12. Ellis J, Williams D. Corporate Strategy and Financial Analysis [M]. London：Pitman，1993.

13. Brandon Charles H, Drtina Ralph E. Management Accounting：Strategy and Control [M]. New York：McGraw-Hill Companies Inc.，1997.

14. Albright T, Roth H. Managing Quality Through the Quanlity Loss Function [J]. Journal of Cost Management（Winter），1994.

15. Argyris C, Kaplan R. S. Implementing New Knowledge：the Case of Activity Based Costing [D]. Cambridge：Harvard Business School，1993.

16. Banker R D, Johnston H H. An Empirical Study of Cost Drivers in the US Airline Industry [J]. The Accounting Review，1993（7）.

17. Dopuch N. A Perspective on Cost Drivers [J]. The Accounting Review，1993（68）.